図説 日中戦争

太平洋戦争研究会＝編
森山康平＝著

◉河出書房新社◉

#【図説】日中戦争――目次

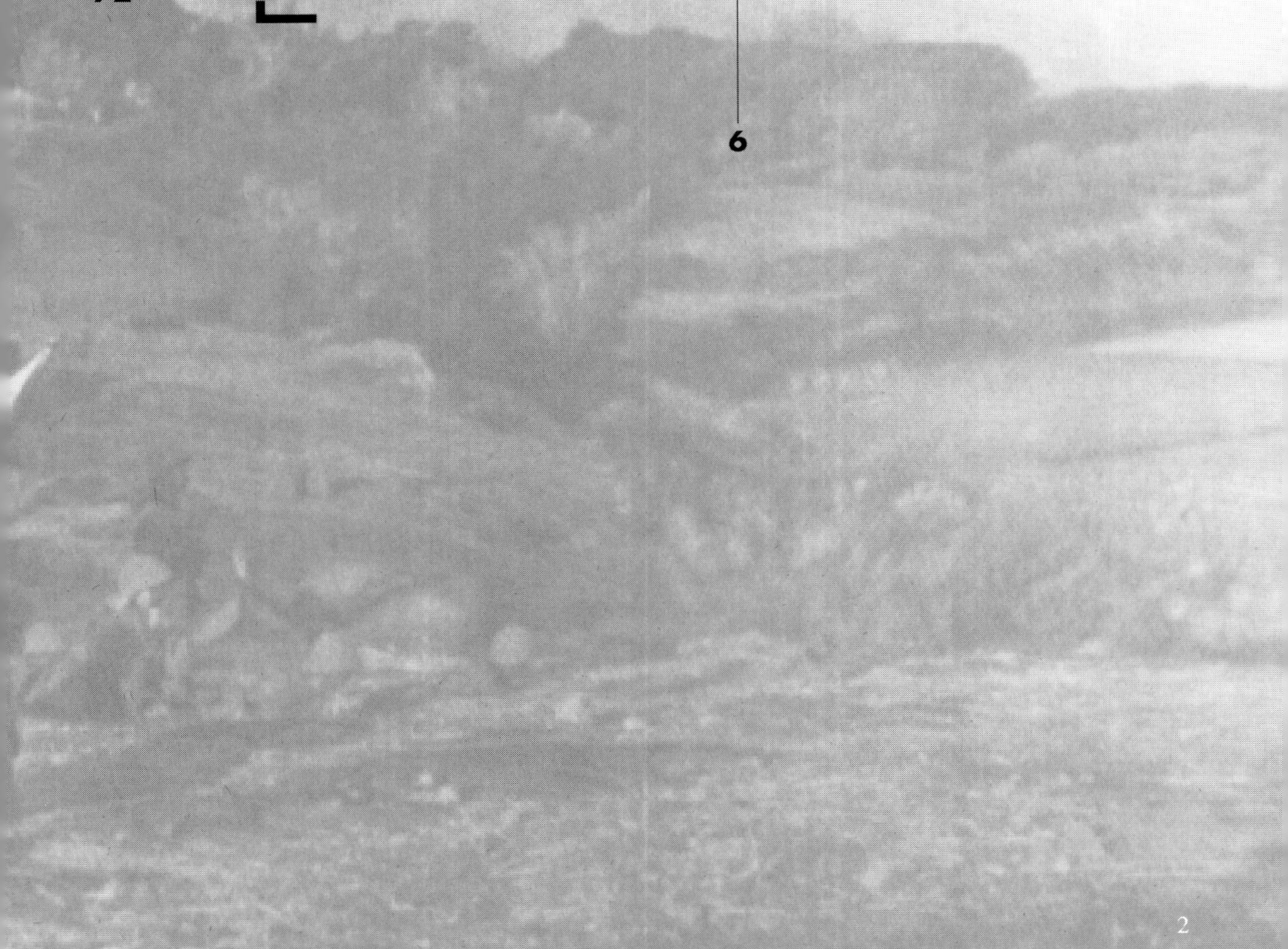

日中戦争時代の中国

1935年（昭和10年）ごろ
（ただし、現在の中国東北地方は、日本の植民地・満州国。遼東半島は中国からの租借地で関東州と称された）

北京、天津、上海、南京、漢口、重慶などには日本、イギリス、アメリカ、フランス、イタリアの租界（治外法権地域）があった。

【図説】

日中戦争

【序章】日中戦争はなぜ起こったのか

二〇世紀前半の中国は、疲弊した清《しん》王朝が倒されて以来、統一中国の完成までしばらく歳月を要した。革命の主体となった中華民国政府には強力な軍隊はなく、広い中国の各地には軍閥が割拠し、一九二一年に成立した中国共産党の軍隊も活発な活動を展開していた。一方、中国の政情の混乱は、列強、とくに日本が大陸に進出する機会を与えていた。

日露戦争で満州（中国東北地区）の一部に遼東半島と南満州鉄道を租借《そしゃく》した日本は、できれば満州を支配している軍閥・張作霖《ちょうさくりん》と結び、満州全域を日本の領土のように支配する機会をうかがっていた。しかし、結局は張作霖を列車もろとも吹き飛ばして殺害し、自国領土化への道を歩んだ。最終的には、清王朝最後の皇帝・溥儀《ふぎ》を担ぎ出し皇帝に据えて、独立国家の体裁をつくろった。一九三二年に成立した満州帝国がそれである。

日本は満州の資源を開発するとともに、日本人五〇〇万移民の大計画を実行に移したが、それだけでは満足できなかった。満州国の南に広がる関内（万里の長城の以南）にも支配の手を伸ばし、主として河北省や内モンゴルなどに満州国と一体化した経済ブロックを建設しようとした。日中戦争はそれを実現しようとして始まった戦争である。

満州事変から日中戦争へ

満州国成立から、日中戦争の発端となった盧溝橋《ろこうきょう》事件まで約五年余りあるが、ある日突然、戦争になったわけではない。

最も大きな軍事行動は一九三三年二月に始まり、五月の塘沽《タンクー》協定成立に至るまでの戦争である。これは、万里の長城の北側に隣接する広い地域、すなわち当時は熱河《ねっか》省と称された地域を満州国に併合するための戦争だったので、熱河作戦とか熱河事件などと呼ばれる。

しかし、熱河作戦は単純に熱河省のみの占領併合には終わらなかった。関東軍《かんとうぐん》（満州駐屯の日本軍）は万里の長城を越えて河北省に進撃し、ついに北京《ペキン》や天津《テンチン》の間近まで迫り、河北省の（当時の）東北部を占領した。このとき日中間に結ばれた塘沽協定は、この日本軍の占領地域を非武装化すること、すなわち、中国国民軍はこの地域に入らないことを約束させた協定である。

日本はのちに、この地域に冀東《きとう》政権（冀は河北省の別称）をつくり、支那《しな》駐屯軍の支配下に置いた。支那駐屯軍とは、北清《ほくしん》事変（一九〇〇年＝明治三三年。義和団《ぎわだん》事件とも。当時中国はまだ清王朝）の結果、駐兵を認めさせて以来、北京や天津に駐屯した日本軍で、冀東政権成立のころの兵力は約一八〇〇名であった（日中戦争勃発時は約五七〇〇名）。この支那駐屯軍が日中戦争初期の日本側の主役をつとめるのである。

ちなみに、北清事件に参戦した八カ国のうち日中戦争勃発のころまで日本と同様の権利に基づいて北京、天津に駐屯していた外国軍には、イギリス（約一〇〇〇名）、アメリカ（約一二〇〇名）、フランス（約一八〇〇名）、イタリア（約三〇〇名）があった。

日本の傀儡《かいらい》・冀東政権誕生の直接のきっかけは一九三五年六月の梅津・何応欽《かおうきん》協定だ。梅津美治郎（当時中将）は支那駐屯軍司令官、何応欽は中国国民軍北京軍事分会委員長である。もともとは梅津が、天津の親日系新聞社社長が何者かに暗殺された事件をとらえて強要したもので、河北省からの中国軍の撤退、国民政府（中国国民党の指導下に組織された中華民国政府）と一体ともいうべき国民党機関の閉鎖、河北省における一切の排日行為の禁止が盛り込まれた。

この梅津・何応欽協定の一七日後に、こんどは土肥原・秦徳純《しんとくじゅん》協定を結んでチャハル省（察哈爾省、現在大部分は内モンゴル自治区）を日本の勢力下においた。土肥原賢二（当時少将）は関東軍特務機関長、秦徳純はチャハル省主席代理である。関東軍特務機関員がチャハル省を通過中、同省内駐屯の宋哲元《そうてつげん》率いる中国国民軍第二九軍に連行され、五時間ほど拘留されたことがきっかけだった。

土肥原は宋哲元軍や中国国民党機関のチャハル省からの撤退を要求して認めさせた。この宋哲元軍（第二九軍）こそ、日中戦争初期の中国軍側の主役である。

このあと日本軍はチャハル省や河北省全域を支配する統治機関として、傀儡政権を作らせようと強い圧力をかけたが、国民政府の手強い抵抗にあった。そこでとりあえず塘沽協定で非武装地帯としていた地域に傀儡の冀東政権を成立させたのだった。国民政府の主席・蔣介石《しょうかいせき》はそれをみて、宋哲元を委員長とする冀察《きさつ》政務委員会を成立させ、河北省（冀）、チャハル省（察）を統治させた。宋哲元に因果をふくめて国民政府任命の親日政権を装った特別の統治機関を誕生させたのだ。「完全な日本の傀儡《かいらい》政権」よりましという判断だったのだろう。

こうして、日本は関東軍や支那駐屯軍の主導のもと、華北一帯を支配しつつあった。

綏遠事件と西安事件

当時日本は、中国のことを支那《しな》と呼ぶのが普通で、それに基づいて華北も北支《ほくし》（華中を中支《ちゅうし》、華南を南支《なんし》）と呼んだ。チャハル省や綏《すい》遠《えん》省（現在内モンゴル自治区の一部）は内蒙古とも言ったが、北支にふくめて言う場合もあった。このように日本は内蒙古、北支を「日本支配下の特殊地域（北支分治）」にしたかったのである。

満州事変以来、自国が少しずつ日本の支配下に組み込まれていくなかで、中国人による偶発的・計画的抵抗はあちこちで起こっていたが、一九三六年はとりわけ、日本人がテロリストや民衆に襲われるという事件が次々に起こった。そうして決定的とも言うべき綏遠《すいえん》事件が起き、さらに西安事件が起きた。

綏遠事件とは何か。一九三六年一一月、関東軍はチャハル省内の蒙古軍（指導者・徳王）を指導して綏遠省に攻め込んだが、当地の中国国民軍に撃退された。相手が蒙古軍でも、関東軍が裏で画策していることは公然の秘密だったから、日本軍に初めて勝ったと、中国では大変な騒ぎとなった。一気に全面的な抗日戦への期待が高まった。

満州事変。奉天（現瀋陽）を警備する日本軍装甲車。

西安事件が、抗日戦への期待をさらに高めた。すなわち、張作霖の息・張学良《ちょうがくりょう》の率いる東北軍（中国国民軍の一つ。満州事変で関東軍によって東北地方を追われていた）は延安《えんあん》など陝西省内の共産軍を攻撃するため西安（延安の南方約三〇〇キロ）まで進撃したが、進撃の速度はおちていた。そこへ中国国民軍の最高指導者・蔣介石が督戦にきたが、逆に張学良は蔣介石を監禁し、国共合作（蔣介石の国民政府と毛沢東《もうたくとう》の中国共産党との連携）で日本軍と戦うべきだ（内戦停止、一致抗日、抗日救国）と説いたのである。調停のため西安に飛来した周恩来《しゅうおんらい》（当時、中国共産党のナンバー2）がほぼ張学良の主張に沿って蒋介石を説得し、張学良には蒋介石の釈放を要求して、事件はそのように解決した。

蒋介石監禁事件は世界に報じられ、日本でも大きな衝撃をもって迎えられた。なぜなら、当時の蒋介石は「安内攘外《あんないじょうがい》」、すなわち、まず中国共産党を軍事力で打倒して国内を安定させ、その後に外敵＝日本を攘《はら》う（追い払う）ことを標榜し、中国共産党に対し徹底した〝囲剿《いそう》〟（包囲殲滅《せんめつ》）を実施していたからだ。いわゆる中国共産党の「長征」（一九三四年一〇月～三五年一〇月、一万二五〇〇キロの軍事行動）も、蒋介石軍の囲剿の圧力に耐えきれずに起こされた、江西省瑞金などから陝西省に至る大敗走だった（兵力一〇万が一万以下に激減）。それでも今日「長征」が讃えられているのは、途中で毛沢東の指導権が確立したこと（遵義会議《じゅんぎ》）、一一の省を通過して共産主義革命に対する広範な大衆の支持を獲得できたからだ。

西安事件は、長征の落ち着き先として陝西省がほぼ固まった時期に起こったのである。

さて、西安事件は解決したが、それによって国共合作が直ちに成立したわけではない（成立は日中戦争勃発の二カ月後）。しかし、軍事的挑発・侵略をつづけている日本に対する姿勢が、これまでとは違う強硬なものに転じることは十分に読みとれた。

中国を独占支配しようとした日本

西安事件は辛亥革命《しんがい》（一九一一年。清王朝を倒した孫文を指導者とする国民革命。このとき中華民国が成立。孫文死後、国民党指導下に国民革命を推進する国民政府を設立）から二五年目に起こった。この間日本は、第一次世界大戦を「千載一遇の機会」として対華二一カ条要求（一九一五年）を突きつけ多くの屈辱的条項を呑ませ、中国統一のための蒋介石の北伐軍が満州に及ばぬように山東出兵（山東省済南地区。一九二七、八年）を行い、その満州を軍事占領する目的で満州の軍閥・張作霖を爆殺し（一九二八年）、そのとき果たせなかった満州占領を満州事変で完成させた。その後も、北支と内蒙古を分離させ日本の支配下におこうとしてきた。

熱河作戦。万里の長城で河北省に攻め込もうとする日本軍。

日本は、清王朝を倒した中華民国が、これから近代国家へ生まれ変わろうとして悪戦苦闘する様をあざ笑いながら、ある時は無理難題を持ちかけ、ある時は軍隊を使い、ある時は経済的圧迫を加えてきた。そういう状況が四半世紀もつづいていたのである。

中国はこれに対して五・四運動（一九一九年）、五・三〇運動（一九二五年）、あるいは山東出兵糾弾など、デモ・集会・ストライキ・日本製品ボイコットなどを通じて、年を追うごとに排日・抗日運動を強めてきた。日本はそうした排日・抗日運動を侮蔑《ぶべつ》と受け取り、中国に「反省」（日本軍も日本政府もよくこの言葉を用いた）を求め、反省しないといってはさらに圧迫を加えた。

もともと中国への侵略はイギリスのアヘン戦争（一八四〇～四二年）以来、欧米列強によって行われてきた。日本が欧米列強に支持されて、租界《そかい》（治外法権地区。

上海、北京、天津、漢口、重慶など）や、租借地（旅順や大連をふくむ遼東半島）、鉄道の租借（南満州鉄道、いわゆる満鉄）など中国に足場を作れたのは日露戦争（一九〇四～〇五年）までだった。日露戦争の結果は、日本の韓国支配に対する列強の黙認にもつながり、やがて日本は韓国を併合した（一九一〇年）。

第一次世界大戦中に行われた日本の対華二一カ条要求以来、アメリカ・イギリスを中心とする列国は中国を独占的排他的に支配しようとする日本に強い警戒心を抱いた。そこで、ワシントン会議（一九二一～二二年）では中国の強い要請に応えて、日本が対華二一カ条要求で中国に認めさせた旧ドイツ租借地の青島《チンタオ》など山東省の利権を中国に返還させ、日本の独占的な中国進出を強く牽制した。これに対し日本国内では、ワシントン会議で象徴的に見られた対米英協調外交を否定し、日本はアメリカ・イギリスなどと袂を分かち、独自の道を歩むべきだという思潮が生まれた。やがてそれは天皇至上主義と結びつき軍人を巻き込んだ昭和維新運動へと発展する。

そんな渦中で起こったのが満州事変だった。

しかし、第一次世界大戦の経験を経て、国際連盟に結集していたヨーロッパ諸国は、民族自決の尊重という観点から、満州事変における日本の行動を侵略とし、満州国を認めなかった。日本はそれに反発して国際連盟を脱退し、さらなる独自路線を歩み始めた。

中国侵略の先鞭は欧米であり、侵略の実態である租界や鉄道経営、駐兵などは依然つづいていた。が、新しい侵略者・日本をときに強く牽制してくれる欧米諸国に、中国が強い期待をかけたとしても不思議ではない。満州事変以後はとりわけその傾向が強まった。日本は、自分たちが訣別した欧米に、中国が精神的・思想的・物質的によりかかりつつ排日・抗日行為を行うことに我慢ならなかった。

日中戦争の初期、日本は「暴戻《ぼうれい》支那の膺懲《ようちょう》（暴支膺懲）」（排日・抗日の乱暴な行動を懲らしめる、の意）という表現を使った。そこには中国人は統一的な近代国家を建設する能力がないという決めつけがあり、あまつさえ、そんな能力のない民族が広大な中国大陸に眠っている「天賦の資源を放置して顧みないというのは、天に対する冒瀆《ぼうとく》ともいい得るが、日本は友誼の発露として開発をなさんとするものである」と考えていた。引用の文章は誰あろう、日中戦争の前半を首相として指導した近衛文麿《このえふみまろ》である（一九三七年元旦の『東京朝日新聞』。当時は貴族院議長）。

国策の大転換ならず

しかし、さすがに西安事件の衝撃は大きかった。民族的覚醒に裏打ちされた中国人の姿を垣間見て、危機感をつのらせたなかに、参謀本部（陸軍）の作戦部長・石原莞爾《かんじ》少将や、外務大臣・佐藤尚武などがいた。両人の主導のもと、外務・大蔵・陸軍・海軍の四大臣は北支の分離・特殊地域化の政策を放棄すると申し合わせた（「第三次北支処理要綱」。一九三七年四月一六日）。

だが、国策の大転換ともいうべきこの新方針が、当時の林銑十郎首相によって公表されたわけでもなく、間もなく成立した近衛内閣（六月四日。日中戦争はこの三三日後に勃発）に正確に引き継がれたわけでもなかった。いわんや陸海軍の隅々まで徹底されたわけでもない。〝北支分治の放棄〟は確固とした日本の新しい政策にはならなかった。

時代は前年の、昭和維新の総決算とも言うべき二・二六事件の余韻がただよっており、失敗したとはいえ事件を起こした皇道派《こうどうは》軍人の思想は、軍はもちろんのこと国民を覆っていた。すなわち、天皇に対して滅私奉公の忠義をさらにつくすことと、皇国《こうこく》日本が名実伴う東亜《とうあ》（東アジア）の盟主となることである。

日中戦争はこのような流れと時代背景のなかで起こった。

第1章 盧溝橋事件から全面戦争へ

東京朝日新聞 夕刊
THE TOKYO ASAHI SHIMBUN
北平郊外で日支両軍衝突
不法射撃に我軍反撃
廿九軍を武装解除
疾風の如く龍王廟占
支那の要請で一時停戦
鹿内准尉戦死す 野地少尉負傷
事件の發端となつた盧溝橋
硝煙の戦線
突如銃を擬し 凄絶砲火

盧溝橋事件の第一報。1937年（昭和12年）7月9日付『東京朝日新聞』夕刊。北平は北京の当時の呼称。当時は中国のことを支那と呼ぶのがふつうだった。

日本軍、盧溝橋で最初の攻撃

日中戦争は、北京（北平）郊外の盧溝橋《ろこうきょう》付近で始まった。最初はごく小さな戦闘だった。

一九三七年（昭和一二年）七月八日未明、北京城の西南、永定河《えいていが》にかかる盧溝橋の付近にある龍王廟《りゅうおうびょう》一帯に展開する中国軍陣地に対して、日本の支那駐屯軍の歩兵部隊が攻撃のため前進を始めた。それを見て、中国軍陣地は先制の射撃を開始した。すると歩兵部隊の後方、なだらかな丘・一文字山に放列を敷いていた日本の砲兵部隊が砲撃を始めた。これら日本軍は一個大隊（支那駐屯軍歩兵旅団歩兵第一連隊第三大隊）で約五〇〇名ほどの部隊だった。

日本軍は砲撃が一段落すると、歩兵部隊が陣地攻撃にうつり、激しい戦いとなった。戦いは断続的に翌九日までつづき、日本軍は戦死一二名を出しつつも、龍王廟付近の中国軍を撃滅し、盧溝橋を越えて永定河右岸に進出した。さらに、すぐ近くの宛平県城《えんぺいけんじょう》（盧溝橋城とも）内の中国軍を武装解除した。そして銃火はひとまずおさまった。日中双方の停戦交渉が始まったからでもあるが、日本軍にそれ以上の攻撃をつづけるつもりがなかったことにもよる。

本格的な陣地攻撃を挑んだものの、この戦いは日本が中国に対して宣戦布告を行って始められた戦いではなかった。もちろん中国が日本軍に宣戦布告を行ったから始まったものでもなかった。龍王廟付近の中国軍は、眼前の日本軍が攻撃のためにいっせいに前進してきたから、先制の応戦をしたまでだった。

なぜこの地で、日本軍は大隊規模の本格的な戦闘をしかけたのか。

七月七日深夜の銃声

この戦闘は攻撃開始の一〇時間ほど前、七月七日午後一〇時四〇分ごろ、この一帯で夜間演習を行っていた一個中隊（中隊とは約二〇〇名ほどの規模。前記第三大隊所属の第八中隊。このときは一三五名が演習に参加していた）が、龍王廟付近から十数発の小銃による実弾射撃を受け、兵一名が行方不明になったことが発端だという。

盧溝橋とはどんなところか

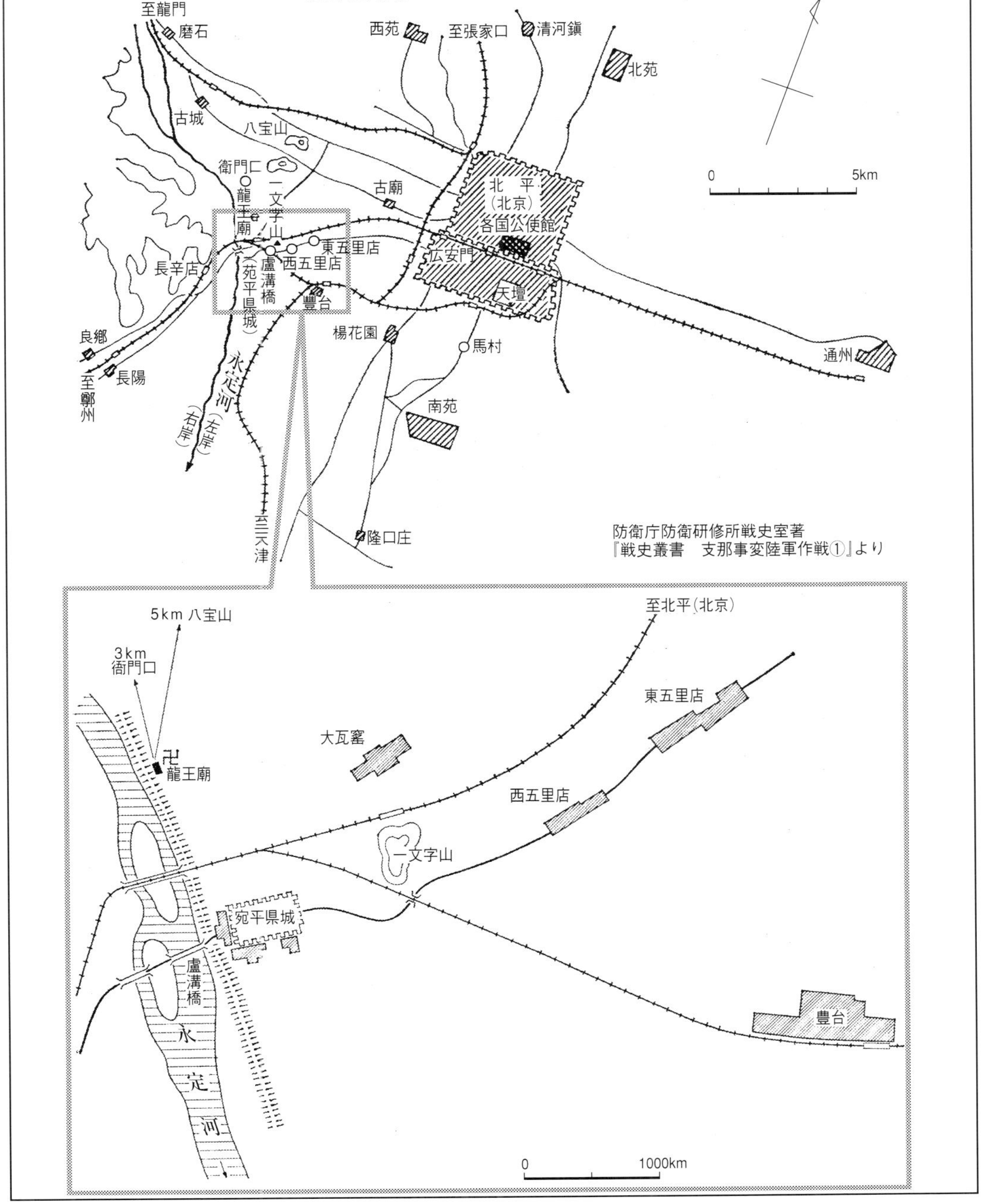

防衛庁防衛研修所戦史室著
『戦史叢書　支那事変陸軍作戦①』より

上／北京郊外の永定河にかかる盧溝橋。当時は蘆の文字を用いていた。欄干には獅子の石像が飾られている。

下／事件直後の盧溝橋。青龍刀を肩にした中国兵が対岸の日本軍を見張っている。

すなわち、第八中隊は演習中止・集合を伝えるために、敵方となって演習していた部隊に伝令を出したが、この仮設敵陣地がその伝令を（演習上の）敵と勘違いして、機関銃を射撃した。もちろん演習だから空砲だが、この直後、龍王廟の方角から三発の小銃弾が飛んできた。軍人なら空砲か実弾かの区別は一瞬にしてわかるという。

第八中隊長・清水節郎大尉はとっさに集合ラッパを吹かせて部隊全員の集合を命じた。すると、こんどは違う方向（永定河の鉄橋方向からとも宛平県城の城壁方向からともいう）から十数発の銃弾射撃をうけたという。そして、集合させて点呼をとってみると、先に伝令に出した二等兵がいないことがわかった。

この清水中隊に向けて射撃されたと思われる銃弾がいわゆる〝盧溝橋の一発〟と言われるものである。

とにかく、中国軍から一〇発以上の実弾を撃ち込まれ、兵一人が行方不明ということがわかって、中隊長は緊張した。中国軍から攻撃をうけて兵隊一人がやられたと、即断したからだ。ただちに応戦の準備を命じ、ことの次第を豊台の大隊本部に報告するため、伝令を出した。周囲には日本軍と中国軍しかいないはずだから、中隊長が射撃は中国軍からであり、兵隊がやられたかもしれないと思ったのは、一小部隊の指揮官としては当然の反応

東京朝日新聞　昭和十二年七月二十日

計畫的の武力抗日歴然
斷乎・北支派兵に決定
政府、中外に重大聲明

聲明全文

廟議・不動の方針確立
首相葉山伺候奏上す

在外使臣に訓令

政府各代表の協力を求む

北支（ここでは北京や天津付近を指す）への派兵決定を伝える7月20日付『東京朝日新聞』。左側に貴族院・衆議院、言論機関、財界の代表者を招いて、派兵の支持と政府への協力を訴えたことが写真入りで報じられている。いずれの代表者も全面協力を誓った。

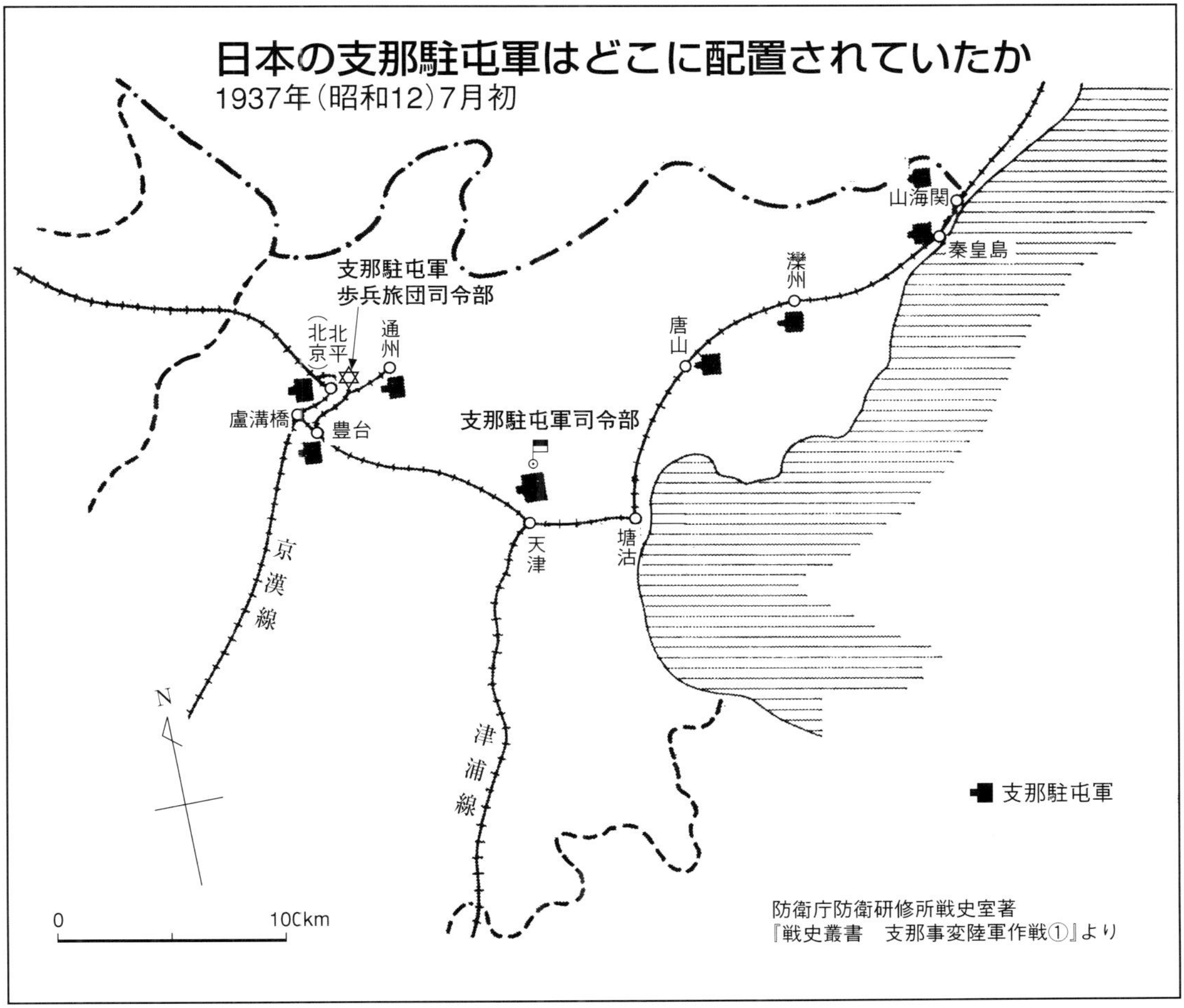

盧溝橋事件2日後の7月9日、占領した龍王廟の近くで作戦を練る牟田口連隊長（右から2人目）。連隊長とは約3000名を率いる部隊長だ。

龍王廟に向けて大砲を放った地・一文字山の記念碑。支那事変というのが日中戦争の呼称だった。宣戦布告して〝戦争〟にすると、アメリカが中立法をたてに軍需物資を日本に輸出しないおそれがあった。

である。と言って、中隊長には直ちに反撃のための攻撃に移る権限は与えられていなかった。

　とにかく、「中国軍の攻撃」はそのときは止んでいる。こういう事態が起こったときは中国軍と交渉して解決するという慣習になっていることは、中隊長も承知していたのだ。

大隊長と連隊長、「膺懲《ようちょう》」を決断

　第三大隊の一木清直大隊長は、兵隊が行方不明との報告をうけて一大事と思い、警備呼集をかけ、事件の起こった場所に大隊全員を集合させる命令を出した。同時に、北京城内にいた直属の上官である連隊長・牟田口廉也大佐に、「中国軍と談判する」と報告した。在北京日本軍（支那駐屯軍の一部）の最高指揮官は旅団長の河辺正三少将だったが、遠くへ出張中で、牟田口が代理をつとめていた。

　牟田口連隊長は即座に同意し、一文字山を占領して戦闘体形をとり、中国軍と交渉することを命じた。事件は牟田口連隊長から日本陸軍の北京特務機関へ通報され、さらに天津《テンチン》の支那駐屯軍司令部はもちろん、北京の日本公使館駐在武官も知るところとなった。支那駐屯軍司令部は牟田口連隊長に対し、中国軍の陳謝を要求する交渉には一個中隊をつれて

龍王廟占領後、北京の日本人居留民は中国軍に襲われないかと不安な毎日を過ごした。
警備隊をつくり巡回する一方、女性と子どもは日本大使館に避難し、共同生活に入った。

まだ本格的な戦闘に入ってはいなかったが、
日本軍はほとんど臨戦態勢だった。
7月20日の北京の牟田口部隊通信班。

7月18日の豊台。盧溝橋からほど近い。

いき、必要ならば武力に訴えよと指示した。

ところがそのころになると、つまり一木大隊長が現場に着いたときは、事件のもっとも重要な部分は解決していた。行方不明の二等兵は無事に帰ってきたからである。集合ラッパに気づいたが、道に迷っていたという。

しかし日本軍はそれで問題解決とは考えなかった。どんなふうに考えたのか。

「私の考えとしては、(牟田口)部隊長からも交渉しろという命令を受けてきていますし、またこれで打ち切ったということになると、支那側がなんと宣伝するかわからぬ。豊台《ほうたい》事件の前例もあって、実包射撃をやれば日本軍は演習をやめて逃げて行くという観念をかれらに与えるのは遺憾だから、これはどうしても厳重に交渉しなければならぬ。……一文字山を占領してから交渉しよう……」

これは一木大隊長が一年後に新聞の座談会で語ったことである。

豊台事件というのは前年九月一八日、豊台駅前ですれ違った日中の部隊がお互いに道を譲らなかったので、小競り合いが起こり、一木大隊長が中国軍兵営を包囲し、中国軍も出動して一触即発のところまでいった事件だ。事件は話し合いで解決したが、日本側は最初要求したその中国軍部隊の武装解除を、牟田口連隊長の決断により「武士道精神」で取り下げたという。

右／郎坊で日本軍に捕らえられた住民。

右下／郎坊駅を占拠、警備につく日本軍。

左下／郎坊を固める日本軍。電線修理班が攻撃され増援部隊が急行した。

ところが、後日、日本軍が中国軍の武装解除要求を取り下げたのは中国軍が怖かったからだと、中国側が高言していることを耳にして、牟田口連隊長は怒り狂った。そして、こんど似たような事件（日本側の当時の言い方では〝不法行為〟）が起こったら容赦しないと深く心に期していたという。

さて、大砲の陣地を敷くために一文字山を占領してまもなく、一木大隊長は龍王廟方面で三発の銃声を聞いた。これでは交渉の前に攻撃が必要なのではないかと思い、一木は牟田口連隊長に電話で指示をあおいだ。どうしたらよいかではなく、攻撃したいがよろしいか、と尋ねたのである。牟田口は「やってよろしい」とこたえた。

一木は驚いたという。「そこまではやるな」という返事がかえってくるのでは、と思っていたという。そこで「本当にやってよろしいとなると重大問題ですから、本当に間違いないかどうか、本当にやってよろしいんでありますかというと、牟田口部隊長は『やってよろしい、今（八日午前）四時二〇分、間違いない』と、こういう風に時刻とともに明瞭にいわれましたので、私は『やります』と申しあげて電話を切った」

こうして、冒頭のような攻撃が始まったのである。しかし、ちょっとした手違いがあって、一木大隊長が最初に命じた大砲の射撃

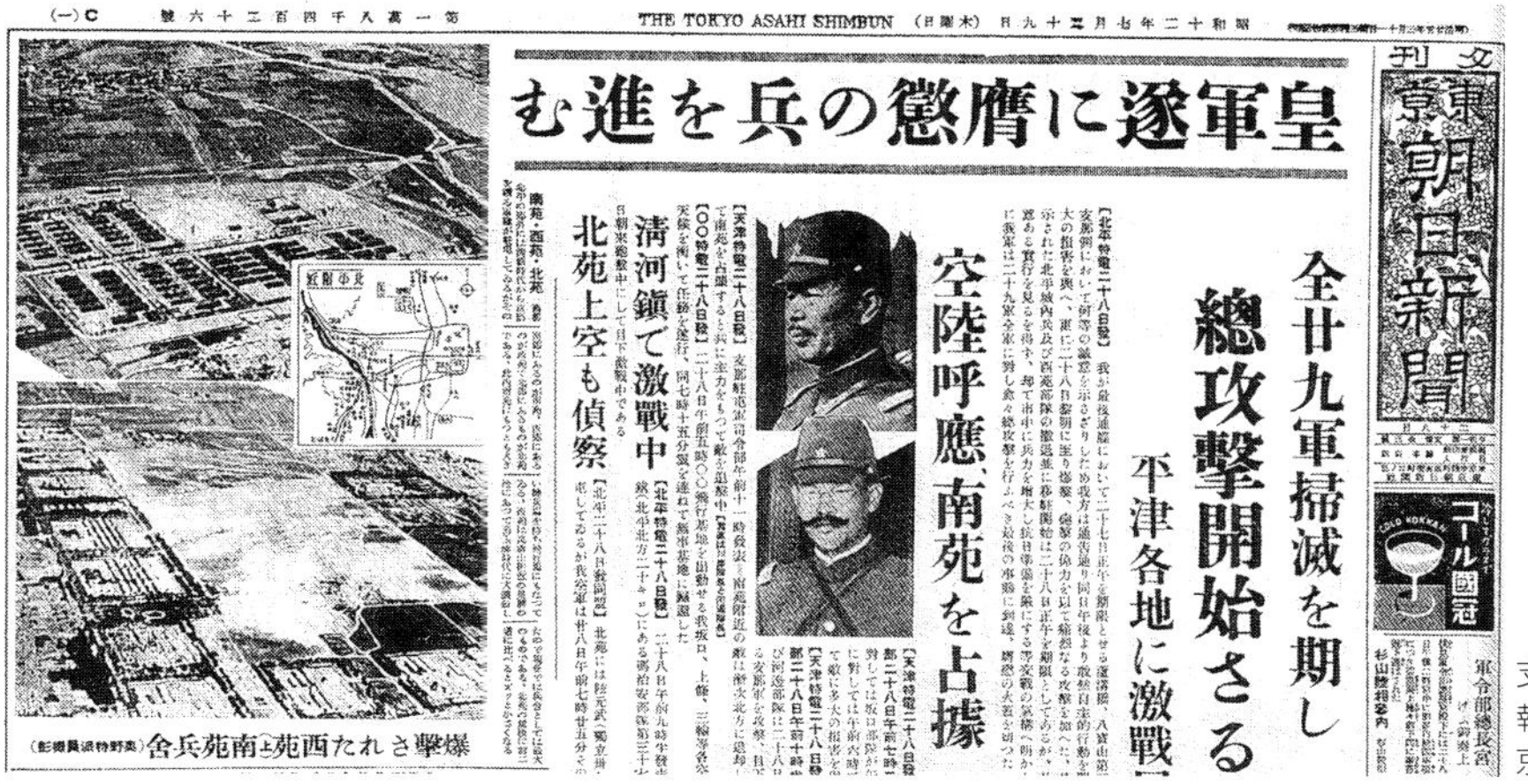
THE TOKYO ASAHI SHIMBUN

東京朝日新聞

皇軍遂に膺懲の兵を進む

全廿九軍掃滅を期し

総攻撃開始さる

平津各地に激戦

空陸呼應南苑を占據

清河鎮で激戦中

北苑上空も偵察

爆撃された西苑（上）南苑兵舎

支那駐屯軍の総攻撃を報じる7月29日付『東京朝日新聞』。

はおくれ、歩兵部隊が攻撃する姿勢で前進しているうちに、相手からの射撃をまずうけることになったのだった。

牟田口はかねてからの決心にしたがい、「不法射撃」は、「我軍の威武を冒瀆《ぼうとく》するも甚だしい。この際、支那軍の不法は容赦なく膺《よう》懲《ちょう》すべきであると決意」したのだった。膺懲とは、「こらしめる」という意味である。

停戦協定成立、だが日中両政府は拒否

日本軍は盧溝橋付近から中国軍を追い払い、宛平県城内の中国軍を武装解除して、中国軍に謝罪と責任者の処罰を求めた。交渉とは、中国軍の一方的な譲歩を求める条項をむりやり承知させるやりかたである。

とにかくいろいろな経過を経て、七月一一日午後八時に調印された停戦協定は、具体的なこととして、「冀察《きさつ》第二九軍代表」が「遺憾の意」をあらわし、責任者を処分すること、中国軍は龍王廟や盧溝橋城（宛平県城のこと）付近から撤退して、保安隊（警察隊のような組織）で治安を守ることなどを取り決めた。

停戦協定で言う「冀察第二九軍」の冀察とは冀察政務委員会のことで、冀《き》、すなわち河北省と、察《さつ》、すなわちチャハル（察哈爾）省の、軍事・民政を兼ねた統治機関である。第二九軍というのはこの委員会の指揮下の軍に対して国民政府が与えた名前であり、軍の総指揮官である宋哲元《そうてつげん》が冀察政務委員会の委員長を兼ねた。

宋哲元はもともと親日派で反蒋介石《しょうかいせき》の雄ではあったが、冀察政務委員会は冀東《きとう》防共自治政府のような日本の傀儡《かいらい》政権ではない。冀東政権は塘沽《タンクー》協定（序章参照）に基づいて設定された河北省東北部の非武装地帯に成立させた傀儡政権である。日本軍は北京や天津一帯にもそういう傀儡政権をつくりたかったのだが、国民政府主席・蒋介石が先手を打って、冀察政務委員会をつくり、中央政府からなかば独立した統治機関として宋哲元にまかせていたのである。だから日本の傀儡政府でもないのに、宋哲元軍には桜井少佐なる現役日本軍人が顧問として送りこまれていることには、蒋介石も文句をつけたことはなかった。

つまり冀察第二九軍には、日本軍に迎合するがごとく、しないがごとく、問題が起こっても中国全土に影響が及ばないようにうまくやれという、あいまいでやっかいな使命が最初から負わされていた。

したがって、北京市長兼第二九軍副司令という肩書きの秦徳純《しんとくじゅん》と日本陸軍の北京特務機関長の松井太久郎大佐との間に調印された停戦協定も、蒋介石が目をつぶればそのまま有効であったし、蒋介石が「ノー」と言えば、

盧溝橋から宛平県城を望む。

盧溝橋近くの宛平県城を占領。7月29日。

無効であった。蒋介石が「ノー」というときは、徹底抗戦の覚悟をするときである。

国民政府首都・南京の蒋介石は盧溝橋事件の翌七月八日の日記に、次のように書いた。

「倭寇《わこう》はすでに盧溝橋で戦いを挑んできた。彼は我の準備の完了せざるときに乗じて我を屈服せしめんとするのか？　或いは宋哲元に難を為し華北を独立せしめんとするのか？　倭《わ》はすでに戦いを挑んできた。応戦の決心をするときか？」（引用は黄仁宇著、北村稔・永井絵美・細井和彦訳『蒋介石　マクロヒストリー史観から読む蒋介石日記』から）

蒋介石は、満州事変以後、日本と呼ばずに倭、倭国、倭寇としか呼ばなくなっていた。とにかくこう日記に記した翌日には、応戦の決心がつかぬままに、とりあえず、四個師の兵力（四万程度か）を河北省の保定《ほてい》（北京の南西一七〇キロ）などに集結するよう命じたのである。中央軍（蒋介石軍）北上は、日本軍もすぐ察知した。しかし、蒋介石が停戦協定にはっきりと「ノー」の意思表示するのはもう少し先（七月一九日）のことである。

日本政府や陸軍中央（陸軍省や参謀本部）はどうだったか。

結論からいえば、日本政府は北京で停戦協定が成立する数時間前に（七月一一日、午後六時過ぎ）、事件の名称を北支《ほくし》事変とすることとし、北支出兵をはなばなしく発表した。それは翌日の新聞には「北支出兵の廟議決す　抗日絶滅の保障要求 治安維持に重大決意 帝国政府、中外へ声明」という調子で大きく報じられた。もちろん、停戦協定成立のニュースも報道されたが、それは出兵声明にくらべると、格段に小さかった。

一撃すれば中国は屈服するはず、と

日本軍の出兵規模は関東軍（満州国駐屯の日本軍）の独立混成二個旅団（一個独混は小型の師団で約五〇〇〇名だから、兵力計約一万名）と朝鮮軍（朝鮮に駐屯している日本軍）の一個師団（約二万）だった。そして、現地の状況をみて、必要ならば内地から三個師団を派遣するというものである。これだけの兵力を北京～天津付近に集めれば、中国軍は南方へさがるだろう、と考えた。

当時の陸軍には、中国と戦争が起こった場合にはこれこれの方法で臨む、という計画はまったくなかった。満州事変もふくめてこれまで、中国軍が頑強に長期にわたって日本軍に抵抗したことがなかったからである。

だから、万一中国と戦争が起こるとしても、中国からしかけることはあり得ず、日本がしかけた場合にかぎると、頭から信じこんでいた。が、その日本は中国でまったく大作戦を

北京の正陽門から入城する日本軍。

北京城へ向かう日本軍。

北京の紫禁城・正陽門。

日の丸を振って日本軍を迎える北京の日本人居留民。

やるつもりはなかった。

日本は中国に本格的な戦争をしかけるつもりはなかったと書くと、けげんに思う読者が多いだろう。だが当時の陸軍が想定していた戦争相手は、満州の北方に位置するソ連だけだった。ソ連軍が黒竜江を越えて満州に入って来たらどうやって防ぐか、それだけで頭が一杯だったのだ。だから毎年、対ソ戦の研究は入念にやっていたのである。盧溝橋事件当時、満州には内地から交替制で派遣されていた四個師団をふくめて約八万の兵が展開していた。

盧溝橋事件からわずかに四日目にして、出兵を決定したと聞くと、中国相手に全面戦争の重大決意をしたように受け取れる。それは結果的に日中戦争が八年もつづき、その途中で米英とも開戦し、完敗したという結果を知っているからそう感じるのである。

しかし、そうではなかった。中国軍は弱すぎてとうてい日本の敵ではない、盧溝橋で事件が起こったそうだが、ちょいとおどしてこらしめてやるか、華北一帯を完全に日本の支配下におくという年来の希望を達成するいい機会だ、という程度の「重大決意」であった。

陸軍大臣・杉山元大将は天皇に対して一カ月で片づくと上奏した。一カ月はともかく、二カ月もあれば第二九軍は屈服するだろう、それでも終わらないこともあるかもしれない

上／北京の広安門付近で昼食をとる入城部隊。安心しきって銃を一カ所にまとめて立てている。
左／北京入城部隊が楼上からさかんに手を振っている。
下／北京の哈伝門街の日本軍。

が、そのときは中央政府（蒋介石の国民政府。首都南京）軍を相手に全面戦争に持ちこめばよい、それとてたかだか三、四カ月でカタがつくだろう、その程度に考えていた。これは、参謀本部の戦争指導課が、七月一七日にまとめた見取図という。

　戦争指導課長の河辺虎四郎大佐は、作戦部長の石原莞爾少将とならんで、有力な不拡大派のひとりだった。「不拡大」のもっともふつうの意味は、出兵しないということである。もう一つの意味は、出兵しても作戦地域を華北の狭い地域に限定するということである。

さらには長引かせないということでもあったが、「中国軍相手に長引くことはあり得ない」というのは、陸軍全体の常識のようなもので、とくに懸念することではなかったのだ。

　課長が不拡大派であり、その戦争指導課でも、出兵しても短期間で解決という見通しをつけるほどだったから、あくまでも出兵そのものを断固拒否しなければならない、という強い態度を貫く必要はなかったわけだ。

　作戦全般を指導する立場の石原作戦部長は最初から強く不拡大を主張しながらも、自らの責任において出兵を決定した。その後も、「このままでは全面戦争の危険が大である。あたかもスペイン戦争におけるナポレオン同様、底なし沼にはまることになる」（七月一七日、杉山元陸軍大臣に対して）という直感的な懸念を捨てきれなかった。しかし、もっとも心配なソ連は、スターリンが赤軍幹部の大々的な粛清を進めており、しばらくは満州に侵略することはないだろうから、兵力を華北に使用しても当面は心配ない、と考えた。

　石原は、出兵すれば長引くだろうが、「作戦範囲をなるべく限定し、小兵力をもってその地域を何年間も確保」（戦後の回想）することで、ソ連軍に備えるつもりだった。全面戦争とか、底なし沼を予想する一方で、中国との戦争は、日本がそうしないかぎり、作戦地域は広がらないと信じていたわけである。

通州を占領。ここで200名を超える民間日本人が虐殺されたことが、日本人の感情を爆発させた。

北京の宋哲元軍（中国第29軍）の一部は武装解除され収容された。

「最後の関頭」蒋介石の抗戦決意

北京や天津では七月一一日に調印された停戦協定の実施を日本軍が迫っていた。宋哲元は一九日という期限付きの謝罪要求に、いちおう折れたが、宋哲元軍（第二九軍）の内部はさまざまで、盧溝橋周辺では小さな発砲事件がいくつも起こっていた。香月清司支那駐屯軍司令官をはじめ現地の日本軍は、それら発砲事件のすべての責任は宋哲元軍にあるとしていたから、業を煮やした形で、そういう「不法行為」をなんとかしないかぎり「七月二〇日午前零時以後、駐屯軍は自由行動をとる」と、宋哲元に通告した。

宋哲元はやむなく、共産党の徹底弾圧とか、排日色の強い人物を冀察《きさつ》政務委員会の各機関から追放するとか、あるいは蒋介石の秘密機関（藍衣社、CC団などがあった）の冀察（河北省とチャハル省）からの追放、排日運動・言論の取り締まりとかを約束した（停戦協定第三項誓約文）。同時に北京城内の第二九軍（第三七師。師は日本の師団に相当するが、兵力は師団より小さい）の自発的撤退も約束したのだった。

日本側では本来の支那駐屯軍は五〇〇〇名ほどしかいなかったが、動員された関東軍や朝鮮軍の部隊が北京近郊と天津に到着しつつあった。それらを加えると駐屯軍司令官の動

燃える天津市街。

破壊された天津の中国軍根拠地。

天津の外港・塘沽《タンクー》には日本の軍艦が入港し、威圧した。中国には対抗できる海軍がなかった。

天津の街を昼夜別なく警備する日本軍。

兵士が持っているのが三八銃（サンパチ銃、明治38年式歩兵銃）。天津で。

〝平和が戻った〟という天津市街。

かせる兵力は三万近くなる。それだけあれば、約八万の兵力をもつ宋哲元の第二九軍など敵ではない。これは当時の日本軍の常識だった。「宋哲元よ、日本軍に刃向かって全滅するか、それともおとなしく言うことを聞くか」とおどしたわけだ。宋哲元はふたたび膝を屈する道を選んだ。

しかし、こんどというこんどは中央政府の蒋介石が「ノー」を告げた。宋哲元が右の誓文を約したその日（七月一九日）、

●宋哲元と現地日本軍の協定はすべて中央政府の承認が必要
●北京、天津付近の日中双方の軍隊は「期日を定め同時に」撤退
●今後は外交で協議
●国際条約上の仲裁裁判の受け入れ

を、日本政府に正式に通告したのである。

この通告の下敷きは、七月一六日に開かれた廬山《ろざん》会議における談話だった（廬山は江西省北端、揚子江沿い九江の近く）。会議そのものは盧溝橋事件の一カ月も前に決まっており、各党各派、無党派の有名人士一五八名を招いての「国難に対処するための談話会」だった。中国共産党からは周恩来など三名が出席していた。談話会とはおだやかな表現だが、事実は二月以来つづけられている国共合作（国民政府の母体・中国国民党と、中国共産党との協同連携）の内容を詰めつつあったのだ。

戦争の発端をつくった牟田口部隊。北京近傍。

折りしも、中国は日本から露骨な干渉をうけつつあった。蒋介石は、ここで「最後の関頭（せとぎわの意）」談話を行い、一八日全国に公表した。それは次のようなものである。

「われわれは弱国だが、最後の関頭に臨んだならば、全民族の生命を賭けて国家の生存を救うべきである。最後の関頭に至れば、あらゆる犠牲を払っても徹底抗戦すべきである。迷ったり、安堵の夢にふけっていては、民族は将来にわたって立ち上がれないだろう」

またこの談話には次のような一節もあった。

「ひとたび戦事が起これば、東西南北の別なく、国家のために奮闘する決心を抱き敵と決死の戦いを行わなければならない。もし途中で妥協したり、いささかでも土地を喪失する者があれば、中華民族の歴史における罪人である。軍人には国土を守る責任がある。最後の一兵となっても、敵と戦わなければならない」

そして、一九日に公表された「対日交渉の四つの条件」は、いわゆる現地協定の無効を日中双方の国民に通告するものであった。

一、いかなる解決であれ、中国の主権と領土を少しでも損なってはならない。

二、冀察《きさつ》の行政組織に対する、どのような合法ならざる改案も許されない。

三、中央政府が派遣した地方官吏は、たとえ

大きな飯盒で昼食をとる日本軍。北京付近。

井戸から水をくむ日本兵。

騎馬による警備部隊。

ば冀察政務委員会委員長の宋哲元らは、相手側の要求により変更されることはない。
四、第二九軍が現時点で駐屯している地区については、何らの制限も受けない。

この四つの条件は、まさに〝反「最後通牒」〟だった。「すなわち相手方（日本＝引用者）からの要求を待たず、まずこちら側から想像できる相手方の要求を列挙して見せ、四つの『ない』により断固これを拒絶したのである」（引用は前掲、黄仁宇『蒋介石』）。

さらなる動員と総攻撃開始

蒋介石はあらゆる現地協定の無効を正式に表明したが、宋哲元は宋哲元で自ら約束した事柄を（北京城内からの部隊撤退もふくめて）、少しずつゆっくりと実行に移していた。支那駐屯軍はそれを監視し、催促した。

しかし、すでに蒋介石の中央政府が〝最後の関頭に至れば徹底抗戦〟の意思を明らかにしているのだから、第二九軍のなかには宋哲元の意思にかかわりなく、日本軍を挑発して「最後の関頭」の状況を作り出そうと考えた部隊があってもおかしくない。日本軍は日本軍で、宋哲元軍が挑発してきたら、それを口実に一斉に軍事行動を起こし、このモヤモヤした雰囲気を一掃したいとうかがっていた。

「事件不拡大とは全面戦争を避けることで、

皇軍《こうぐん》（天皇の軍隊）の威信にかかわることに耐えることではない」とは、東京に報告にやってきた支那駐屯軍参謀に対する杉山陸軍大臣のけしかけの言葉である（七月二三日）。

日本軍にとって、蒋介石の最後通牒めいた談話・声明や通告は単なる強がり、犬の遠吠えにしか聞こえなかった。実際、「現地協定は中央政府の承認が必要」と通告されて、政府も軍部も、当然ながらひるむどころではなかった。即日、かえって政府間交渉を打ち切り、予定していた内地三個師団に加えて、新たに三個師団を動員派兵することを決めた。それほどいうならひと思いにつぶしてしまおうというわけだが、要するに大兵力で、早く片づけたかったのだ。しかし、それにはもっともらしい理由がなければならない。

チャンスは相手が与えてくれた。すなわち、宋哲元軍がたてつづけに二回も「皇軍の威信にかかわる」軍事的挑発をしたのである。郎《ろう》坊《ぼう》事件（七月二五日）と広安門事件（七月二六日）である。もちろん、中国側の戦史では日本が一方的に挑発したことになっているのだが……。

郎坊は北京～天津鉄道の沿線にあり、北京から五〇キロの街である。このあたりの軍用電線が切れたので、修理部隊がかけつけた。電線は中国軍守備区域内で切れていたが、そこの部隊に了解をとって修理にかかった。そして修理中に攻撃を受けた。機関銃、迫撃砲もまじえた本格的な攻撃である。修理班につ

北京南方10キロの南苑を、空と陸から攻撃した。

チャハル作戦で南口を占領。北京市街から35キロ、その北西の居庸関、八達嶺とともに、かつては蒙古高原からの敵の侵入を防ぐ交通の要衝だった。

いてきた一個中隊（二〇〇名ぐらいか）が夜通し応戦をつづけ、翌日未明、飛行隊が援護し、増援部隊もかけつけたので中国軍は潰走した。

香月軍司令官は事件を東京の参謀総長（閑《かん》院宮《いんのみや》載仁《ことひと》親王）に報告し、自由に兵力を使用させてほしいと要望した。参謀総長は許可した。石原作戦部長は「徹底的に膺懲せられたし。上奏（天皇に対する報告）等一切の責任は参謀本部にて負う」と通告した。不拡大派・石原の最初の譲歩である。

香月軍司令官は宋哲元に対し、北京付近からの撤退を二八日正午という期限付きで通告し、できなければ武力に訴えると警告した。その期限を待っているうちに発生した「皇軍の威信にかかわる」第二の事件が広安門事件である。

広安門は北京城門の一つで、そこを通って城内に入ろうとした日本軍一個大隊が、城壁上から攻撃を受け、途中で門を閉められて分断され、最後は大隊が中国軍に包囲された。やがて日本軍の救援隊もかけつけて大きな戦闘に広がろうとしたが、寸前に中国軍が妥協、ようやくおさまった。

香月司令官はこの事件に接し、二七日正午からの総攻撃を命令した。命令は、宋哲元への撤退期限が二八日正午であったことに気づき、二八日午前八時に延期された。

チャハル作戦。八達嶺を占領。八達嶺は居庸関の北口にあたる。標高約1000メートル。写真のように万里の長城が一望できるので現在では観光名勝地である。日本軍がここを突破したのは8月23日である。占領した部隊が東京の宮城の方向に向いて遥拝している。

チャハル作戦。8月23日、居庸関を占領。北京から綏遠に通じる鉄道で約60キロ、蒙古高原と華北平原をつなぐ要衝。

チャハル作戦。チャハル省には関東軍（満州駐屯の日本軍）も西から攻め入った。写真はその関東軍の一部でトウモロコシを食べている。8月17日。

チャハル作戦。八達嶺を越えると当時のチャハル省だ。越えた山を下る日本軍。8月23日。

総攻撃は予定通り実施された。当面の目的は北京〜天津付近の第二九軍の一掃である。二八日から三〇日にかけて、次のように多くの部隊が命令にしたがい、広い範囲にわたって攻撃し、占領した。総攻撃と同時に、日本軍の手薄な地区では中国軍も果敢に攻撃を始めたのはもちろんだった。

●北京方面

南苑　第二〇師団と支那駐屯歩兵旅団主力が攻撃。宋哲元軍の戦死は約五〇〇〇という。

豊台　支那駐屯軍主力。

清河鎮　独立混成第一一旅団

沙河鎮　独立歩兵第一旅団

長辛店西方高地　支那駐屯軍歩兵旅団

大会廠（永定河左岸で長辛店北西約八キロ）
　独立混成第一旅団

●天津方面

天津市街の攻防

天津には第二〇師団歩兵第七九連隊の五個小隊（小隊は三〇〜五〇名ほどの規模）が守備についていた。宋哲元軍は天津保安隊約五〇〇〇名ほどで、天津駅・飛行場・日本租界・支那駐屯軍司令部などを攻撃した。日本軍も応戦したが、さすがに兵力が少なすぎた。結局、天津の中国軍を撃退したのは、陸軍の航空部隊（臨時航空兵団と呼んだ）だった。

●塘沽方面

塘沽《タンクー》は天津の東南東四五キロの地点で、天津の外港。中国軍は対岸の太沽から砲撃を開始した。日本軍の塘沽警備隊と満州から派遣された野戦重砲兵第九連隊が反撃、掃蕩《そうとう》した。

●通州方面

通州は北京の東一二、三キロで、塘沽協定（一九三三年六月）に定めた非武装地帯の範囲内にあった。日本の傀儡政権である冀東《きとう》防共自治政府の本部があり、冀東保安隊約五〇〇〇名がいた。この保安隊が二九日、傀儡政権の主席・殷女耕《いんじょこう》を逮捕し、日本軍守備隊（兵力一一〇名）、特務機関、在留邦人を攻撃した。前日、関東軍飛行隊が保安隊兵舎を爆撃（誤爆というが…）したので反撃にでたのだった。

攻撃をうけて特務機関員のほぼ全員と三八五名の在留邦人のうち二二三名が犠牲となった。北京から一個連隊が急派され、撃退した。多数の在留邦人が虐殺されたことで、日本の世論はいっそうの「暴戻《ぼうれい》支那の膺懲《ようちょう》」熱が高まった。「暴戻」とは荒々しくて道理にもとるという意味である。

こうして、二八日に始まった総攻撃は北京〜天津間の宋哲元軍を追い払い、三〇日、当面の作戦を終了させた。この間の日本軍の損害は戦死一二七名、戦傷三八四名だった。中国軍の損害はわからない。

総攻撃は一段落したが、間もなくチャハル作戦（八月九日〜）が命令された（第三章参照）。

第2章 上海事変と戦線の拡大

上海の和平収拾絶望
昨日午後三時五十五分 本格的火蓋切る
海・陸呼應砲門を開き 暴戻支那に猛攻撃
戰線擴大・激戰を展開
敵・猛撃に退却 我軍二名戰…
歩武堂々・陸戰隊本部を出る（本社特派員撮影）
けふ緊急閣議・適切策決定

上海で日中両軍の戦闘が始まった。1937年8月14日付『東京朝日新聞』。

独りよがりな和平の模索

増強された支那駐屯軍による三日間ほどの総攻撃で、北京〜天津付近、当時の言葉でいえば平津《へいしん》地方（平は北京。当時は北平と呼称。津は天津）から、宋哲元の第二九軍を追い払った。この総攻撃で、日本は全面的な対中国戦争に突入した、と考えがちだ。結果的にはそうに違いないのだが、当時の日本の政府や軍部は主観的には誰もそう考えなかった。

総攻撃は、駐屯日本軍に対する、たびかさなる挑発的な発砲事件に対して、「皇軍の威信」を回復させるための、ちょっとした〝こらしめ（膺懲《ようちょう》）〟でしかなかった。そして、これまでの例からすれば、このあたりでなんらかの「停戦条件」とか「和平条件」を示してやれば、中国は「参りました。おっしゃる通りに致します」と辞を低うして、日本に対して大きく譲歩するはずだった。

毎日のように条件に関する文書が作成された。曰《いわ》く陸軍省軍務課「対支処理要綱」（七月三〇日）、曰く外務省東亜局第一課「日華停戦条件」（八月七日）、曰く参謀本部「北支事変処理要綱」（八月一〇日）、曰く陸軍省「北支政務指導要綱」（八月一二日）、曰く関東軍「対時局処理要綱」（八月一四日）などなど、それぞれの立場の思惑を秘めた構想が、いわば勝手に作られていった。外務省東亜局を除いて、すべて陸軍の機関が作成している。そんなものは政府が責任をもって作るものだろうと、思うかもしれないが、陸軍がコトを起こしたのだから、陸軍がすべてやる、政府はごちゃごちゃ口出しするなというのが、当時の慣例、風潮だった。

いや、ときの首相・近衛文麿も決して手をこまねいていたわけではない。だが、そのやりかたは一国の首相としてはどこかコソコソとした印象がぬぐえない。彼の最初の具体的な行動は社会運動家で弁護士の宮崎龍介（宮崎滔天の子）を密使として蒋介石のもとに派遣することだった。中国革命の協力者だった滔天の息子だから、中国要人に知己が多かったということだが、なんと途中で日本の憲兵に捕まった（七月二四日）。ふつうの人名辞典ではその嫌疑は「蒋介石との接触を図った」ものと説明されている。

東京には中国大使もいたし、南京には日本

当時の上海・ザ・バンド。

大使もいた。しかし、中国において陸軍が最初からからんだトラブルについては、外務省が本来の外交のルートに乗せることがはばかられるという慣行ができあがっていた。

　それでも南京の日高信六郎参事官は個人的に裏面工作をつづけ、蒋介石に大きな影響力を与えられる人物として、四川省主席・張群《ちょうぐん》との会談に成功し、現地停戦協定の線で解決の見通しを得た。しかし、それは七月二八日からの日本の支那駐屯軍による総攻撃（前章参照）でオジャンになった。

　日本軍による総攻撃のあとも、近衛首相は事変収拾の努力をしたが、首相のイニシアティヴではなかった。天皇が和平にしたらどうかと陸海軍首脳に勧めたのを受けて、首相・外相・陸相・海相で和平案を作成したのだった。このときも外交ルートによる交渉を前面に出したものではない。陸軍中央部にはこの事変をきっかけにして大いに武力に訴え、取れるものを取ってしまえという強硬派が多かったから、まず隠密裡に交渉しようとした。天津、上海《シャンハイ》、奉天（現瀋陽）の領事もつとめたことのある元外交官で、在華紡績業理事長・船津辰一郎が交渉役に引き出された。だからこれを船津工作と呼ぶが、その停戦案の骨子は右に述べた陸軍の各機関が作成したものとたいして変わらない。肝心なことは停戦について中国側から自主的に提案させ、和を乞わせる形にすることであった。

　ともかく、船津は上海まで出向いた。そこで駐華大使川越茂が横から出てきて船津の役目を横取りするように引き継ぐという、筋書きにない展開となったものの、結局は、上海事変が勃発、またもやオジャンとなるのであった。

　ところで、日本側でさまざまな機関が作成した文書に共通している考え方を要約すれば、北支には中国軍を立ち入らせない広範な非武装地帯を設定し、その地域には親日政権を樹立して、日本の指導のもとに日満支《にちまんし》（日本、満州国、支那つまり中国）の共存共栄を図る、というものだ。親日政権が支配すべき北支の範囲についても、河北省やチャハル省にかぎるものから、山東省、山西省、綏遠《すいえん》省をふくむものまでまちまちだった。

　親日政権の中身もいろいろだが、いずれの場合も、次のような表現で日本の傀儡《かいらい》政権であるべきことを規定しているのが大きな特徴だ。すなわち、

・行政首脳者は日支融和の具現に適当なる有力者（日華停戦条件）
・現地政権の内面指導等、適時、軍の直接措置を講ずべし（北支事変処理要綱）
・政治機関は……帝国の庶幾《しょき》する（希望する）統治を施行せしめ（北支事変処理要綱）
・「政治機関は住民の自主的発生に基づくも

上海四川路にあった「大日本海軍特別陸戦隊」本部の建物。

上海陸戦隊本部の首脳。左から2人目が当時の司令官・大河内伝七少将。

陸戦隊本部の正門。掲げてあるのは軍艦旗。

のとし、その機構運営また住民の積極的参《さん》賛《さん》（参加して助ける）に拠る」が、排日分子や共産分子については「徹底的整理の手段を講じ……」（北支政務指導要綱）

・（北支政権には）必要なる内面指導ないし援助を与え……（対時局処理要綱）

・行政首脳者は日支融和の具現に適当なる有力者たることを希望す（船津工作案）

などなどの表現で、占領地における傀儡《かいらい》政権の成立を期待したのだった。内面指導とは、当時の軍人や政治家がよく使った言い方で、俗っぽく言えば「すべて言いなりにさせる」ということである。満州国はまさに関東軍によって内面指導される純粋の傀儡国家だった。

日本側は、こうした条件を軽くて寛大なものと信じていた。軍隊を北支から蹴散らされた蒋介石がこんな良い条件を呑まないはずがない、支那駐屯軍はそう思いつつも、続々と北上する中国の中央政府軍に備えて、兵力の新たな配置換えを急いだ。そして、関東軍の強い要求もあって、前章でふれたように八月九日、チャハル省要地の占領をめざす作戦を開始した（チャハル作戦。詳しくは後述）。

こうした折り、上海で新たな戦闘が始まった。これは後に「第二次上海事変」と呼ばれるようになるが、日中戦争もこの事変をきっかけにして、新たな展開を見せるのである。

上海の黄浦江で作戦する日本海軍の第３艦隊と当時の司令長官・長谷川清中将。作戦中の1937年10月、支那方面艦隊という、大きな艦隊が編成され、長谷川中将が司令長官となった。

上海に第二戦線、攻勢に出た中国軍

当時、中国には在留邦人が九万人いた。そのうち三万人が上海に、上海から重慶にいたる揚子江沿いの各都市（重慶、宜昌《ぎしょう》、沙市《さし》、漢口など）に三万人がいた。そして青島《チンタオ》（山東省）に二万人がいた。盧溝橋事件のあと情勢が緊迫するにつれて、これら在留邦人の安全をどうやって守るかが問題となった。

出された結論は、揚子江沿岸の邦人は日本へ引き揚げさせる、青島と上海の邦人は現地保護（軍隊で守る）という方針である。重慶、宜昌、沙市の邦人ははやばやと日本への帰国を急いだ。現地の空気が険悪化してきたからである。のち、青島邦人も帰還となる。

漢口からも最後に残っていた一六〇〇名が、八月七日に引き揚げた。すでに漢口の日本租界（治外法権地区）周辺には約二万の中国軍が集中しており、かなり危険な状況だった。その前日、上海の日本人も租界への退避命令が出された。

上海と揚子江沿岸の共同租界の防衛には、各国が数千人単位の軍隊を駐屯させて防衛にあたっていたが、日本は海軍が担当していた。当時の日本海軍は全体で三個の艦隊を持ち、第一艦隊と第二艦隊で連合艦隊が編成されていた。第三艦隊は第一、第二艦隊よりは小規模でおもに上海を中心とした中国沿岸の警備に当たっていたが、警備地区には揚子江沿岸や共同租界もふくまれていた。

揚子江は上海から重慶まで（約二六〇〇キロ）かなり大型の軍艦が往来できる。漢口まで（約一一〇〇キロ）なら、もっとも増水する八月には、一万トン級の艦船でも航行できた。第三艦隊は、砲艦《ほうかん》という喫水線の浅い特殊な軍艦をかねてから揚子江に浮かべていた。揚子江に軍艦を航行させる権利も、イギリス・アメリカ・フランスなどが先鞭をつけたもので、日本は日清講和条約（一八九五年）以後のことである。

上海には海軍上海特別陸戦隊という、海軍だが陸上戦闘の専門部隊が常駐しており（一九三二年、第一次上海事変の停戦協定による）、やはり第三艦隊に属していた。常備兵力は約二五〇〇名。盧溝橋事件が起こったころ、このうち三〇〇名は漢口に派遣されていたが、漢口の邦人が引き揚げたとき陸戦隊も上海にもどった。

もちろん上海には日本軍だけではなく、イギリス陸軍二六〇〇名、アメリカ陸軍二八〇〇名、フランス陸軍二〇〇〇名、イタリア陸軍八〇〇名が常駐していたのである。上海は租界を中心とする〝国際都市〟だった。

八月九日夕方、海軍陸戦隊の大山勇夫中尉が乗る乗用車を斎藤要蔵水兵が運転して、虹《ホン》

南京の火薬廠を爆撃した。8月19日。地上の戦場は上海だったが、海軍航空隊はそのはるか西方の南京を最初から爆撃した。

南京上空の96式陸攻編隊。8月15日。

上海戦が始まると直ちに出撃した海軍航空隊の96式陸攻（中攻）。

橋《ジャオ》飛行場付近を進んでいたとき、付近の中国兵に二人とも射殺された。大山中尉は西部巡遣隊長である。巡検の地域は日本の大きな工場がある地区とはいえ租界の外である。しかし、付近の道路は越界路《えっかいろ》と言って、租界と同じ扱いということになっていた。

この事件が東京に伝わると、海軍は即座に陸戦隊の増派を決定し、航空攻撃の準備も始めた。同時に陸軍に対して派兵を求めた。陸軍は最初は躊躇した。平津《へいしん》地区の戦闘が一段落し、これから停戦交渉しようと思っていたくらいだから当然である。が、結局、居留民保護の名目で二個師団（兵力三万から四万程度）の派遣を決めた。八月一〇日のことである。この軍隊は上海派遣軍と命名された。順調にいけば、八月末には上海に上陸できる。

しかし、上海では蒋介石が先手をとった。大山大尉事件二日後の一一日、国防最高会議（日本式に言えば大本営）を設けて、蒋介石が主席となり作戦・指揮の最高責任者は蒋介石であることをはっきりさせた。一五日には全国に動員令が発せられた。これに呼応して中国共産軍総司令の朱徳《しゅとく》は蒋介石の指揮下に入ることを宣言し「紅軍（共産軍）は国民革命軍の第八《はち》路《ろ》軍《ぐん》」となった。

中国共産党は最初から徹底的な抗日戦を宣言していたが、その傘下の軍隊の規模は兵力四万を超える程度しかなかった。蒋介石の統

上海上空。中央に競馬場、その手前が共同租界。飛んでいるのは92式艦攻。

上海の黄浦江上を飛ぶ海軍の空母機・92式艦攻（艦上攻撃機）で、空爆専門の飛行機。あちこちに爆撃の煙が上がっている。

一指揮のもとで日本と戦うという大義名分のもとで、自由に軍事行動を行い、作戦地域での民衆工作をねらっていた。そういう思惑を秘めた国共合作（第二次）とはいえ、中国側の抗日態勢は完全にととのった。

早くも八月一二日には、中国軍二個師団が閘北《ざほく》の上海北停車場に到着、共同租界の外・四川路にあった日本の海軍陸戦隊本部を取り囲むように布陣した。それ以前から中国軍は、揚子江沿いの非武装地帯、つまり一九三二年の第一次上海事変停戦協定で撤退させられていた揚子江に面する上海東部地域にも、大がかりな陣地を構築し、かなりの兵力を集中させていた。在来の部隊と合わせて、中国軍の兵力は約五万と見積もられた（最終的には六〇万から七〇万になった）。

一三日、中国軍は陸戦隊本部北側の八字橋付近で攻撃を開始、それが合図かのように各所で戦闘状態に入った。翌一四日になると、中国空軍は黄浦江《こうほこう》上（黄浦江は揚子江に注ぐ）の第三艦隊旗艦「出雲《いずも》」をはじめ、付近の日本海軍艦船に対する爆撃を敢行した。ほとんど命中弾はなかったが、逸れた爆弾が共同租界南京路のホテルを直撃したり、フランス租界の歓楽センター「大世界」付近に落下爆発した。多くの死傷者がでたが、その中には戦後駐日大使となったエドウィン・ライシャワーの実兄ロバート・ライシャワー教授もいた。

海軍航空隊の渡洋爆撃と空母の進出

八月一五日午後三時前後、日本の海軍航空隊の爆撃機二〇機が南京上空にあらわれ、飛行場を爆撃した。午前九時に長崎県大村を発進し、折から上海付近を通過中の台風のまっただ中を突っ切り、一〇〇〇キロ以上の飛行をつづけて爆撃したのだった。帰りは南京から済州島を経る約七七〇キロを飛行して帰還した。南京はいうまでもなく中国の当時の首都であり、蒋介石もそこにいたのである。

同じ日、台湾の台北から発進した一四機の爆撃機が南昌《なんしょう》（江西省の省都）の飛行場を爆撃した。往復一四〇〇キロ以上の飛行だった。

爆撃機は九六式陸上攻撃機だった。前年、つまり皇紀二五九六年（西暦一九三六）採用の、陸上基地から発進する新鋭の中型攻撃機で、九六陸攻《りっこう》、あるいは中攻《ちゅうこう》と略称された爆撃機である。二〇〇〇キロ近い距離を給油なしで往復し、しかも洋上を飛んでの爆撃は世界にも例がなかった。

以後、中攻部隊は八月三〇日まで、南京を中心に渡洋爆撃をつづけた。上海から南京にいたるまでの蘇州《そしゅう》、揚州《ようしゅう》、句容《くよう》、そして南京周辺の浦口《ほこう》、蚌埠《ぼうふ》、さらには南京からは遠いが、そこから飛行機を飛ばせば上海の戦場に

鉄道に陣地を作り応戦する海軍陸戦隊。近くに上海北駅がある。

建物にたてこもって防戦する海軍陸戦隊。上海戦は、陸軍の援軍部隊が到着するまで苦戦だった。

装甲車を繰り出して応戦の準備をする日本海軍陸戦隊。

続々到着する増援の海軍陸戦隊。

ガーデンブリッジにおける中国車両の検問。

届きそうな南昌、九江《きゅうこう》、孝感《こうかん》（漢口の北方）、徐州《じょしゅう》などの飛行場を連日爆撃した。

海軍は中国空軍の暗号をほぼ解読していたので、中国空軍の飛行機が集中する場所と時刻に合わせて出撃した。ただ南京だけは、火薬工場、兵器工場、軍官学校、参謀本部、警備司令部などもくりかえし爆撃した。このため、南京の外交団（アメリカ・イギリス・フランス・ドイツ・イタリア）は南京市内に「非爆撃地域」の設定を申し入れ、日本もそれをうけいれた。たびかさなる空爆に、中国政府は首都を奥地に移転させる準備を始めた。

爆撃目標が飛行場や軍事施設にかぎられていたとはいえ、上海という戦場から遠く離れた後方地点を爆撃するやりかたは、理論上は戦略爆撃といわれていたが、それを実際に行ったのはこの時の日本海軍が最初だった。

もちろん、海軍航空隊の爆撃はこうした渡洋爆撃のほかに、実際の戦場となっている上海の中国軍陣地やその後方もくりかえし爆撃した。地上では、その後増強された約五〇〇〇の海軍陸戦隊が、中国軍に包囲され攻撃にさらされていた。中国軍としては、応援の日本陸軍部隊が上海に到着する前につぶしてしまいたかった。

五万以上の中国軍と五〇〇〇前後の陸戦隊の戦いであり、日本軍は最初から包囲されていたのだから、中国軍は有利に戦いを進めた。陸戦隊は大型大砲は持っていなかったが、それは中国軍も同じである。おたがいに、小銃、機関銃、手榴弾などのほかに、戦車を攻撃する速射砲、歩兵部隊が持っている小型の大砲、数百メートルの敵陣地を破壊する迫撃砲、迫撃砲をうんと小型にした擲弾筒《てきだんとう》などがおもな兵器である。

戦場が、陸戦隊本部のある四川路《しせんろ》という市街地で、すぐとなりには広大な共同租界やフランス租界が控えているのだから、日中双方ともに租界へは戦火をおよぼさないようにしなければならない。戦闘はいきおい小銃や手榴弾による肉弾戦になることが多かった。

陸戦隊は中国軍が持っていない戦車や装甲車を多少持っていたこと、第三艦隊の航空部隊が空から援護してくれたことで、かろうじて陣地を死守した。

第三艦隊の軍艦（出雲、川内《せんだい》、鬼怒《きぬ》、名取《なとり》、由良《ゆら》、神威《かもい》、沖島《おきしま》など）には数機の飛行機が積まれていたし、空母「加賀《かが》」「龍驤《りゅうじょう》」「鳳翔《ほうしょう》」もただちに上海付近に進出した。なかでも「加賀」は当時海軍が持っていた大型空母四隻のうちの一隻で、四〇機以上も搭載できた。空母部隊は一五日から空襲を始めた。中国空軍の戦闘機も果敢に迎撃し、日本はたいていはその大部分を撃ち落としたが、味方機の損害も少なくなかった。

初日、中国空軍をあなどって戦闘機の護衛

上海東部の最前線。指揮官は軍刀を握りしめ、両足を開き、双眼鏡で中国軍陣地をのぞいている。

なしに出撃したある攻撃隊は九機のうち八機も撃墜された。中国軍の戦闘機はカーチスとかダグラスという米国製が多く、まだ自前の航空機を製造する能力はなかった。そうした事情もあって、中国軍が日本軍にかなうわけがないではないかと、ハナから見下していたのである。

陸軍部隊「上海派遣軍」の出陣

さて日本陸軍の上海派遣軍は第三師団と第一一師団で編成された。第三師団は愛知県と岐阜・静岡両県の一部から兵隊を徴集して編成されている（師団司令部は名古屋）。第一一師団は四国全県の兵隊で編成されている（司令部は香川県善通寺）。このほかにも、師団にはない小さな部隊、たとえば機関銃や戦車、重砲《じゅうほう》、攻城重砲、高射砲、飛行機、照空（空を照らして敵機に当てる）などの専門部隊も編入されていた。

陸軍部隊の上陸地点の一つ、呉淞。その砲台を占領した。

軍司令官は松井石根《いわね》大将、五九歳。すでに現役を離れていたが、召集されて軍司令官となった。

当時は兵隊から大将にいたるまで、軍務に直接つく現役《げんえき》期間が終わっても、一定期間の予備役《よびえき》期間があり、それが終わってもさらに後備役《こうびえき》期間が定められていた。その期間に召集されたら、すべての仕事を投げ出して応召しなければならない。松井軍司令官は予備役召集だったが、第三、第一一師団の兵隊は現役が中心だった。二〇歳から二一、二二歳までの若者である。

この上海派遣軍の任務は上海在留日本人の保護であるとされた。保護といっても、ただそこに行けばいいというものではない。現にいま、保護にあたるべき海軍陸戦隊が攻撃してくる中国軍と戦っているので、その敵をやっつけ、適当なところを占領し、ふたたび敵が襲って来ないようにせよ、つまりはそういう方法で保護せよ、という命令だった（原文

呉淞からほど近い拠点の一つ、宝山県城の占領。9月2日。

上海東部戦線はこんなクリークが至るところにあった。

は以下「上海派遣軍司令官ハ海軍ト協力シテ上海付近ノ敵ヲ掃滅シ上海竝《ならびに》其北方要線ヲ占領シ帝国臣民ヲ保護スベシ」)。

もちろんこの命令は天皇から出された形式をとっている。しかし純粋の戦闘の作戦軍ではない。戦闘もするだろうが、日本人保護のためちょっとだけ、ほんのちょっとだけ派遣するのだ、だから敵が退却し、すでに日本人の保護ができているのであれば、むやみに追撃してはいけないという命令だった。

まとまった軍団を戦場に派遣する場合、ふつうはその編成は「戦闘序列《せんとうじょれつ》」と呼ばれる。しかし、今回はあくまでも本格的な作戦軍ではなく一時的な派遣だから「編組《へんそ》」という形式がとられた。戦闘序列と編組の区別は、陸軍将校なら常識だったが、すでに上海は戦場だったから、やはり少し異例の方法だった。「派兵」という言葉にもためらい、わざわざ「派遣」という表現を使った。

なぜそうしたか。それはこの派遣によって、政府も陸軍中央部も北支事変を拡大する意図はないという気持が強かったからだと言われる。つまり、これをもって中国に本格的な戦争をしかけるのではないという気分の表れでもあった。その裏には、本格的戦争までやらなくても、蒋介石は頭を下げてくる、という確信があった。

参謀本部が上海派遣軍の「編組《へんそ》」を命令した二日後の八月一七日、日本政府は、「従来とってきた不拡大方針を放棄して必要な措置をとる」と内外に声明して、上海に部隊を派遣することを暗に公表した。しかし陸軍内部では、それは拡大方針に転じたのではなく、〝新しい不拡大方針〟なのだと、自らに言い聞かせるという雰囲気があったという。

しかしながら、松井軍司令官は自分に与えられた任務に不満だった。大将という最高将校が出陣するのは日露戦争以来三三年ぶりである。陸軍首脳部は激励会をやったり、歓談会をやったり、大いにその〝壮途〟を祝ったが、そういう席で松井は、「宣戦布告して南京攻撃までやるべきだ、蒋介石が下野し、国民政府が没落するまでやるべきだ」という趣

上／水盃を交わす「白《しろ》襷《だすき》決死隊」。上海東部戦線の羅店鎮にある中国軍陣地に突撃した。9月23日。

右下／鉄条網を突破しようとする戦車隊。羅店鎮。

左下／劉家行無電台の攻略に備える砲兵部隊。劉家行の占領は10月1日だった。

旨のことをくりかえし述べたのだった。

居合わせた軍首脳部は、南京攻撃は研究していないし、むずかしい、などとやんわりとかわしつつも、「それは絶対やるべきではない。なぜならば……」と信念をもって説明した者はいなかった。不拡大派のリーダーを自認していた参謀本部の石原莞爾作戦部長も、面と向かっては、南京攻略などやるべきではない、なぜならば……と口をすっぱくしてまでは強調しなかった。任務に不満なら軍司令官を替えるということもしなかった。

誰もが松井の言う「蒋介石が下野し、国民政府が没落するまでやるべきだ」と思ってはいたが（そうでないと事変は終わらない）、上海で中国軍を撃退すれば、そういう事態に自然になるだろうし、そうでなければおかしいと無意識に信じていたからだ。とにかく、軍事力では中国は日本の敵ではない、という共通の思いがあったからである。

中国軍の激しい抵抗、日本軍は大苦戦

上海派遣軍は宇品や熱田などから上海に急行した。輸送には当時の戦艦「長門《ながと》」「陸奥《むつ》」（いずれも三万トンクラス）、重巡（大型巡洋艦。一万トンクラス）「妙高《みょうこう》」「青葉《あおば》」など六隻、軽巡（小型巡洋艦。五〇〇〇トンクラス）「多摩《たま》」

9月中旬になると日赤の看護婦も上海に派遣されてきた。

民家の前で戦況を聞く松井上海派遣軍司令官（左から2人目）。

「五十鈴《いすず》」など四隻があてられた。通常なら輸送船を使い駆逐艦などが護衛するが、とにかく苦戦中の海軍陸戦隊を一刻も早く救わねばという思いが、軍艦による全速輸送という異例な措置となった。

　上陸部隊は上海北方の揚子江沿岸に上陸しようとした。呉淞《ウーソン》南方海岸とそこから一四、五キロ北方の川沙鎮《せんさちん》である。一帯は五年前の第一次上海事変の停戦協定で、非武装地帯として中国にのませたところだが、一、二年前から中国軍はここぞという地点に陣地を構築し、日本軍を待ちかまえていた。

　上陸は八月二三日から到着順に行われたが、部隊が軍艦から上陸用の舟艇に乗り移ろうとしたときから中国側の猛烈な射撃を受けた。このことはある程度予想されたことだったが、その激しさに日本軍は出鼻をくじかれた。

　呉淞に上陸した第三師団は、一七日間でわずか三キロしか前進できなかった。その後の戦闘でも一日一〇〇メートルから六〇〇メートルしか前進できない。川沙鎮に上陸した第一一師団先遣隊は上陸後五日間で六キロ前進し、羅店鎮《らてんちん》という重要な拠点を占領した。だがそれ以上は一カ月にわたってまったく前進できなかった。

　第一一師団の第四四連隊（高知の歩兵連隊）は羅店鎮南方の「白壁の家」に対して機関銃、小銃、手榴弾などで肉弾攻撃をくりかえし、最後は坑道を掘って爆破決死隊を送り込み、二七日間かけてようやく占領した。しかし、その損害も甚大だった。

　同じ第一一師団の歩兵第一二連隊（丸亀の歩兵連隊）を中心とする天谷支隊（天谷旅団長が指揮）は、上陸後一〇日間で兵力三四〇〇名がわずかに九〇〇名へ激減した。すべてが戦死したわけではないが、戦傷で実戦に投入できなくなったわけだ。全滅状態といってもおかしくない。

　日本軍は中国軍の激しい抵抗にあってびっくりした。こんなはずではなかった。参謀本部は新たな部隊を派遣せざるを得なくなった。

　九月一〇日には早くも台湾軍（台湾駐屯の日本軍）から一個連隊（重藤支隊）が急派された（上陸は一八日）。内地からは三個師団が動員された。第九師団（金沢、敦賀、富山の歩兵連隊）、第一〇一師団（東京、甲府、千葉県佐倉の歩兵連隊）、第一三師団（会津若松、仙台、新潟県新発田の歩兵連隊）である。

　この三個師団のうち第一〇一と第一三は後備役、つまり三〇代半ばの兵隊が中心だった。第一〇一師団は、もともと常設の第一師団に一〇〇をくっつけたもの、第一三師団は一一年前の一九二六年に廃止された常設師団を復

撃墜された中国軍機。アメリカ製のカーチス・ホーク戦闘機。

瓦礫のなか、新たな戦場に向かう日本軍。

活させたものだが、兵隊は後備役とならざるを得なかった。多少の予備役を加えた後備役中心の師団は現役・予備役中心の常設師団に対して特設師団と呼ばれた。

「なるほどこれは年寄りの集まりだというのが第一の印象であった。皆一家の主人で、家庭を支えている大黒柱の年配である。訓練は長年していない。指揮官にも現役はほとんどいない。これでは当分戦力はでまいと思った」

これは東京で編成された第一〇一師団を視察した井本熊男参謀本部作戦課員の感想である（『支那事変作戦日誌』）。後備役中心の軍隊とは年寄り集団なのである。こんな軍隊を戦地に投入するのは、よほどせっぱつまってか

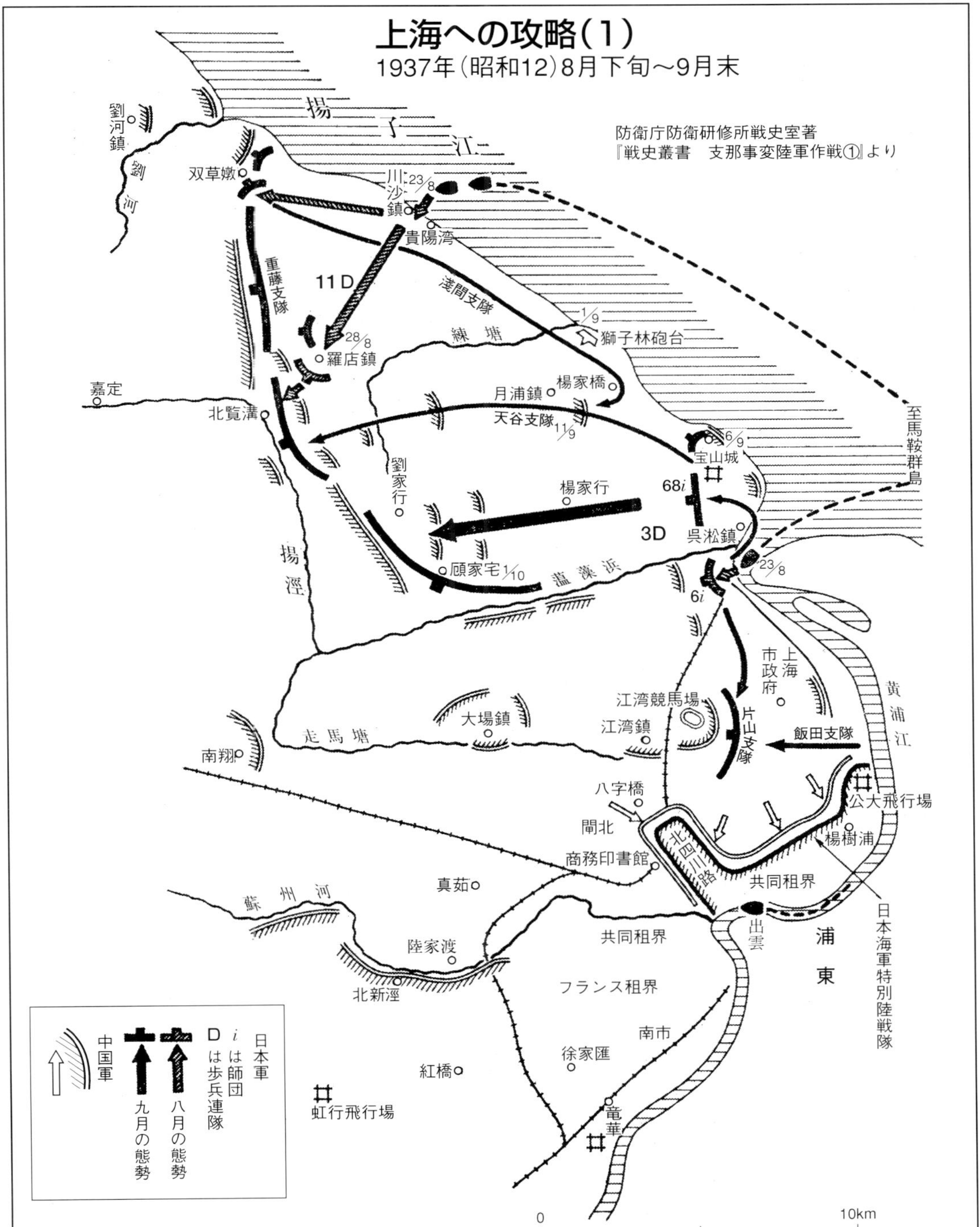
上海への攻略(1)
1937年(昭和12)8月下旬〜9月末
防衛庁防衛研修所戦史室著
『戦史叢書　支那事変陸軍作戦①』より
揚子江
劉河鎮
劉河
双草墩
川沙鎮
23/8
貴陽湾
11D
重藤支隊
浅間支隊
28/8
羅店鎮
1/9
獅子林砲台
練塘
嘉定
北覧潰
月浦鎮
楊家橋
天谷支隊
11/9
6/9
宝山城
至馬鞍群島
劉家行
楊家行
68i
3D
呉淞鎮
23/8
顧家宅
1/10
蘊藻浜
6i
揚涇
上海市政府
江湾競馬場
江湾鎮
大場鎮
走馬塘
片山支隊
飯田支隊
黄浦江
南翔
八字橋
公大飛行場
閘北
楊樹浦
北四川路
商務印書館
共同租界
真茹
蘇州河
出雲
浦東
日本海軍特別陸戦隊
陸家渡
共同租界
フランス租界
北新涇
南市
徐家匯
紅橋
竜華
虹行飛行場
0
10km
日本軍
i は師団
D は歩兵連隊
八月の態勢
九月の態勢
中国軍

上海商務印図書館も徹底的に破壊された。

上海市政府の占領。9月13日。

らでないとやらない。しかし、上海戦の初めから予備役や後備役召集となったところに、日中戦争の異常さがでている。

　事実、本格化した戦闘はもはや事変というにはふさわしくなかった。事変は事実上の戦争となった。政府も宣戦布告はしなかったが、北支事変から支那事変と名称を変えた（九月二日）。もうこうなっては、拡大派とか不拡大派とか言ってもはじまらない。最初から不拡大を唱え、派兵には慎重だった参謀本部作戦部長・石原少将は自信喪失から辞表を出した。後任は最初から拡大派の一人だった下村治少将だった。

　新たに動員された三個師団はやはり軍艦に乗って、九月末から一〇月はじめにかけて相次いで上海に上陸した。

頑張る中国、さらに兵力増強の日本

　新たな三個師団が到着しても、日本軍の苦戦は相変わらずだった。中国軍は毎日のように一、二個師規模（一個師は一万人足らず）の兵力を送り続けたし、蒋介石直轄のドイツ式訓練を受けた精鋭部隊も健在だった。増援部隊は広東《カントン》・広西《こうせい》・湖南《こなん》・四川《しせん》・江西《こうせい》・浙江《せっこう》の各省から次々に到着した。戦場は蘊藻浜と揚涇《けい》の大きなクリークのほか、いたるところに大小のクリークがあり、日本軍の前進を阻んだ。

　クリークは幅五メートルから大きいものでは二〇〇メートルもあり、それが数百メートルおきにあった。そのクリークを日本軍が渡るときが中国軍のチャンスであり、兵は次々に狙撃された。クリークには簡単な橋を架けたが、架橋のとき、渡河のとき、いずれも中国軍にチャンスが多かった。

　当初、上海派遣軍は蘊藻浜の北方を西に向けて攻撃前進した。中国軍は羅店鎮〜蘊藻浜〜大場鎮《だいばちん》の線に防御網を張っていた。羅店鎮付近の中国軍はしだいに圧迫されて、揚涇クリークの線まで後退した。苦戦とはいえ、制空権は完全に日本がにぎり、戦場は黄浦江に浮かぶ海軍の軍艦から発射する砲撃の射程内にあった。揚子江沿岸の宝山《ほうざん》ではその艦砲射撃で一挙に六〇〇名の戦死者を出したといわれ、その後も似たようなケースが相次いだ。

　中国軍の戦意は旺盛だったが、日本軍に対抗する重砲がなかった。しかも、軍隊組織が日本のように整っていなかった。砂を詰めて弾丸よけにする麻袋の手配まで、総指揮官の蒋介石自身が、その人脈を頼ってやらなければならない状態だった。中国軍はそんな環境で戦っていたのだ。

　アメリカの週刊誌『タイム』は常設コラムを設けて中国の領土が日本軍によって前の週

閘北の市街戦。攻撃するのは日本海軍陸戦隊。

日本軍の攻撃を受けて燃える上海北停車場。付近を閘北という。

よりどれほど蚕食《さんしょく》されたかを図示し、上海戦をこまかく報じていた。蚕食の速度は遅かったが、日本軍は着実に歩を進めた。

必死の形相で手榴弾を投げ、肉弾で抵抗する中国軍を排除しつつ、日本軍は九月末には蘊藻浜クリークと揚涇クリークで囲まれた一帯をようやく制圧した。中国軍は主力を大場《だいば》鎮《ちん》付近に集結させた。

大場鎮は上海市街から四キロ西北にあり、人口四万程度の町である。京滬《けいこ》鉄道（南京～上海間、滬《こ》は上海の別称）を後方に控え、中国軍が最初から最も重視していた要地だった。

上海派遣軍はこの大場鎮に拠る中国軍を攻略することにした。これまで西向きの攻勢をとっていたのを、南向きの攻勢に旋回させるのだ。参加兵力は第三、第九、第一三、第一一の四個師団と台湾からの重藤支隊である。

南北に展開している部隊を、東西に並べ替え、兵力を集中して多くの要塞で防衛されている大場鎮を攻撃する。肉弾ではとても突破できない。三個師団増派のとき、重砲兵部隊も増強した。重砲というのは厳密には口径が一五五ミリ以上の大型大砲のことである。大場鎮攻略にはそのような重砲を一二〇門用意した。弾薬は十分ではなかったが、その砲弾はコンクリートの要塞を次々に破壊した。

くわえて陸海軍の航空隊が三日間にわたり猛烈な爆撃を行った。それは上海戦を通じて最大規模の爆撃だった。

一〇月二三日から総攻撃を始めて、二五日には制圧した。中国軍は南に退く。南方七キロの付近に、黄浦江にそそぐ蘇州《そしゅう》河《が》が東西に流れている。中国軍は蘇州河をわたり、南岸に布陣した。

大場鎮の攻略に合わせるように、八月半ば以来包囲されて攻撃を受けていた海軍陸戦隊が、はじめて攻勢にでた。北停車場をふくむ閘北《さほく》一帯の中国軍を攻撃したのだ。海軍航空隊の爆撃の援護を受けつつ、北停車場、商務院書館、鉄路監理局など、中国軍が拠点としていた建物を占拠した。中国軍は「八百壮士」

右／大場鎮の占領。10月26日。
左／大場鎮の占領で歓声をあげる日本軍。

という決死隊を編成し、日本軍の「四行倉庫」という拠点になぐりこんだ。四日間の激戦ののち、蒋介石じきじきの命令で租界に退いた。租界内では日本軍も手が出せない。ここでの戦場はいわば都会のまっただなかであった。

新たな増兵、第一〇軍の杭州湾上陸

中国軍が日本軍の猛攻によって大場鎮を放棄し、蘇州河南岸にさがったころ、上海戦線に向けて日本の新たな軍団が東シナ海を航行していた。柳川平助中将が率いる第一〇軍で、上海の南方・杭州《こうしゅう》湾をめざしていた。中国軍を背後から攻撃しようというのだ。

第一〇軍は第六師団、第一八師団、第一一四師団や独立山砲兵第二連隊、野戦重砲兵第六旅団、第一、第二後備歩兵団などで編成されていた。戦場に投入される一個師団とは約一万五〇〇〇から二万の兵力である。それから推定すると、柳川兵団は八万前後の大軍団であった。

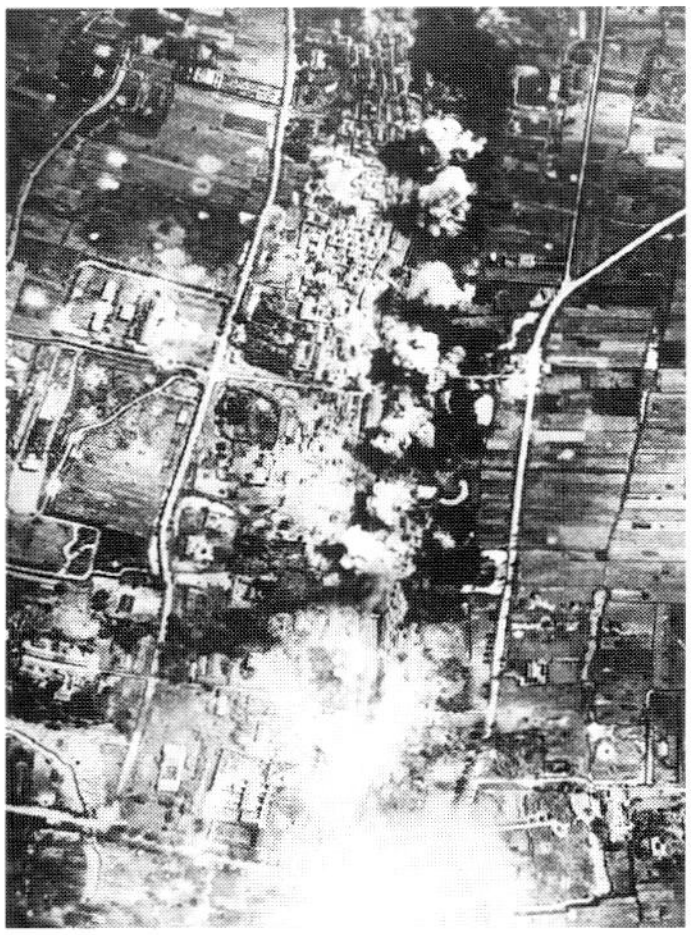

日本海軍機の激しい爆撃を受ける大場鎮の中国軍陣地。10月2日。

第六師団（熊本、鹿児島、都城、大分の歩兵連隊。沖縄出身の兵隊もふくまれる）はすでに北支・河北省の正定《せいてい》付近（石家荘《せっかそう》の北方）で作戦中だったが、作戦を中止して塘沽《タンクー》に集結、乗船した。第一八師団は長崎県大村、久留米、福岡の歩兵連隊で、一九二五年（大正一四年）に廃止されていたものを復活させた。当然、年配者の後備兵軍団だった。第一一四師団は栃木県宇都宮の第一四師団に一〇〇を加えた特設師団。これも後備役中心で編成され、宇都宮、水戸、高崎（群馬県）、松本（長野県）の歩兵連隊である。

こうした新たな大軍団の編成は参謀本部の下村作戦部長（九月末就任）のリードで構想された。もちろん、上海派遣軍の派兵で簡単にかたづくと思っていた戦況が思わしくなかったことから着想されたが、本心は上海付近の中国軍を撃滅し、その勢いで南京を攻略して事変の早期終結を図ろうという点にあった。上海戦線の戦況がどうであろうと早晩編成される軍団ではあった。

もともとの上海派遣軍の目的が、居留民の保護であり、中国軍が退却したからといって、むやみに追撃して殲滅《せんめつ》する任務を負わせたわ

上海への攻略 (2)

1937年(昭和12)10月～11月中旬

防衛庁防衛研修所戦史室著『戦史叢書 支那事変陸軍作戦①』より

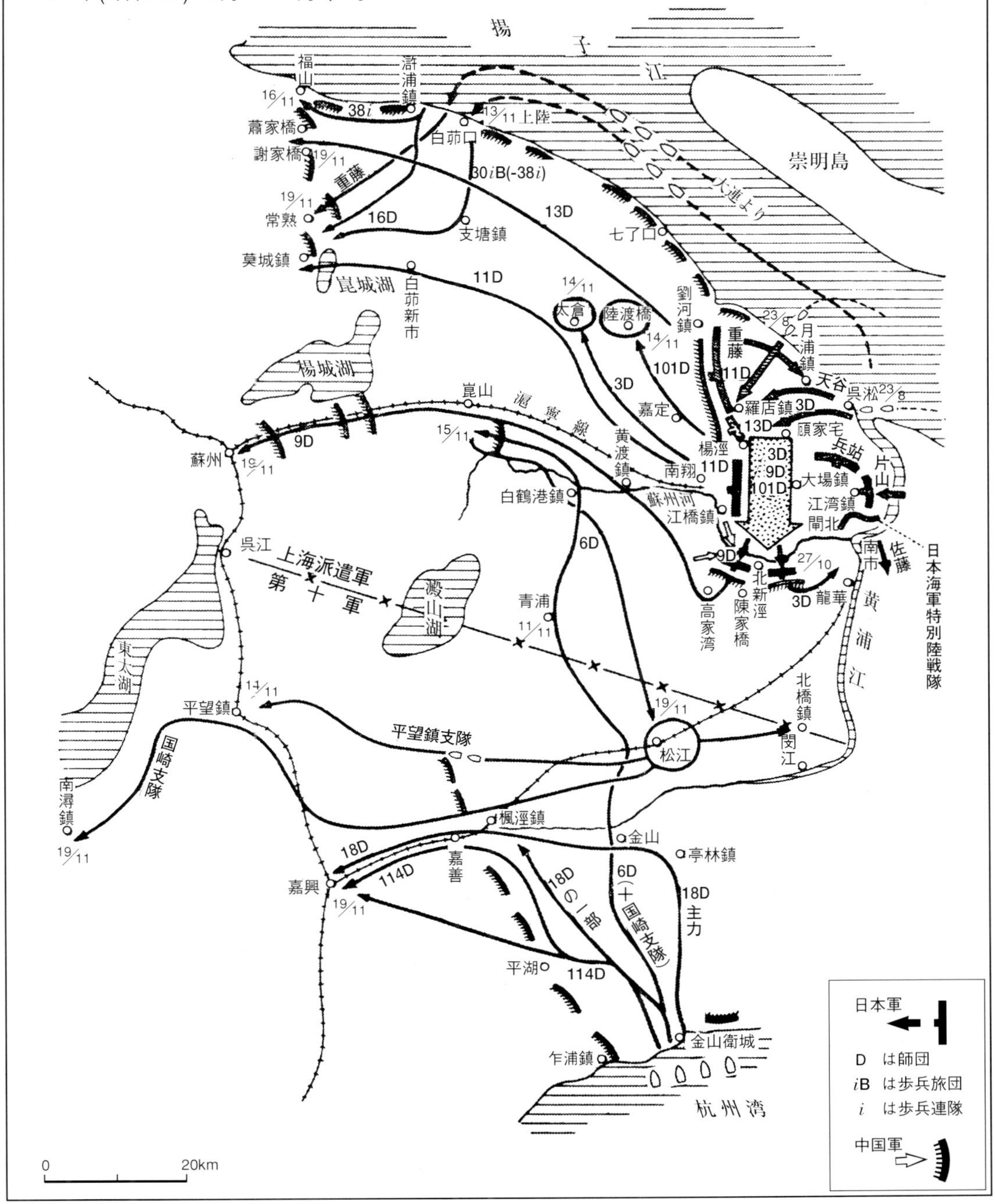

杭州湾上陸のとき道路修理のため集められた付近の中国人。

第10軍の杭州湾上陸。ほとんど抵抗を受けなかった。

けではない。下村作戦部長の構想は、当初の軍隊派遣の目的を大きく逸脱していた。陸軍全体の作戦部長がこんなことを考えるのは、必ずや陸軍・海軍の全体の総意があったればこそと、あるいは政府ともどもそう考えていたはずと、後世の者は思いがちだが、そうではなかった。軍の指導的立場の個々人の考え方がまちまちであり、そういう環境のなかで強硬派の主張がいつのまにか通り、その既成事実のなかでさらに強硬派の主張が通っていくという図式が見てとれる。これは後述する南京攻略において（あるいはその他の戦線で）いやというほど見せつけられるのである。

　ともあれ参謀本部は第一〇軍を編成して杭州湾へ向けて出撃させたが、一方では上海派遣軍に一個師団を増派した。第六師団と同様、北支・河北省の順徳付近で作戦していた第一六師団（京都、福知山、津の歩兵連隊）である。同師団は一一月一三日、上海北方七五キロの白茆口《はくぼうこう》に上陸した。

　杭州湾の上陸地点・金山衛《きんざんえい》に中国軍の堅固な陣地はなかった。遠浅の海岸を兵隊たちは歩いて上陸した。一一月五日である。軍司令部は宣伝をかねて「日軍百万上陸杭州湾北岸」のアドバルーンをあげた。そうせずともすでに上陸軍のことは上海の中国軍に伝わっていただろうが、中国軍に与えた衝撃は大きかった。中国軍は蘇州河南岸で殺到する上海派遣軍と死闘を演じていたが、一一月九日、蔣介石はついに撤退命令を出した。

　約三カ月にわたった上海戦は、中国軍の撤退でひとまず終わった。日本軍の上陸以来の死傷者ははっきりしない。以下に掲げるのは公刊戦史とも言うべき『戦史叢書　支那事変　陸軍作戦1』の三八七頁に掲げてある日本軍の死傷者の数字である。元の資料は「支那事変記録」（陸軍省軍事課長田中新一大佐の業務日誌）と「軍令部次長嶋田繁太郎海軍中将備忘録」という。累計数字となっているが、計算するとまったく合わない。

　九月二九日までの上海方面の死傷者累計は

「戦死二、五二八名（二五、二八名とあるが誤植であろう）　戦傷九、八六〇名

計一二、三三四名

じ後、上海方面は一〇月の激戦により出兵以来の累計は次のようになった。

一〇月一四日

戦死三、九〇八名　戦傷一五、八四三名

計一九、三五一名

一〇月二三日

戦死三、八〇九名　戦傷　二、一五一名

計二五、三二三名

一一月八日

戦死九、一一五名　戦傷三一、二五七名

計四〇、六七二名」

ふつうは最後の日付の「累計数字」を採用

して、上海戦の日本軍死傷者数としていることが多い。

中国軍の損害は、「劣性な装備の国軍は肉弾により必死に抵抗した。兵員の損傷を補うために、毎日、一個師から二個師の増援が必要であった。一〇週間のうちに、我が軍の消耗は八五師の多きに達した。負傷あるいは戦死した士官と兵士は、三三万三五〇〇余人であった」という（参謀長格だった何応欽の談話。前掲、黄仁宇『蒋介石』から）。

THE TOKYO ASAHI SHIMBUN

東京朝日新聞

事變以來八十九日目
上海制壓の覇業成る
敵潰亂全線に總退却

空陸軍の追撃急

佛租界大混亂 敗兵、警官と發砲騒ぎ

虹橋飛行場も占領

七寶鎮に突入す 上陸部隊松江を攻略

皇軍上海を完全に包圍

南翔市街に突入

敗敵太倉、崑山に集結 西部一帶追撃

太原完全に占領 けふ午前八時三十分

國家總動員法制定 けふの閣議で決定す

太原城壁一番乗り宮島部隊の萬歳

上／上海戦の終息を告げる1937年11月10日付『東京朝日新聞』。

左／日本軍の杭州湾上陸をアドバルーンを揚げて誇示した。

中国軍が撤退を始めたあと、上海派遣軍と第一〇軍はどうしたか。二つの大きな軍団が同じ戦場で戦うのだから、それらを統一的に指揮するために、第一〇軍上陸直後に中支那方面軍が創設され、上海派遣軍の松井軍司令官が兼任のまま方面軍司令官となった。任務も、居留民の現地保護から、上海付近の中国軍を「掃滅《そうめつ》する」することに変更された。

もっともこの命令はなかなか複雑な内容をふくんでいた。ただ「掃滅する」のではない。もう日本軍とは戦いたくない、蒋介石よ、もう降伏してくれと、悲鳴をあげるように掃滅せよ、というものだった（「中支那方面軍司令官ノ任務ハ海軍ト協力シテ敵ノ戦争意思ヲ挫折セシメ戦局終結ノ動機ヲ獲得スル目的ヲ以テ上海付近ノ敵ヲ掃滅スルニ在リ」）。

いずれにしても、撤退する中国軍を追撃して掃滅しなければならなくなったが、参謀本部はどこまでも追撃せよとは命じなかった。蘇州～嘉興《かこう》の線で止まれと命令した。

しかし、その命令を巧妙に無視して南京に向けての進撃が始まるが、それはあとにゆずって、次章では上海戦と並行して行われたもう一つの戦場、北支（華北）を見ておこう。

中国軍から分捕った青龍刀や軍旗をかざしてポーズをとる日本軍。

第3章 日本軍、「北支五省」を席巻

大兵力の集中、まずチャハルを攻略

　中国の華北、当時、日本が北支《ほくし》（北支那《しな》）と呼んでいた地域は漠然としているが、狭い地域に限定すると万里の長城から北京～天津～塘沽《タンクー》を連ねる線あたりまでである。盧溝橋事件のあと七月末の支那駐屯軍の総攻撃により、日本軍はこの地域から中国軍を追い出した。

　広い意味での北支とは、チャハル省、綏遠《すいえん》省に加え、万里の長城の南に広がる三つの省、すなわちを山西省、河北省、山東省を合わせた広大な地域である。現在はチャハル省と綏遠省の大部分が内モンゴル（蒙古）自治区となり、河北省も長城線より北の、当時は熱河《ねっか》省と称された地域の半分ほどとチャハル省の一部を合併しているので、単純な比較はできない。しかし、『北支の現勢』（一九三七年刊、盧溝橋事件勃発直前のもの）によると、前記のいわゆる北支五省の総面積は一〇九万平方キロ（現日本の約二・八倍）、人口は約八八〇〇万人である。中国全土での比率は面積で九・四パーセント、人口で一九パーセントを占めていた（中国全土の面積・人口の数字はいわゆる満州国を除いたもの）。

　日本軍は間もなくこの広い地域に大兵力を展開して、北支五省どころか河南省にまで侵攻することになる。いったい、なぜ、そんなことになったのだろうか。

　平津《へいしん》地方から中国軍を追いやった時点で、政府は和平案をとりまとめて、それを中国側から「和を乞う」という形で日本に申し入れさせようとした。それがいわゆる船津工作であった。しかしそれが中国政府に伝わる前に上海事変が勃発して、空振りに終わった（三一頁参照）。

　上海で攻勢に出た中国が北支で矛をおさめるわけがない。中国は蒋介石のもと一致して、今度こそ日本の侵略に徹底抗戦することに決していた。上海で激烈な戦闘を始める一方、中国軍は京漢線《けいかん》（北京～漢口）沿いにぞくぞくと兵力を集中しつつあった。兵力は約四五万前後と推定された。そのほか、津浦線《しんぽ》（天津～浦口《ほこう》＝南京の揚子江対岸）の馬廠《ばしょう》にも、天津を追われた中国軍（宋哲元軍約一万）が踏みとどまり、反撃の機会をうかがっていた。京

中国軍の機関銃と弾帯を捕獲した日本兵。

漢線と津浦線は一五〇キロから二〇〇キロの幅をもって、並行して南北に走っている。

中国軍が反撃に出る前に進撃して撃滅するにしかず、そういう戦略から北支に対する大規模な作戦が始まったのである。三〇万とも四〇万とも推定される中国軍をことごとく殺すか、捕虜にすれば、さすがの蒋介石も降参して、和を乞うてくるだろうとの判断からである。あくまでも「大打撃を加えれば手もなく折れる」式の発想なのだった。

そのために、北支にはすでに派遣されていた師団もふくめて八個師団を中心とする三七万という軍隊を集中することになったのである（九月二〇日時点）。各師団は準備が整いしだい北支へ急いだが、すべての部隊が到着する前に、思わぬところから戦闘が始まった。チャハル省である。

チャハル省にとりたてて有力な中国軍がいたわけではない。しかし、一部の中国軍は北京北方の南口《なんこう》付近まで進出したし、一部の部隊はチャハル省東部の満州国国境付近で、国境を越えて作戦する勢いを示していた。満州国は中国からすれば、中国領土内に日本が勝手に作り上げた「偽満州国」であったから（現在でも中国では歴史を語る場合、満州国と言わず偽満州国と表現する）、国境侵犯という意識はない。

関東軍（満州国駐屯の日本軍）は、満州国を誕生させたあと、内蒙《ないもう》（あるいは内蒙古。当時のチャハル省、綏遠省の一帯を指す。山西省の内長城線以北をふくめて、蒙彊《もうきょう》と呼んだ）の実権者・徳王《とくおう》を懐柔して内蒙を支配しようとしていた。綏遠事件（一九三六年一一月。関東軍に指導された徳王軍が綏遠に侵入、迎え撃った中国軍に敗れた）にも見られたように、内蒙の完全支配は関東軍の長年の課題だった。関東軍が内蒙支配に執着した背景には、同地方から満州国に浸透する共産勢力を阻止することや、同地方の良質な鉄鉱石や、バインオボ（白雲鄂博。包頭の北方一五〇キロ）の希土類の獲得に魅力を感じたこと、同地でアヘンを大量に栽培することなどがあげられる。

そういう背景があったから、関東軍は北支事変の当初からチャハル地方の要地を攻略したいと、しつこく参謀本部に主張した。もちろん参謀本部は論外として退けていたが、たびかさなる提言に根負けするかっこうで、作戦を認めた（八月九日）。理屈をつけるとすれば、やがて始める京漢線、津浦線沿いの中国軍撃滅作戦を無難に進めるために、側背を固めるということである。

こうして始まったチャハル作戦は張家口《ちょうかこう》（チャハル省省都。現在は河北省）から東に限るとされた。関東軍はチャハル派遣兵団（のち蒙彊《もうきょう》兵団、次いで蒙彊軍と名を変えた）を送り、「異常な熱意をもってこれに臨み」（『戦史叢書

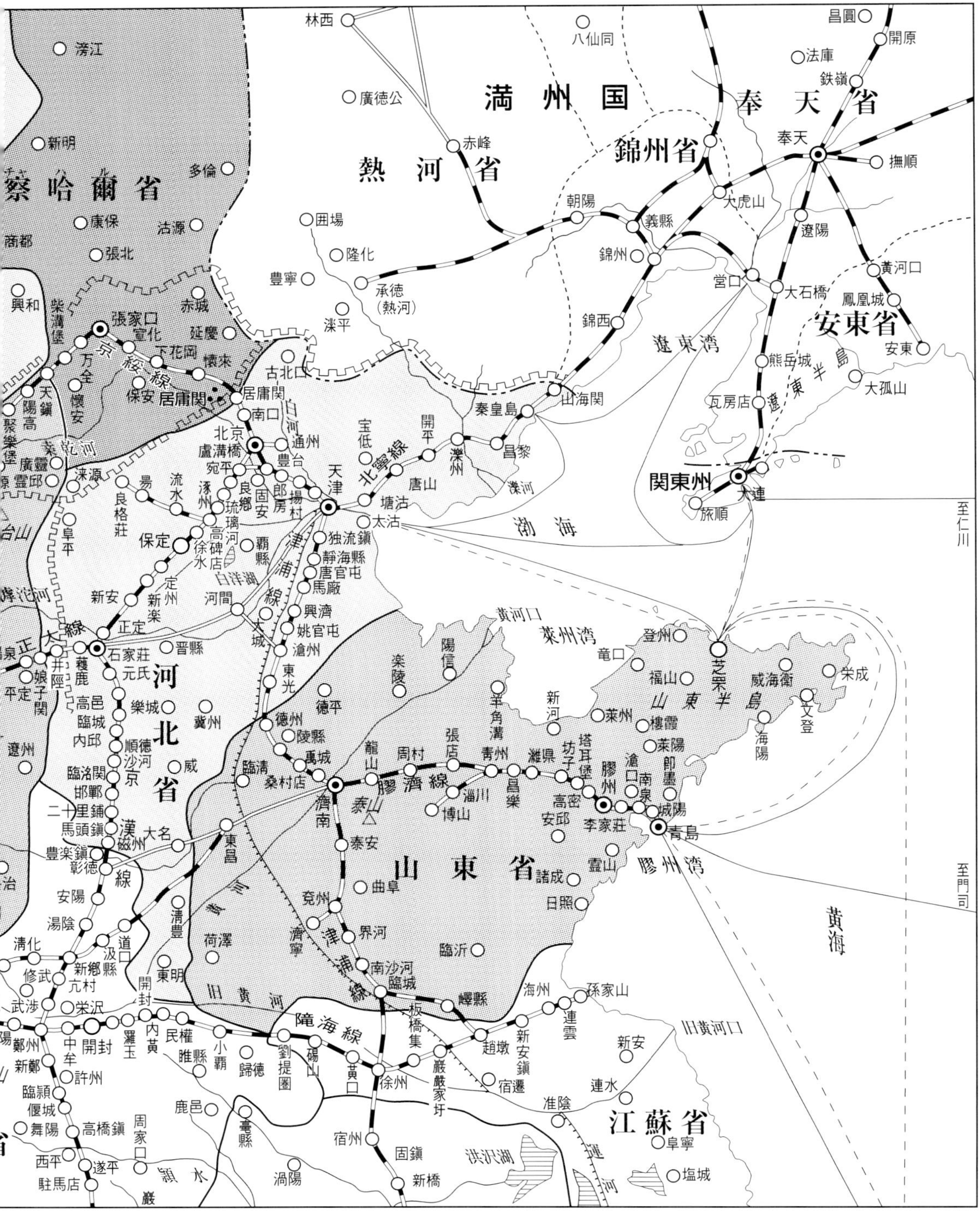
満州国
熱河省
奉天省
錦州省
安東省
察哈爾《チャハル》省
河北省
山東省
江蘇省
関東州
遼東湾
遼東半島
渤海
萊州湾
膠州湾
黄海
山東半島
京綏線
北寧線
津浦線
膠済線
隴海線
平漢線
正太線
林西
八仙同
昌圖
開原
法庫
鉄嶺
廣徳公
赤峰
奉天
撫順
朝陽
大虎山
義縣
囲場
隆化
遼陽
錦州
豊寧
承徳
（熱河）
営口
大石橋
黄河口
鳳凰城
灤平
錦西
安東
熊岳城
大孤山
瓦房店
山海関
秦皇島
昌黎
旅順
大連
至仁川
至門司
滂江
新明
多倫
康保
沽源
商都
張北
興和
赤城
柴溝堡
張家口
宣化
延慶
万全
下花岡
懐来
古北口
天鎮
懐安
保安
居庸関
南口
陽高
北京
通州
宝坻
開平
盧溝橋
豊台
宛平
天津
唐山
灤州
灤河
聚楽堡
桑乾河
廣靈
靈邱
淶源
易
流水
涿州
良郷
固安
郎房
楊村
塘沽
太沽
良格荘
琉璃河
高碑店
覇縣
独流鎮
静海縣
唐官屯
馬廠
阜平
保定
徐水
定州
新安
新楽
河間
白洋淀
興濟
姚官屯
滄州
大城
石家荘
正定
晋縣
井陘
娘子関
平定
元氏
藁城
欒城
高邑
臨城
内邱
順徳
沙河
冀州
東光
徳平
徳州
陵縣
禹城
臨清
桑村店
済南
泰山
泰安
臨洺関
邯鄲
二十里鋪
馬頭鎮
磁州
大名
豊楽鎮
彰徳
安陽
湯陰
東昌
清豊
濮陽
汲縣
道口
新郷縣
清化
修武
亢村
東明
開封
武渉
栄沢
鄭州
中牟
羅王
内黄
民権
睢縣
小覇
帰徳
劉提圏
碭山
黄口
徐州
新郷
許州
臨潁
偃城
舞陽
高橋鎮
周家口
西平
遂平
駐馬店
潁水
鹿邑
亳縣
渦陽
宿州
固鎮
新橋
洪沢湖
運河
阜寧
塩城
准陰
連水
宿遷
新安
旧黄河口
趙墩
新安鎮
連雲
孫家山
海州
峄縣
臨城
南沙河
界河
兗州
済寧
菏澤
曲阜
臨沂
日照
諸城
靈山
青島
李家荘
膠州
高密
安邱
坊子
濰縣
青州
昌楽
淄川
博山
張店
周村
龍山
黄河
旧黄河
楽陵
陽信
黄河口
羊角溝
新河
竜口
登州
福山
芝罘
威海衛
栄成
文登
海陽
萊陽
即墨
城陽
南泉
滄口
萊州
棲霞
塔耳堡

支那事変　陸軍作戦1』）八月二七日張家口を占領した。このときの指揮官が、関東軍参謀長だった東条英機少将である。スタッフの長である参謀長が直接戦場に赴き、関東軍全体からすればごく小さな派遣部隊の指揮官となるのは、なるほど異常であり、異例である。周知のように東条はその後、太平洋戦争開戦時の首相になった人である。

　北京の方向からは最初は第一一独立混成旅団（師団の半分程度の兵力）が南口《なんこう》、次いで居《きょ》庸関《ようかん》を攻略した。付近は、万里の長城が本線から枝分かれして、内長城線にのびる起点付近で、地形も険しい。意外にも中国軍の抵抗が強かったこともあるが、独混一一の作戦は難渋した。やがて第五師団の一部を増援させ、板垣征四郎師団長が直接指揮をとった。

　こうして関東軍と第五師団がたがいに京綏《けいすい》線（北京～綏遠《すいえん》～包頭《パオトウ》）線上を進み、握手した（八月二九日）。

　これでチャハル作戦は一段落したかにみえたが、関東軍がこの程度の作戦で満足するはずがなかった。第五師団の板垣中将にしてもそうである。以後、作戦はいっぽうでは綏遠省の包頭まで、いっぽうでは山西省の省都・太原《たいげん》まで、現地指揮官の言うがままにむやみに攻略地域を広げていく。そのことについては後述することにして、京漢線・津浦線沿いの本作戦はどうなったか。関東軍と第五師団が京綏線の下花園《かかえん》あたりでドッキングしたころ、その準備はほとんど整っていた。

北支那方面軍の陣容

　北支に集められた部隊は第一軍、第二軍と分けられ、それらを統一指揮するため北支那方面軍司令部がつくられた。大部隊の運営はは大会社の運営と似ている。東京の参謀本部につめる参謀総長（当時は閑院宮載仁親王《かんいんのみやことひと》。載仁親王は皇族だから実権は次長の多田駿中将の手にあった）を社長とすると、北支那方面軍司令官（寺内寿一大将）は支社長である。司令部は天津《てんしん》に置かれたから天津支社長とでもいう立場である。寺内が指揮する第一軍司令官（香月清司中将）、第二軍司令官（西尾寿造中将）はそれぞれ三個師団を束ねる部長である。

チャハル作戦。綏遠省の平地泉。9月24日に占領した。

チャハル作戦。綏遠省（現内蒙古自治区）の包頭で黄河のほとりに立つ日本軍将兵。

　軍団は、師団のほかに大砲や航空の専門部隊、通信の専門部隊、あるいは鉄道部隊、憲兵などをふくむが、中心となる八つの師団は基本的には歩兵部隊である。歩兵部隊はまとまった地域から集められ郷土部隊といわれた。一個師団は四個の歩兵連隊（一個は三、四〇〇〇名）と、小型の大砲を装備した砲兵連隊、架橋したり陣地を作る工兵連隊、弾薬や食糧を補給する輜重《しちょう》連隊、通信隊などで編成されている（間もなく三個歩兵連隊の師団が誕生したが）。八つの師団について日本のどの地域から北支までやってきたか、見てみよう。

第五師団（方面軍直轄）
　広島、島根県・浜田、山口の歩兵連隊
第一〇九師団（方面軍直轄）
　富山、金沢、福井県・敦賀、福井県・鯖江の歩兵連隊。
第六師団（第一軍所属）
　熊本、都城、鹿児島、大分の歩兵連隊
第一四師団（第一軍所属）
　水戸、群馬県・高崎、宇都宮の歩兵連隊
第二〇師団（第一軍所属）
　朝鮮の平壌、龍山などに駐屯する歩兵連隊で、関西、九州の各県から徴集されていた。
第一〇師団（第二軍所属）
　姫路、岡山、鳥取、松江の歩兵連隊
第一六師団（第二軍所属）
　京都、奈良、津、京都・福知山の歩兵連隊
第一〇八師団（当初は第二軍所属、北支到着後まもなく方面軍直轄）
　弘前、青森、秋田、山形の歩兵連隊

　このうち、一〇八と一〇九はそれぞれ第八師団（弘前）と第九師団（金沢）に一〇〇を加えた特設師団で、前述のように（四一頁）後備兵《こうびへい》、つまり三〇代半ばの“年寄り軍団”であった。

　これらの部隊がほぼ集まったころ（九月中旬）、作戦はスタートした。全体に関する作戦名はつけられなかったが、ばくぜんと河北（省）作戦と呼ぶこともあった。第一軍が京漢線沿いに南下し、第二軍が津浦線沿いに南下するのである。ただ、中国軍の陣地は圧倒的に京漢線沿いに多かった。だから、第二軍の大部分は途中からそれて、津浦線と京漢線の間を北上する河を舟艇でさかのぼって、第一軍の側背から攻撃を援護しようとした。

京漢線・津浦線の南下作戦

　第一軍は九月一四日、盧溝橋近くの永定河《えいていが》付近から行動を起こした。何十あるかわからない中国軍陣地を一つ一つつぶしていこうというわけだった。まずは河北省の省都・保定《ほてい》までが目標である。保定は中国最初の陸軍士官学校が創設されたところで、蒋介石も学んだところだ。作戦距離は約一五〇キロ、中国

チャハル作戦。蔚県（チャハル省＝現内蒙古自治区）に入城する日本軍。9月11日。

チャハル作戦。大同（山西省）に入城する日本軍。

軍が各地で本当に抵抗すれば何日かかるかわからないような距離である。

しかし、中国軍は涿州《たくしゅう》（作戦発起点から四〇キロ）、保定で短時間、激しい抵抗をしただけで、九月二四日、保定の占領を許した（涿州、保定会戦）。作戦開始からわずか一一日間。その距離一五〇キロは重い装備をかついで歩くだけでもたいへんな距離だが、戦闘し追撃してわずか一一日間で達成された。装甲列車と自動車が使われたから、できたことだった。

こんな猛スピードの進撃だったが、それでも中国軍は三十数個師（一個師は五〇〇〇～一万程度。日本の一個師団より小規模で、員数もバラバラのケースが多かった）のうち十数個師は大きな打撃を受け、二万五、六〇〇〇名は死傷したと、日本軍は判断した。日本軍は八万八五〇〇名が直接戦闘に参加し、戦死一四八八名、戦傷約四〇〇〇名を出した。一日一五〇名ほどが戦死したことになる。中国軍がまったく無抵抗で退いたわけではないことがわかる。

津浦線沿いの作戦はどうだったか。最初の目標は天津から少し南方の馬廠《ばしょう》である。ここでは北支那方面軍が編成される前、八月中旬から第一〇師団が進撃を始めた。しかし、降り続く雨と浸水の広がり、中国軍の果敢な抵抗にあって、かなりてこずった。

中国軍の抗戦意欲は旺盛で、足を機関銃に縛り付けられたまま陣地に閉じこめられ、それでも最後まで射撃をつづけ、最後に日本軍が突入すると手榴弾で自決するという兵士もいた（第二軍参謀長・鈴木率少将の話。前掲、井本熊男『支那事変作戦日誌』）。

津浦線沿いの浸水は尋常なものではなく、どの地域の部隊も、あたかも湖水で戦っているようなものだった。兵隊はのどが渇いても十分な飲み水が補給されず、コレラで死ぬも渇きで死ぬも同じだと、付近の濁流水を飲んだ。京漢線沿いの第一軍とは、戦場の環境に天と地ほどの差があった。

馬廠占領は九月一一日だった。ちょうどそのころ、第一六師団が塘沽《タンクー》に上陸を始めた。

第二軍（第一〇師団、第一六師団）は、そのまま津浦線を南下することなく（一部で山東省の滄県《そうけん》を経て徳県まで進出）、進撃の方向を西に向け、正定《せいてい》～徳県《とくけん》（幅約一七〇キロ）間の滏《ふ》陽《よう》河を舟艇で進むなどして石家荘《せっかそう》の背後に進出した。石家荘付近の中国軍の退路を断とうというわけである。

ではその石家荘付近の戦闘はどういうぐあいに戦われたのか。

中国軍は決戦せず、退避作戦

戦前の偵察では中国軍は、正定（石家荘の北東二〇キロ）から滹沱《コダ》河の線に沿って東西

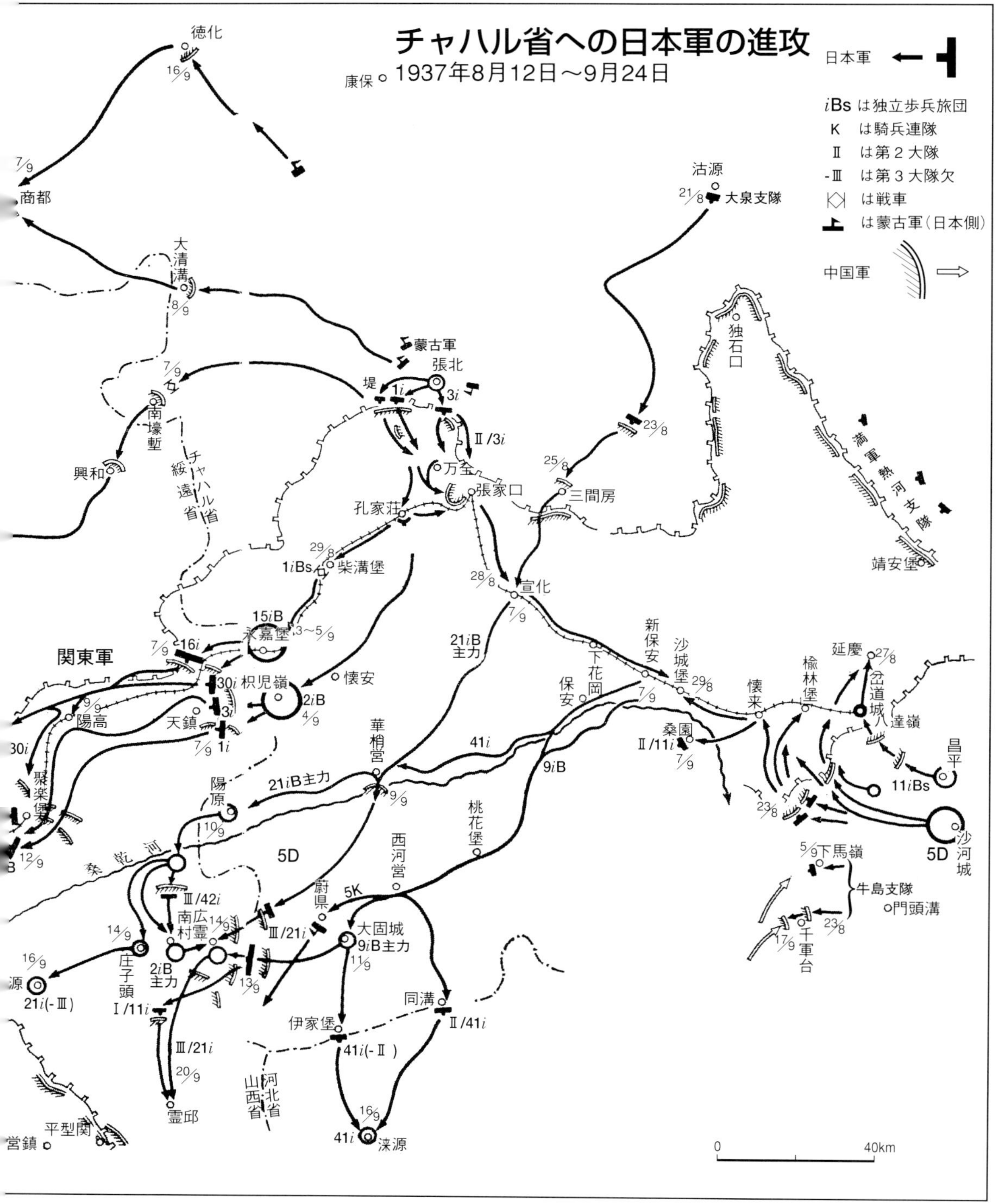
チャハル省への日本軍の進攻
1937年8月12日～9月24日
日本軍
iBs は独立歩兵旅団
K は騎兵連隊
Ⅱ は第２大隊
-Ⅲ は第３大隊欠
は戦車
は蒙古軍（日本側）
中国軍
徳化
康保
商都
沽源
大泉支隊
大清溝
蒙古軍
張北
南壕塹
興和
綏遠省
チャハル省
独石口
満軍熱河支隊
万全
張家口
三間房
孔家荘
柴溝堡
宣化
靖安堡
関東軍
永嘉堡
懐安
枳児嶺
陽高
天鎮
新保安
沙城堡
下花岡
保安
懐来
楡林堡
延慶
岔道城
八達嶺
昌平
桑園
華梢営
陽原
聚楽堡
桑乾河
桃花堡
西河営
蔚県
5D
沙河城
下馬嶺
牛島支隊
門頭溝
千軍台
大固城
南広村霊
庄子頭
同溝
伊家堡
霊邱
河北省
山西省
平型関
淶源
0
40km

防衛庁防衛研修所戦史室著
『戦史叢書　支那事変陸軍作戦①』より

に陣地を構えていた。その兵力は二九個師(約二三万)と推定された。これを第二軍が正面から、第一軍が背後から包囲して殺すか捕虜にする(捕捉殲滅《せんめつ》、捕捉撃滅《げきめつ》)つもりである。捕捉殲滅というのは、逃がさないという意味がふくまれている。

この一連の作戦のために北支那方面軍が受け取っていた天皇からの命令は、「敵の戦闘意志を挫折せしめ、戦局終結の動機を獲得する目的を以て、速やかに中部河北省の敵を撃滅すべし」であった。のち、上海戦線で中《なか》支《し》那《な》方面軍司令官に与えられた命令もまったく似た文面が使われた(四九頁参照)。「天皇からの命令」は臨参命《りんさんめい》、大本営設置後からは大《たい》

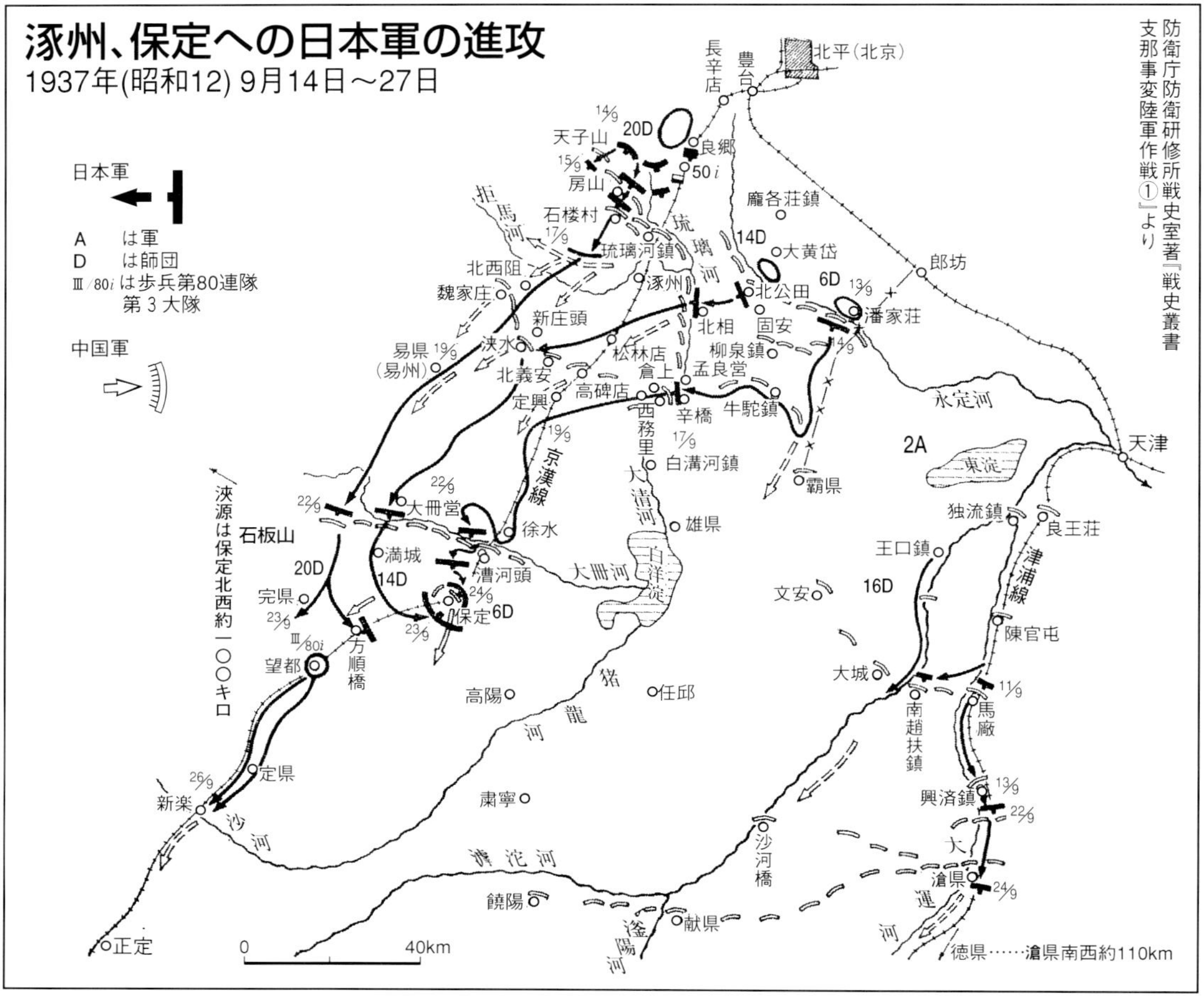

涿州、保定への日本軍の進攻
1937年(昭和12) 9月14日～27日

防衛庁防衛研修所戦史室著『戦史叢書 支那事変陸軍作戦①』より

陸命《りくめい》といわれ、「奉勅伝宣《ほうちょくでんせん》　参謀総長〇〇〇〇」という形式を踏んで出される。奉勅伝宣とは「勅命《ちょくめい》＝天皇の命令、ミコトノリをうけたまわって、伝える」という意味である。だから、最後には「細部は参謀総長をして指示せしむ」と書いてあった。

天皇は大元帥《だいげんすい》と呼ばれていた。またの名を現人神《あらひとがみ》とも尊称した。その命令には誰もさからえなかった。もちろん制度上は天皇親政ではなかったから、実質的には参謀総長が軍を動かす最高ポストであった。

ところで「戦闘意志の挫折」とか「戦局終結の動機を獲得」とかに合致するような戦いとはどんな戦いか。要するに敵が、負けました、日本にたてついたのが間違いでした、後は好きになさってくださいと、蒋介石が言うしかないような、そんな戦い方なのであろう。

東京の陸軍中央部では、そのように戦局が進めば二カ月から半年のうちに、〝蒋介石も反省して〟和を乞うてくると、まじめに考えていたのである。軍人にかぎらず、当時の日本人がいかに中国に対する武力の威光を信じ切っていたか、今日となってはとうてい理解不能のところがある。

さて、涿州、保定会戦で一度は捕捉撃滅の機会を逃したが、石家荘ではそれをやらなければならない。

第一軍は、折からのコレラ流行という事態

上／チャハル作戦。蔚県から南下して涞源（綏遠省に隣接する河北省）をめざす日本軍。
右／チャハル作戦。蔚県の西方にある広霊（山西省）の町に入った日本軍。

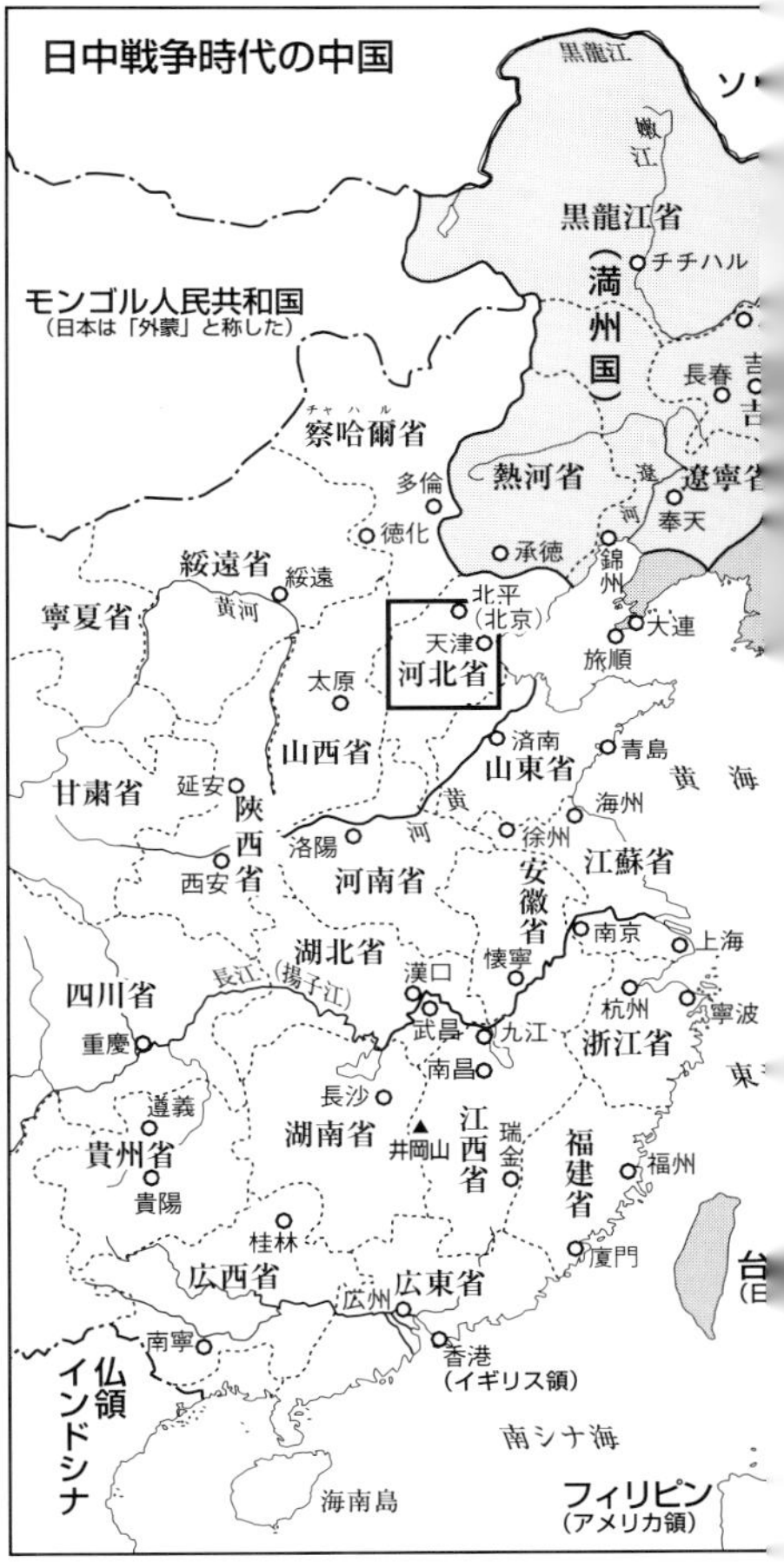

にそなえてあわただしく予防接種をすませ、一〇月七日から進撃を始めた。ところが、事態は思わぬ方向に進んだ。中国軍の一角を担っていた万福麟《まんふくりん》軍が戦いを放棄して退却を始めたからである。日本特務機関の謀略が成功したという。裏切り者が出ては戦えない。中国軍の前線では浮き足立ち、抵抗すると見せかけては退くという戦法が随所で見られた。日本軍はこうして京漢線沿いの要点を次々に占領していった。どこを、どの部隊が占領したか、ならべてみよう。

●京漢線沿いの第一軍

一〇月七日　正定《せいてい》（第六師団）　石家荘北東二〇キロの、古都だが小さな町。

一〇月一〇日　石家荘《せっかそう》（第一四師団）　最大の要衝。京漢線はもちろん太原（山西省省都）に通じる石太線の起点。現在はかつての保定に代わって省都となっている。

一〇月一一日　井陘《せいけい》（第二〇師団）　石家荘の西三〇キロの小さな町だが、石太線沿いにあり、炭坑があった。

一〇月一四日　順徳《じゅんとく》（第一四師団）　石家荘から南方一二〇キロ。

一〇月一七日　邯鄲《かんたん》（第一四師団）　石家荘から南へ一六〇キロ。華北平原から山西高原に入る交通の要衝。謡曲「邯鄲」の夢の枕で、日本人もよく知っている古都。

一〇月二七日　豊楽鎮《ほうらくちん》とその駅（第一四師団）

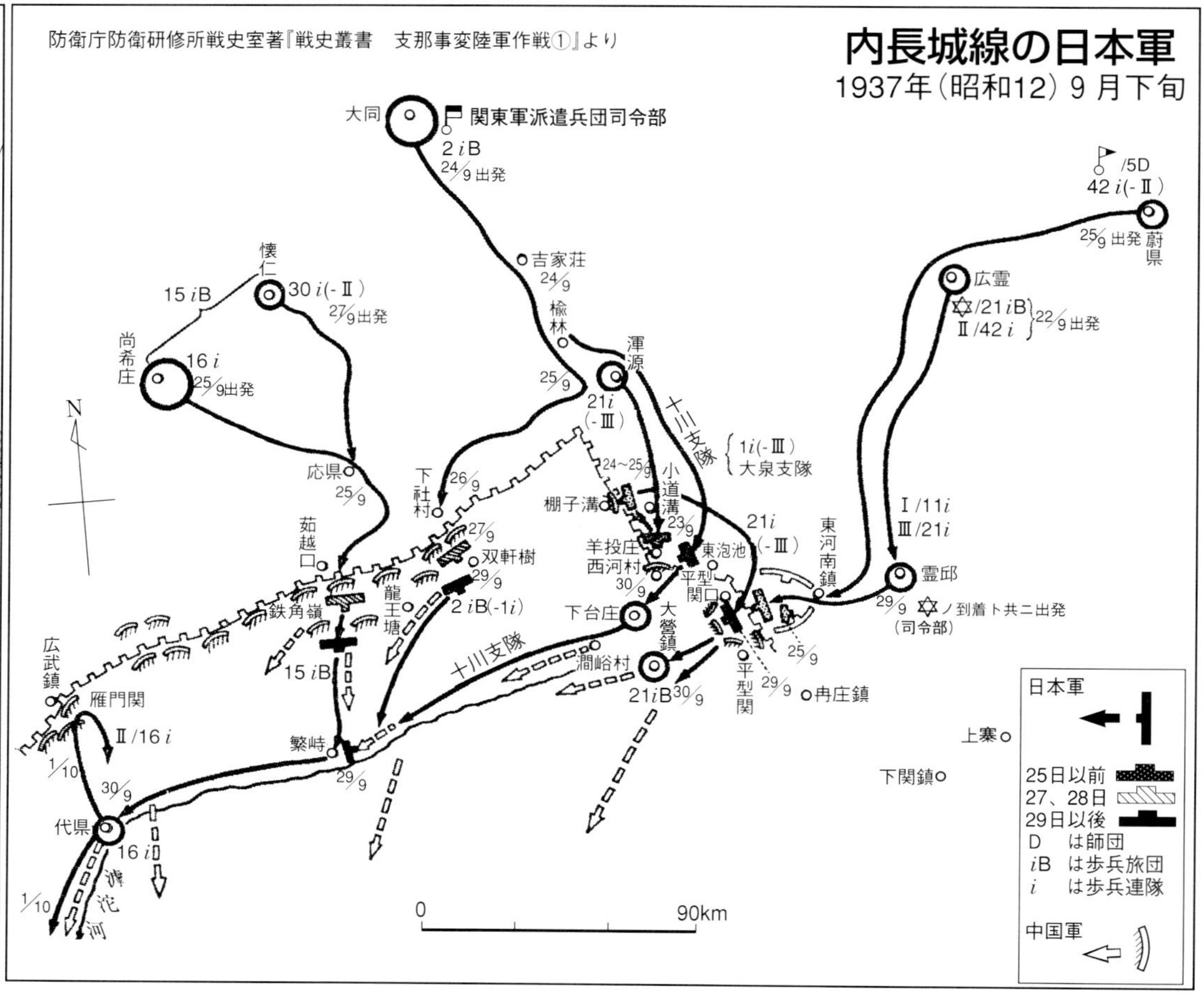

邯鄲南方六〇キロの彰徳《しょうとく》の北一六キロ。ここは河南省の京漢線北端である。

●津浦線沿いの第二軍

第二軍の第一〇師団は主として津浦線沿いに進んだ。

九月二四日　滄県《そうけん》（滄州）（第一〇師団）天津の南南西九〇キロ。滄州は唐時代の城で、古都。水陸交通の要衝。河北平野の農産物の集散地で、人口は一〇万前後。

一〇月三日　徳県《とくけん》（徳州）（第一〇師団）済南（山東省）の北西一二〇キロ。今でも五万程度の小さな町だが、穀物、綿花、果実などの集散地。

一〇月一三日　平原《へいげん》（第一〇師団）徳県の南方三〇キロ。

第二軍の第一六師団、方面軍直轄の第一〇九師団は、子牙《しが》河、滏陽《ふよう》河を舟艇で進み、石家荘南方の各地を占領、さらに京漢線東側を進撃して、その要点を占領した。

こうして多くの都市、町、村を占領したが、目的とした中国軍の捕捉撃滅はできなかった。もし早めの中国軍退避作戦を誘ったきっかけが、万福麟軍に対する寝返り工作であったとすれば、それは余計な謀略とも言える。それは中国軍全体の戦意をそぎ、逃してしまったからである。第一軍は多くの重砲兵部隊を伴っていたが、大決戦が起こらなかったので持て余し気味だった。こんなに進撃スピー

京漢線沿いの南下。涿州の南方．易県（河北省）に入った日本軍。9月20日。

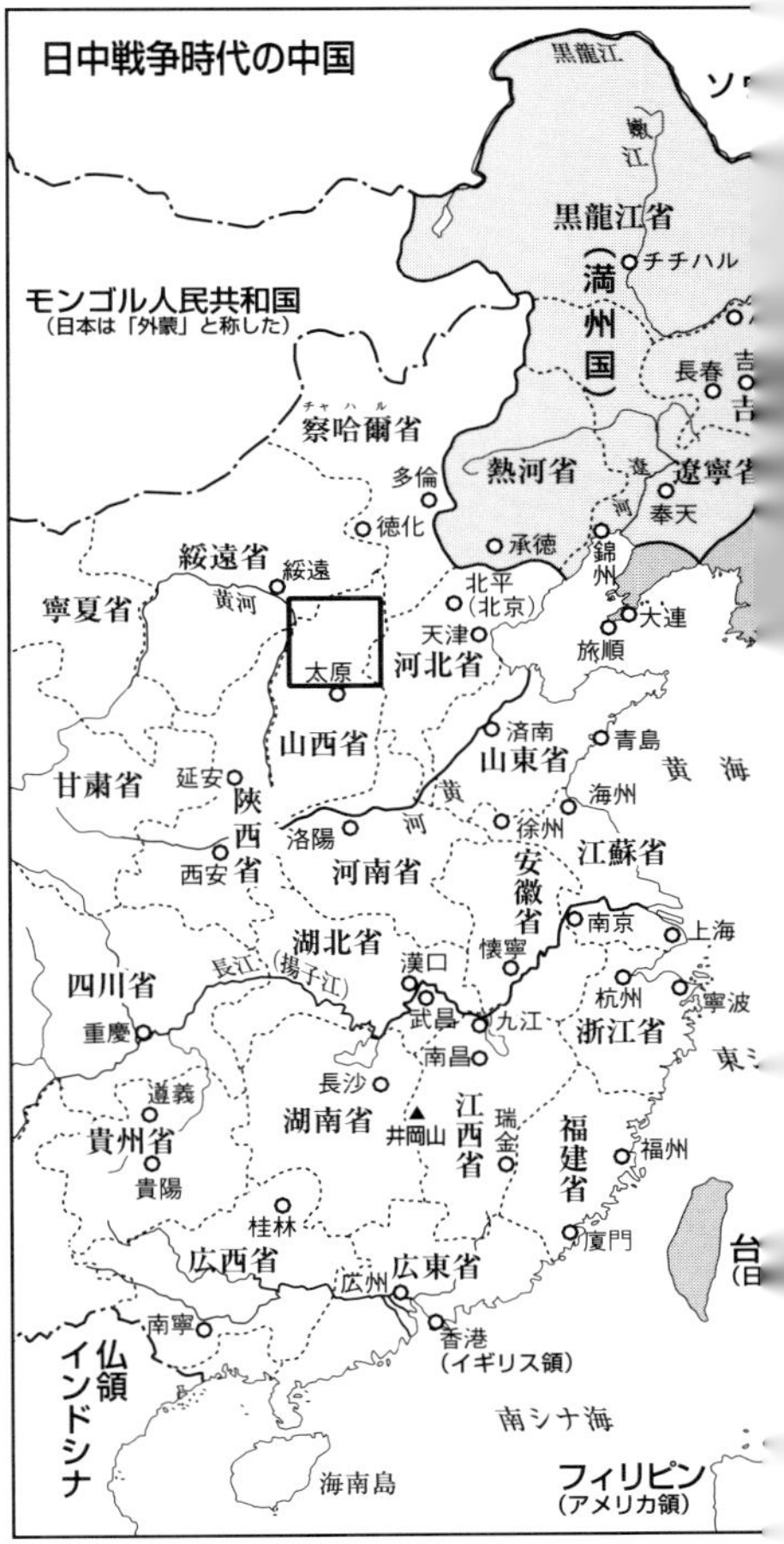

ドが速ければ、大口径の重砲を据え付けるいとまもない。

中国軍の退避作戦は、やはり蒋介石の一つの戦略だった。石家荘の戦いのころ、上海戦線では日本軍に対して最後は後退はするものの、激しい抵抗を行っていた。北支の戦いぶりとは鮮やかな対照をなしていた。蒋介石は「空間を時間に変える」、つまり退いては日本軍を誘い、持久戦に持ち込む戦略をとったのである。北支の、京漢線・津浦線沿いの戦いも、日本軍はうまくこの戦略に乗せられたようだ。

もともとこの作戦を始めたとき、参謀本部は保定（京漢線）と独流鎮《どくりゅうちん》（津浦線）を連ねる線（進出限界線、制令線）で決戦をやれと命じていた。それ以上は南下するなということである。しかし、北支那方面軍の作戦は最初から制令線を無視していたし、実際に進撃を始めてみると退く中国軍を追ってどんどん南下した。戦局の推移をみて参謀本部は進出限界線を石家荘（京漢線）～徳県（津浦線）と念を押した。しかし、大元帥の命令が、「○○を占領してそこで止まれ」ではなく、「敵の撃滅」だったから、相手がこちらの思う進出限界線内で決戦を挑んでくれないのであれば、限界線を越えて進撃するしかない。それが命令に忠実であることだと、北支那方面軍は思った。そう言われると参謀本部は止めること

津浦線・京漢線沿線と石家荘への日本軍の攻略

1937年(昭和12)9 月下旬～10月中旬
日付は占領日

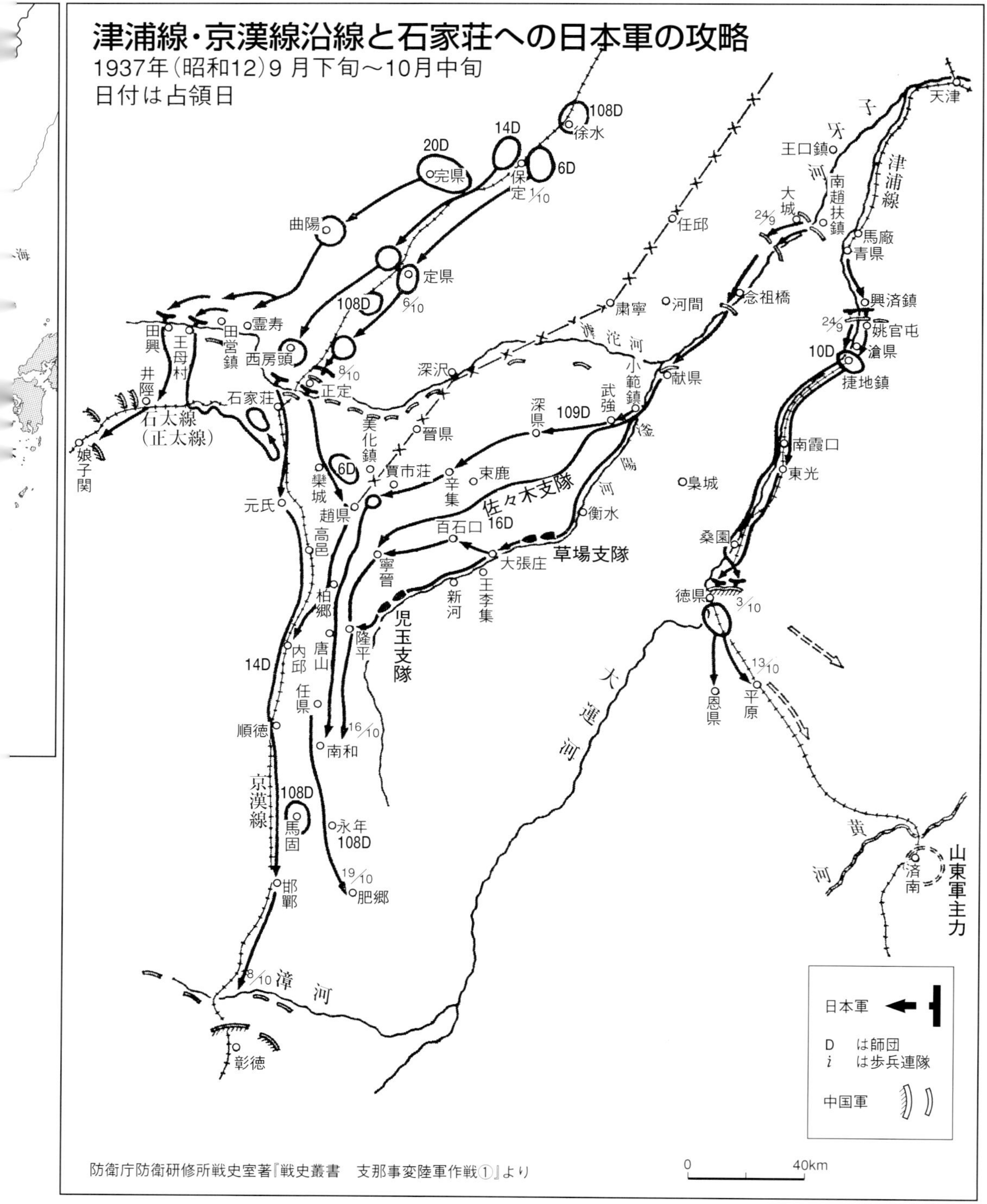

防衛庁防衛研修所戦史室著『戦史叢書　支那事変陸軍作戦①』より

ができなかった。

　寺内方面軍司令官は最初から、「兵隊たちは黄河の水を水筒に詰めて日本に帰りたいと言っている」という言い方で、進出制限線など眼中にない作戦を命令していた。そして実際に黄河を渡って済南《さいなん》を占領したのは一二月末である（もちろん命令にもとづいてであったが）。

京漢線沿いの南下。正定の北方、紗河に架橋する工兵隊。

京漢線沿いの南下。正定を攻撃する砲兵部隊。10月6日。

京漢線沿いの南下。列車で南下できる地域もあった。

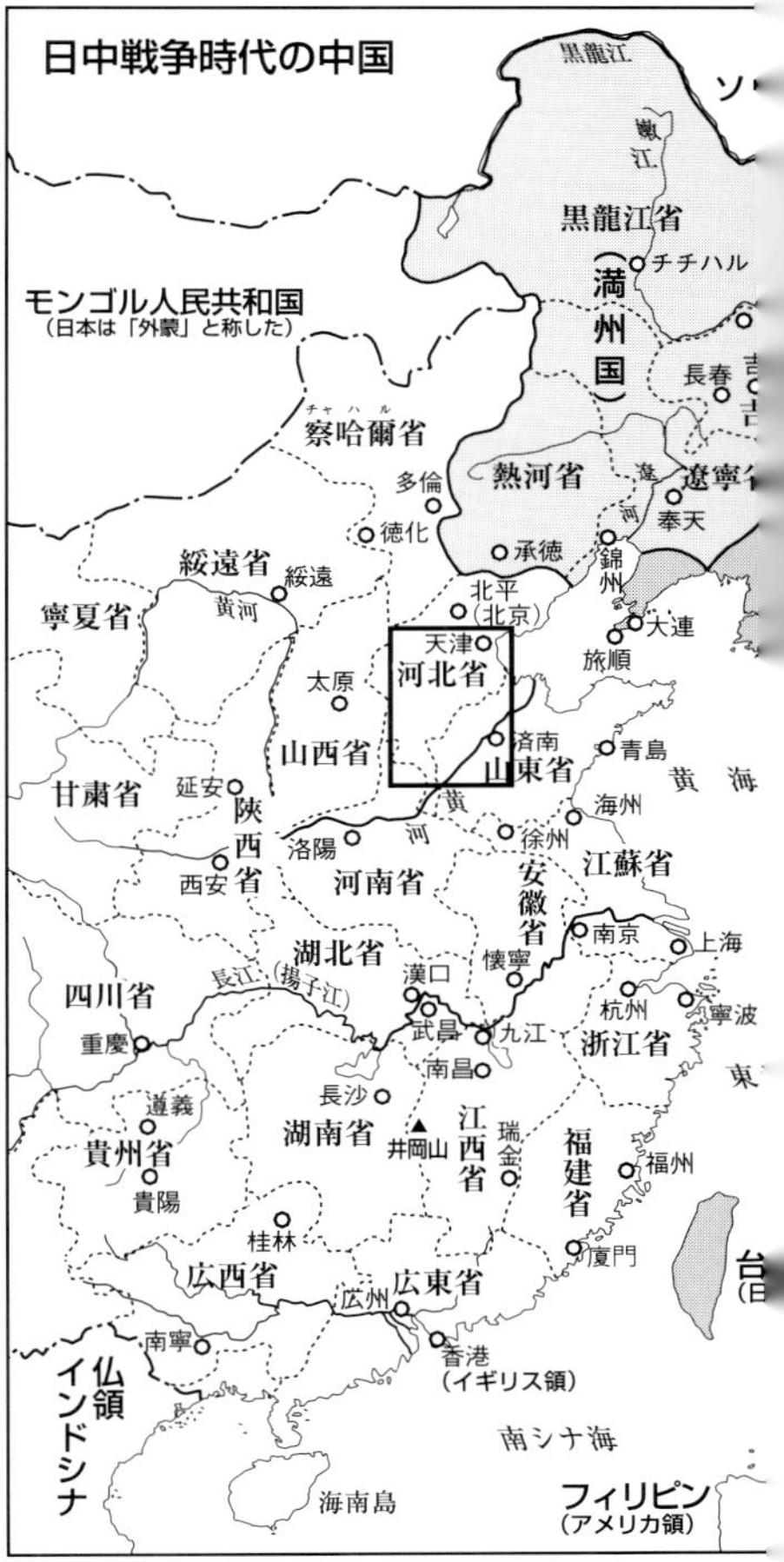

　しかし、黄河を越える前に山西省に部隊を振り分け、太原の占領をめざすのである。いったい何のためであったのだろうか。

なぜ太原をめざしたか

　太原の攻略は、石家荘攻略とほぼ並行して実施された。しかし、それはチャハル作戦の延長でもあった。なぜ太原を攻略したかを少し掘り下げてみると、この戦争の目的がぼんやりとではあるが見えてくる。と同時に、依然として目標を達成するための手段、戦略が陸軍中央部において混乱し、数十万の大軍を中国に送り込んだのは何のためか、それがはっきりしていなかったことが、よくわかる。目標がはっきりしなかったから、軍隊としての統制もとれていなかった。そのこともよくわかる。

　あるいはこういう見方もできる。つまり、中国の河北省を中心とする北支のある範囲を、形式はどうであれ、日本の完全な統治下に置いて、資源を獲得すること、そのことについては意見は一致していたが、どこまでの範囲を切り取るか、その範囲をめぐって陸軍指導者の間で、ある者は狭く、ある者は広く切り取ろうと、勝手におだをあげていた。多分、これが真実に近かったのではあるまいか。

京漢線沿いの南下。石家荘（現河北省省都）で残敵掃討。10月10日。

京漢線沿いの南下。河北省の南端双廟まで進んだ日本軍。

京漢線沿いの南下。河北省を越えて河南省の彰徳を占領した日本軍。進攻はここで一応打ち切られた。

それにしても、山西省は河北省とはまるで違う土地柄である。その省境は太行《たいこう》山脈だ。平均して一〇〇〇メートル級の山並みが四〇〇キロにわたって走っている。東が河北省で太行山脈は断崖をなして急に落ち込み、平原になる。西の山西高原は黄土《おうど》地帯で、長年にわたる浸食で丘陵と峡谷を形作っている。山岳地帯だが樹木はあまりない。山西の西は陝《せん》西《せい》省で、その境は黄河である。黄土を削りながら一直線に南へ奔流している。

北支那方面軍の戦場は河北の平原を予想して派遣された。山岳地帯に軍隊を入れても、華北の平原で戦うのとはわけが違う。その典型的な例が火砲、つまり大砲である。大砲は大きく分けると野砲《やほう》と山砲《さんぽう》だが、その違いは、平野で遠くへ飛ばすのが野砲、山岳で山越えでも撃てるから山砲なのであった。日本陸軍は野砲部隊が圧倒的に多かった。日露戦争における満州平野での戦い、その後も満州でロシア軍との戦いの予測を第一に念頭において装備されてきたからだ。

ところが、その北支那方面軍の一翼をになう第五師団だけは、前述したように（五三頁）チャハル作戦に派遣され、関東軍とともに作戦していた。しかし、それが一段落した段階で寺内方面軍司令官は板垣第五師団長に対し、そこを引き払って京漢線沿いの河北作戦に参加せよと命じた。板垣がすなおに従えば

上／津浦線沿いの南下。馬廠を攻略して一休みの日本兵。

左／津浦線沿いの南下。滄州を砲撃する日本軍と中国軍のトーチカ。

山西作戦はなかっただろう。

ところが板垣師団長は命令に従わなかった。従わないどころか方面軍司令部への連絡もとぎれがちだった。なぜか。

板垣には板垣としてのこの戦争に関する〝抱負〟があった。それは太原を占領することだった。なぜ太原を占領すべきか。板垣はその理由を、作戦を決定するポストにあった三人の人物に手紙を書いた。露骨ではあるが、それだけ明瞭である（九月一九日付）。次のようなくだりがある。

「北支においてはおおむね、綏遠《すいえん》～太原《たいげん》～石家荘《せつかそう》～済南《さいなん》～青島《チンタオ》の線を占め、ここに包含する資源を獲得し、そこに住む一億民衆を同僚として新北支政権を結成するを可とす」

板垣の言う地点を線で結んでみよう（五二頁地図参照）。板垣は、この線の北方を日本の新しい植民地にすべきだ、と言っている。そのために太原攻略が必要であり、太原に一番近いところにいる自分の部隊にやらせてくれ、というわけだった。こんな手紙を私信の形で、参謀本部次長（多田駿）、参謀本部作戦部長（石原莞爾）、自分の直接の上司である北支那方面軍司令官（寺内寿一）に出した。

板垣征四郎中将は並みの師団長ではない。六年前、関東軍高級参謀として満州事変を企画立案した当人であり、これからも陸軍中枢で出世をつづけることを約束されていたエリ

太原を攻略する日本軍

1937年(昭和12)10月下旬～11月中旬

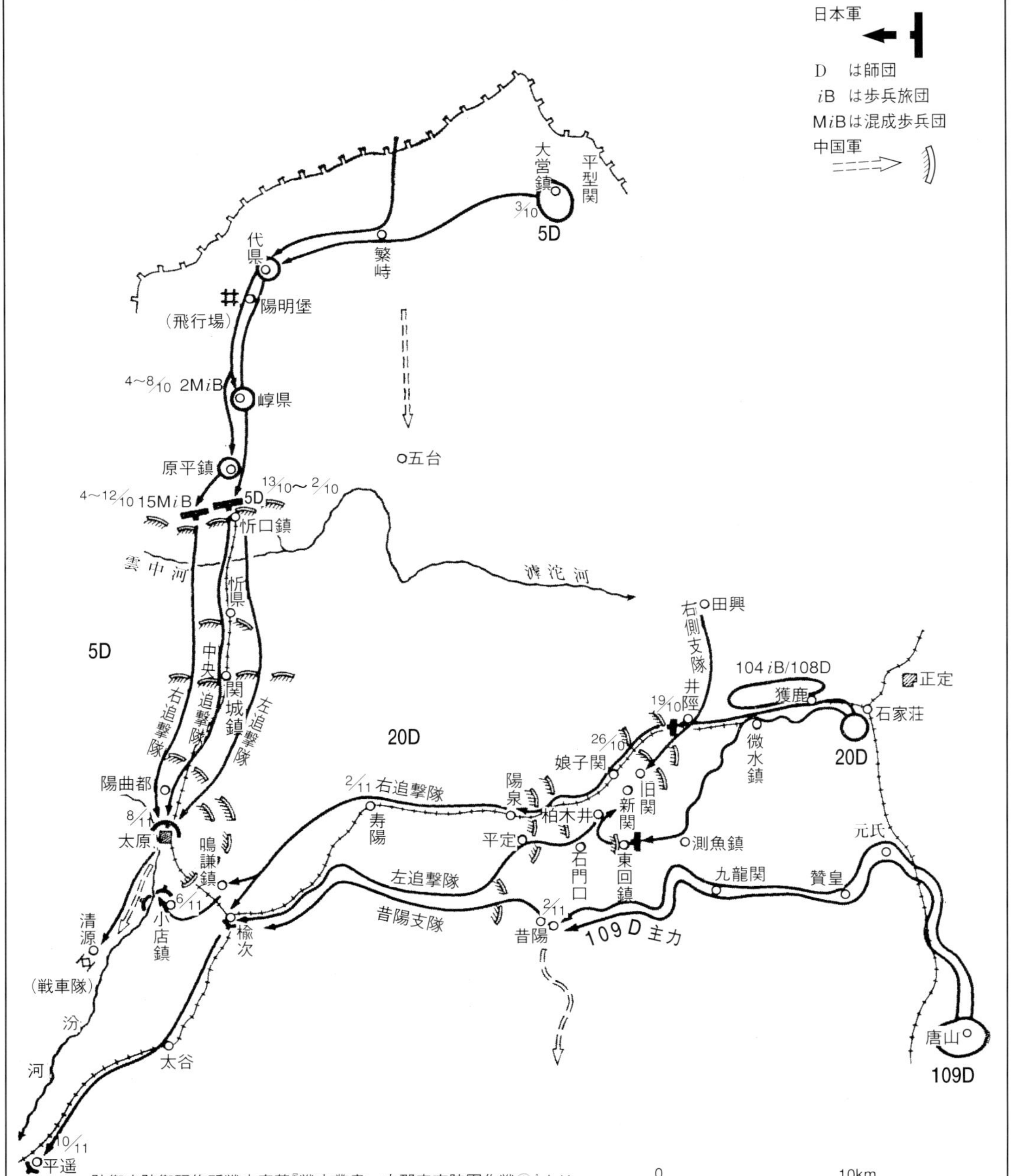

防衛庁防衛研修所戦史室著『戦史叢書　支那事変陸軍作戦①』より

上／太原攻略。戦場の板垣征四郎第5師団長（左から2人目）。太原攻略は板垣の強い勧めで行われた。

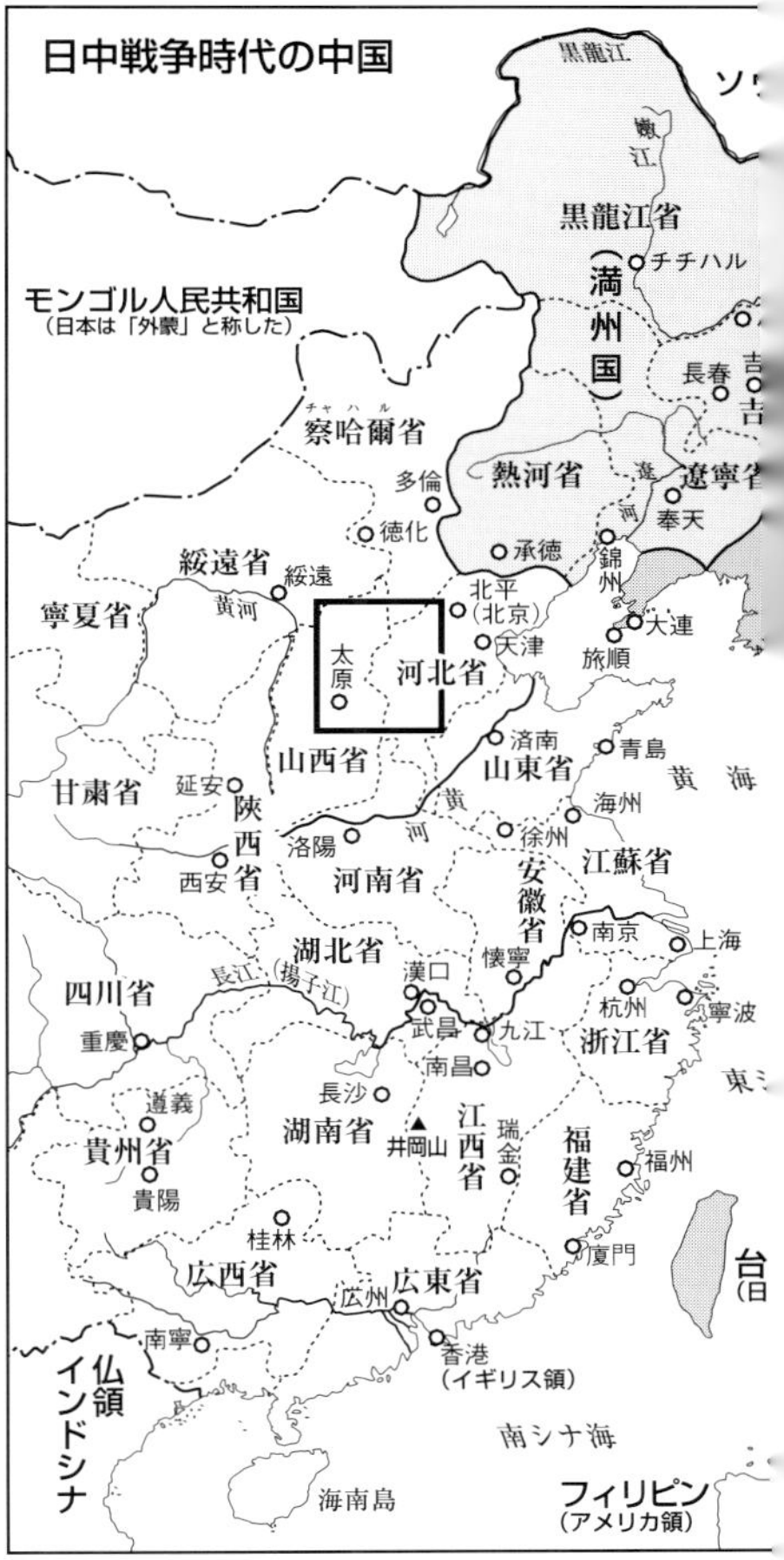

下／太原攻略（北から南下）。山西省の内長城戦から雁門関を越える日本軍。いよいよ太原をめざすのだ。

ートだった（実際、一〇カ月後には陸軍大臣になる）。

手紙を受け取った一人、作戦部長・石原少将は、板垣のもとで満州事変を実行した立役者だった。「計画・石原、実行・板垣」ともてはやされて、満州国建国まで進めたのだ。いまや、石原は陸軍全体の作戦を決める立場にあったが、板垣のかつての部下だった。

「これ（手紙）は相当に利いたようである。多田、石原、板垣の人的関係は特に密接であり、折入っていわれれば、ことわることの出来ない因縁もあったと推察する。石原第一部長（作戦部長のこと＝引用者）の回想録を見ても、『あのめったに手紙を書かない人が、熱心な意見を書いてよこしたのに動かされた』ような意味のことが書いてある」（前掲、井本熊男『支那事変作戦日誌』。ちなみに、井本は石原の信奉者だったといい、不拡大派だったと述べている）。

結局、石原は板垣の希望にそうようにコトを進めた。並行して上海戦線にも大規模な増援部隊を送り込む状況となって、不拡大派の石原部長は辞表を出したので、太原攻略の命令は石原辞任の三日後（一〇月一日）になる。

何度もふれるように、石原は事変不拡大派のリーダーとして有名だった。だが、肝心のところでは腰くだけとなった。上海で大山大尉事件が起きて海軍から陸軍へ派兵の要求があったとき、派兵は拡大につながるからできないと言った。しかし、不測の事態が起こったら「青島及上海に限定し」て派兵する、という〃陸海軍協定〃（七月一一日、北支作戦に関する陸海軍協定）があるではないかと指摘され、海軍への義理だてから派兵を決定した。国家の大事を思ってこその不拡大方針だったであろうが、「私（石原）は上海に絶対に出兵したくなかったが」「（海軍との約束は）修正で

太原攻略（北から南下）。激戦となった忻口鎮の中国軍陣地と、10月13日、攻撃に移る日本軍。

きないので」「止むを得ず」（竹田宮恒徳王《つねよしおう》への説明。引用は『戦史叢書　大本営陸軍部1』から）派兵を決定している。

今回の板垣の私信に対してもそうだ。板垣の〝日本が獲得すべき北支の範囲〟は、陸軍中央部が漠然とではあるが描いていた「興和《こうわ》～張北《ちょうほく》～保定～天津の線の以北」とは大きくへだたっている。この線内には山西省は入っていないことを、地図でたしかめてほしい。興和も張北もチャハル省である。板垣の腹案は、それをうんと南方へ拡張したものだった。それでも石原が「心を動かされた」のであれば、いったい、石原の不拡大方針とは何だったのか。

もっとも、他国の領土をどこで線を引いて分捕るか、という話である。あまり熱中しすぎると満州国の防備がおろそかになって、ソ連が攻め込んでくるのではという心配はあった。が、中国軍相手に日本軍が負けるはずはないし、当面、米英が介入してくる気配もなかった。ならば、分捕る領地は日本軍が目一杯進出できる線内で良いではないか。陸軍では、現地でも中央部でもそんな雰囲気だったのであろう。不拡大派といっても、そういう雰囲気のなかで、ほんの少しばかり慎重であったに過ぎなかったであろう。

現地指揮官の寺内北支那方面軍司令官は、山西省には入らずに、南下して徐州《じょしゅう》（江蘇《こうそ》省）を占領するのが良いという意見を出したが、このように中央部に聞かれもしないのに、勝手に思い定めて、戦争をしているというのが実情だった。

しかし、その寺内に参謀総長からの「太原攻略の命令」が届いたのだから、従わないわけにはいかない。

平型関《へいけいかん》・娘子関《じょうしかん》・忻口鎮《きんこうちん》で激しい抵抗

太原も古い都市だ。春秋時代（紀元前八世紀～五世紀）に晋陽城が建設されたのが始まりで、以後、時代とともに拡張をつづけ、唐の時代に商工業が栄え、貨幣鋳造の中心地であった。その後も盛衰はあったものの、中国の代表的な商工業都市でありつづけた。当時の城内人口は約二〇万、事変前には日本人も二〇人ほどいたそうだ。

板垣第五師団長に太原攻略の命令が届いたとき（一〇月一日）、第五師団とそれに協力する関東軍派遣部隊は、平型関とその付近の陣地をようやくの思いで撃ち破った直後だった。関東軍の派遣部隊とは混成第二旅団（東京の歩兵連隊中心）と混成第一五旅団（新潟の新発田、高田の歩兵連隊中心）である。旅団はもともと歩兵連隊二個の兵力で指揮官は少将、それに専門の大砲部隊などをつけて小さな師団並みの兵力を整えたものが混成旅団だ。

　平型関《へいけいかん》は太原から四〇〇キロ以上も北方にある。五台山の北東、内長城線《ないちょうじょうせん》の険しいところで、昔からの要害である。もともと内長城線そのものが太原にとって北の防御戦の第一線だ。陣地の中国軍は自然の要害を利用して第五師団の進撃を阻止する一方、その補給部隊（自動車部隊と馬部隊）を待ち伏せ急襲して大損害を与えた。この急襲部隊が林彪《りんぴょう》を指揮官とする共産軍第一一五師で、中国共産党は「平型関の大勝利」として大いに宣伝した。

戦後になっても、共産党は平型関の戦いをまるで共産軍だけで戦ったかのように言いつづけたので、国民党幹部はことあるごとにそれを打ち消したそうだ。

　実際、急を聞いて駆けつけた増援部隊が到着したときは共産軍は撤退していた。彼らの戦い方はゲリラ的だった。陣地にへばりついて日本軍と直接対峙したのは、山西軍と中央軍である。第五師団は、平型関陣地の横側に回り込んだり、大同《だいどう》（紀元前五世紀からの古都。平型関の北西二〇〇キロ）から関東軍が応援に駆けつけ、周囲のたとえば茹越口《じょえつこう》（やはり内長城線にある）といった堅固な陣地を突破して、退路を断つようにしたりして平型関陣地をおびやかした。ともかく、一つの陣地を抜くのに一〇日間ほどかかったのは、北支の戦闘ではこれまでにないことだった。

太原攻略（北から南下）。忻口鎮を抜いたあと太原へ急ぐ日本軍。10月末。

　当時の山西省の中国軍は、山西軍と中央軍が約二〇個師（一五万〜二〇万か）、ゲリラ戦中心の共産軍が四、五万いた。河北平原での中国軍のように簡単には引かなかった。山岳という地形がそれを可能にしたという一面もあった。

　平型関を抜いた日本軍（第五師団、混成第二旅団、混成第一五旅団）は一気に南下したが、太原二〇〇キロほど手前の忻口鎮《きんこうちん》という陣地で、ふたたび足止めを食った。日本軍は大小合わせて大砲が九五門、歩兵約一六大隊（一個は五〇〇〜七〇〇名か。計一万前後か）というからそうとうな兵力だが、中国軍も約一四個師、一〇万をゆうに超える大軍で固めている。しかし、当時の日本軍は一対一〇の兵力差でも勝てると自信を持っていたという。

　しかし、忻口鎮の陣地は容易には落ちなかった。一〇月一三日から攻撃を始めたが、二週間たっても戦線は膠着《こうちゃく》したままだった。北支那方面軍は次々に援軍を送り、それを見た中国軍陣地にようやく動揺が起こり、退却を始めたのは一一月三日だった。忻口鎮の戦いは実に三週間という長きにわたった。

太原攻略（東から太行山脈越え）。娘子関（山西省）をめざす日本軍。10月26日、娘子関を突破した。

太原攻略（東から太行山脈越え）。井陘（河北省西部、山西省に隣接）付近を易水の流れに沿って進む日本軍。

太原攻略（東から太行山脈越え）。10月30日、平定城を占領。石太線（石家荘～太原）沿線にあり、ここから太原まで鉄路沿いに200キロ足らずである。

北の守りの第一線が平型関なら、東の守りの第一線は娘子関《じょうしかん》（石家荘西方五五キロ）である。ここには石家荘攻略の途中から西向きに方向を変えた第二〇師団が突入したが、なにしろ古い関所、要害である。唐から五代にかけて、いくたびも東西勢力がぶつかりあった難所だ。もちろん、日中戦争のころはこのあたりを横切る石太《せきたい》鉄道（石家荘～太原）が通っていたが、地形が変わったわけではない。一帯には山地を利用した陣地が幾重にも構築されていた。固める中国軍は一三個師、やはり一〇万を超える。その西は陽泉《ようせん》という石炭産業の盛んな人口五、六〇万の中都市がある。

第二〇師団は正面攻撃を無理とみて、左側に大きく迂回して、手薄な陣地をつぶしながら娘子関の背後に回った。後ろからの攻撃に陣地軍は弱いものらしい。中国軍は三々五々と後退した。第二〇師団はつづいて陽泉を、さらに歩をのばして寿陽《じゅよう》を占領した。寿陽は石太線沿いに太原の西二〇〇キロの地点で、そこに進出したのは北方で忻口鎮を抜くのとほとんど同時だった。

こうして日本軍は、北からと西からと太原攻略の準備を整えた。作法通りに板垣第五師団長は太原籠城の山西軍に軍使を送り、降伏を勧告した。

山西軍の総指揮官・閻錫山《えんしゃくざん》は一九〇四年から四、五年、日本の陸軍士官学校で学んでい

太原攻略。11月9日、日本軍は太原城を占領した。省政府に一番乗りした部隊がその旨を柱に書いている。

る。ちょうど日露戦争の時代である。その後、故郷の山西省にもどり、間もなく起こった辛《しん》亥革命《がいかくめい》（清朝滅亡）で山西蜂起部隊を指揮して参加、それをきっかけにして山西省の実権を握った人物。産業を興したり、地方自治制をいち早く取り入れたりで、内戦がつづいた革命期の中国で模範省を作り上げた実力者であった。降伏を勧告した板垣は、閻錫山が日本の士官学校に入学した年に同校を卒業しているが、年齢は閻錫山が二歳上である。

閻錫山が城内にいたわけではないが、板垣がそういう閻錫山の経歴に、淡い期待をかけたとしても不思議ではない。しかし、城内の山西軍は降伏を拒絶した。総攻撃は一一月八日から始められ、翌日には完全に占領した。ちょうど上海戦線では太原占領の当日に蒋介石の退却命令が出され、北と南の戦線で作戦は大きな節目を迎えたのだった。

関東軍の一個師団（第二六師団）と徳王の内蒙軍（モンゴル人部隊）はすでに綏遠《すいえん》（一〇月一四日）、さらに西進して包頭《ハオトウ》（一〇月一七日）を占領していた。綏遠はいまのホフホト（呼和浩特、モンゴル語で青い城塞の意）で内モンゴル自治区の首都。包頭（モンゴル語で鹿のいる所の意）は綏遠の西一二〇キロ、黄河中流の左岸にある。

第4章 南京を攻略

上／上海派遣軍、南京へ。10月28日、キャタピラ付の牽引車で大砲を引きながら南翔へ向かう日本軍。上海戦も終末に近づきつつあったころ、すでに西への進撃を始めていた。
左／上海派遣軍、南京へ。11月14日、南翔からさらに西の嘉定を占領した。

上海戦が終わったころ

上海の戦いは、先に述べたように蒋介石が軍の退却を命じた一一月九日が一つの節目だった。前章で述べたように、北支の日本軍はその日に太原を占領した。

中国軍は上海付近から撤退を始めた。その数約四〇万内外と推定された。

「各軍は大慌てで撤退した。敵機の日夜を問わぬ爆撃が加えられ、人馬は錯綜し秩序は多いに乱れた。数十万の大軍は、鉄筋コンクリートで作られた蘇嘉の国防陣地に辿りついた。しかし退却の足を止められなかった。陣地には堅固なトーチカがあったが、退却する兵士たちは鍵を見つけられず中には入れなかった。その結果、トーチカは総て放棄された。壊滅的退却の悲惨さは、一言では尽くしがたい」

これは広西軍司令官・李宗仁《りそうじん》の回想（前掲、黄仁宇『蒋介石』から）。李宗仁は翌年、台児荘の戦いで日本軍を敗走させ（日本軍は戦略的撤退としているが）、有名になる将軍である（一〇二頁参照）。

この時点での現地の中支那《なかしな》方面軍（上海派遣軍と第一〇軍）と東京の軍部・政府の状況を整理してみると、鮮やかな対照をなしていた。一言でいえば、現地軍は強気で、東京は慎重だった。強気とは逃げる中国軍を追撃して南京を攻撃せよ、ということである。南京は上海の西三〇〇キロ足らずである。慎重とは、ある程度追撃して軍をストップさせ、和平の道を探るべきだということである。しかしその強気と慎重にもそれぞれ濃淡があった。

現地軍では、トップの中支那方面軍司令官・松井大将が少し休んでから南京《ナンキン》攻略をやろうという。彼の直接率いる上海派遣軍は三カ月にわたる激戦で疲れていたのだ。松井の部下、第一〇軍司令官・柳川中将はただちに南京に向けて追撃を始めようとはやっていた。第一〇軍は杭州湾に上陸してからまだ数週間、戦いらしい戦いをやっていなかった。

東京では、陸軍の作戦中枢である参謀本部のナンバー2、参謀次長・多田中将が南京攻略はしないという立場であり、作戦部長・下村少将が南京を攻略すべしと主張していた。参謀本部は、参謀総長・参謀次長・作戦部長の順に偉い。参謀総長の上は天皇である。東

上／上海派遣軍、南京へ。11月15日、崑山を占領。同地の墓地付近で警備にあたる日本兵。
右／上海派遣軍、南京へ。11月14日、太倉を占領。

上海派遣軍、南京へ。11月13に日、増援部隊が白茆口（揚子江沿岸）に上陸した。

京ではトップが慎重なのであった。当時の参謀総長は皇族（載仁《ことひと》親王）で、天皇と同様、重要な案件には発言しないのが建て前である。絶対権力者が最初から発言したら、そのまま通り、天皇親政になるからだ。問題は、課長クラスに下村部長に同調する者が圧倒的に多かったことである。

海軍はどうか。もともと上海の戦いが「海軍上海特別陸戦隊」の苦境を救うことからスタートし、思わぬ拡大をつづけたので、海軍は陸軍の地上戦に航空攻撃で必死の協力をつづけてきた。陸軍はその協力ぶりに感涙にむせぶほどで、参謀総長じきじき感謝の電報を打ったくらいである。しかし、中国大陸での戦いは基本的には陸軍の戦いであり、よほどの無茶をしないかぎり海軍は口出ししないというのが建て前である。すぐ後で述べる大本営設置についても「必要ないと思うが、それがよければどうぞご随意に」という立場だったし、南京攻略も〝よほどの無茶〟とは思わなかったから「やるなら全面協力」の立場だった。

参謀本部と同格の海軍の作戦中枢は軍令部《ぐんれいぶ》と言い、上から軍令部総長・軍令部次長・軍令部作戦部長である。陸軍と同様、軍令部総長の上は天皇であり、軍令部総長は伏見宮博《ひろ》恭《やす》王《おう》大将で皇族である。皇族でありながら飾り物ではなく、海軍最大の実力者だったが、陸軍に協力するだけの戦争だったから、あまり出番はない。取り仕切っていたのは次長の嶋田繁太郎中将（太平洋戦争開戦時に海軍大臣）だった。

伏見宮軍令部総長は、政府が盧溝橋事件の直後、最初の派兵を決定したすぐあと天皇に会い、次のように派兵に関する疑問と懸念を示していたという。

「日清・日露の役の用兵には大義名分がそなわっておりました。しかるにその後累次の大陸出兵には次第に名分がくずれてまいりました。とくに満州事変以来まったく名分の立たぬ用兵に堕した観があります。今回の北支出

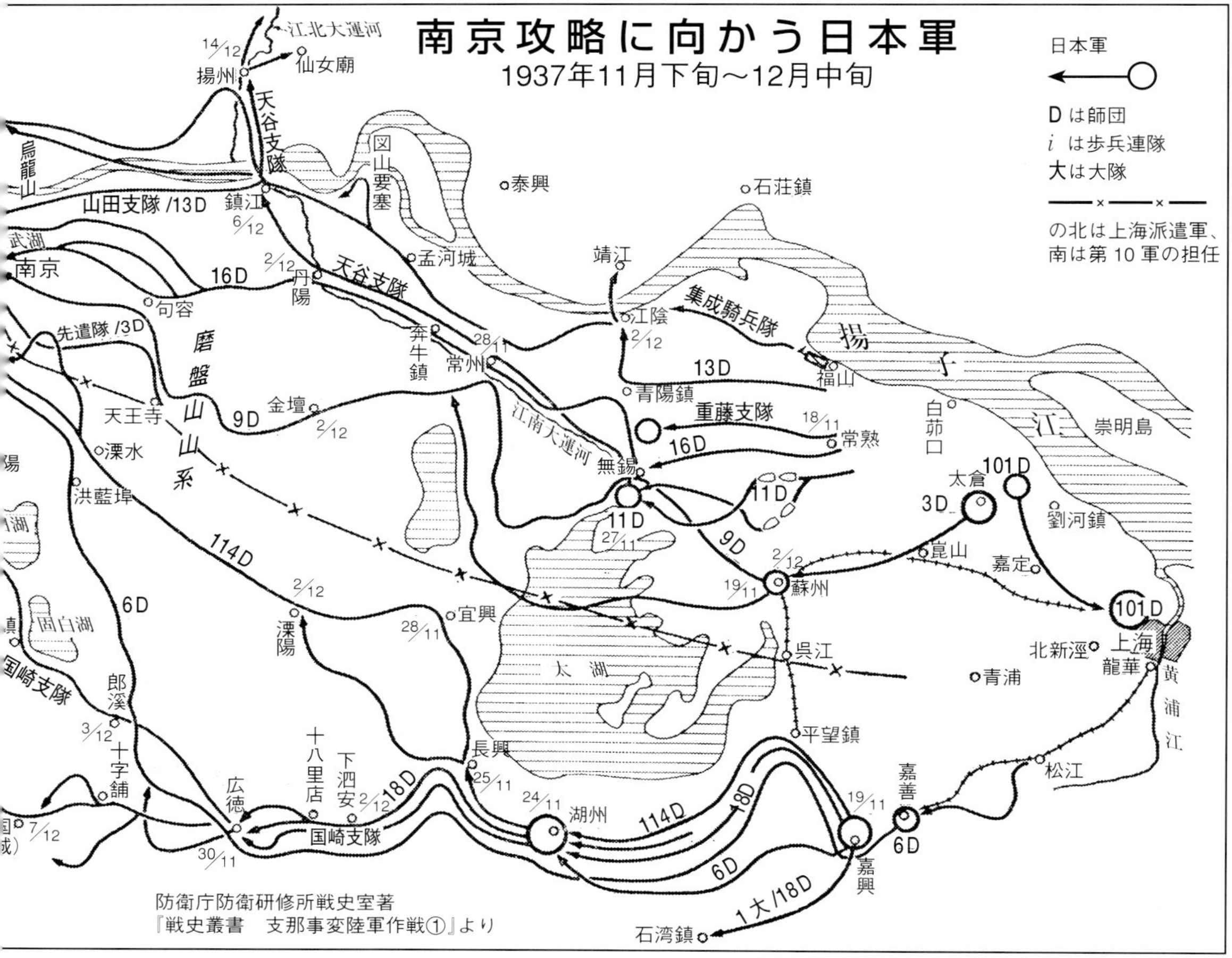

兵のごときはいかに考えましても大義名分が相立ちませぬ。

史実を按じますに、古来名分のない用兵の終わりをまっとうした例ははなはだ乏しいのでありまして、今回の北支出兵の前途につきましては私には全然見通しがつきませず深く憂慮にたえませぬ」。

とはいえ、政府の出兵に関する決定には陸軍大臣とともに海軍大臣も承認したのであり、その延長線上に上海事変があり、今回の南京を攻略すべきや否やの問題があった。海軍が伏見宮の上奏の線に沿い、初心に立ち返って問題提起したという形跡はない。それは先にもふれたように、中国大陸の戦争は陸軍の戦争であり、海軍は俗に言えば「勝手にしたら」の態度であった。そういう姿勢を「海軍モンロー主義」（モンロー主義とはアメリカが他国、とくにヨーロッパの戦争にはかかわらないという政策ないし国民感情をさす）と呼ぶ人もいる。

さて、政府はどうか。極端に言えば、軍まかせである。これは当時の政治システム上、仕方のないことでもあった。近衛首相も広田外相も軍に向かって、もうこのあたりで軍を止めて、本格的に停戦の交渉をしよう、とは言えない立場だった。言うと、軍に対する干渉となり、干渉することは天皇が握っている軍の統《とう》帥《すい》権《けん》を犯すことになるので、干渉しな

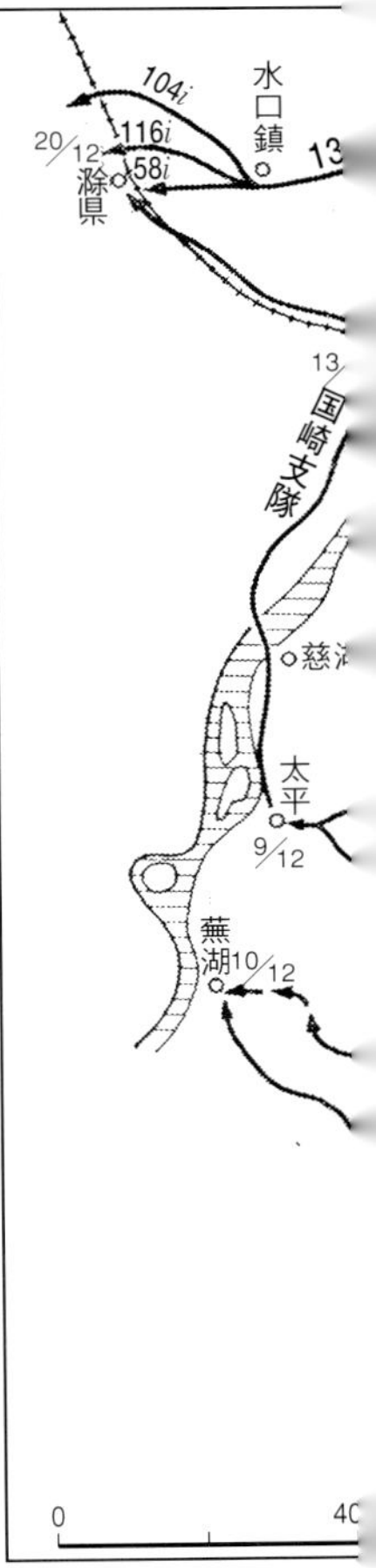

い不文律ができあがっていた（天皇の「統帥権」をめぐるこの構造が、日本の軍国主義の本質的部分でもあった）。だから、参謀本部は政府とはまったく相談なしに軍を動かせたし、事実動かしていた。首相も参謀総長も天皇の補弼《ほひつ》（天皇の大権行使について進言すること）の役割をになっているという点では対等だったが、軍は、政府が軍の行動にくちばしをいれることを絶対的に拒否することによって、軍主導を維持しようとしていた。

しかし、軍もこの時期では際限のない戦争をつづけるつもりはなく、蒋介石がこちらの希望をすんなり受け入れたら停戦するつもりだったから、政府として停戦和平の努力はつねにやっていた。もっともそれは、蒋介石に全面屈服を要求するに等しく、受け入れなければ長期戦も辞さずであったから、そういう姿勢が停戦和平の努力に値するかどうか、はなはだ疑問である。

ともかく上海戦線が一段落したころ、まさにそういう交渉が進んでいた。ドイツの中国大使トラウトマンを仲介役とした和平工作である。上海や北支に広範囲の非武装地帯（中国軍を入れない地域）の設置と、その地域は親日的人物である行政長官が統治するというのが、骨子であった。

もっとも、こんな交渉をやっているということが一般に公表されたわけではない。トラウトマン工作は陸軍大臣（杉山元大将）や海軍大臣（米内光政大将）も了解のうえで行われたのだから、軍の統帥機関（陸軍の参謀本部、海軍の軍令部）のトップクラスは承知していただろうが、それによって陸軍強硬派がしばらく様子を見よう、という殊勝な考え方をしたわけでもなかった。

軍部がいかに勝手に戦争を拡大しようとしたか、二、三の例をあげてみよう。

一、陸軍主導で大本営が設置された（一一月

第10軍、南京へ。11月14日、嘉興前方に進出。

第10軍、南京へ。11月24日、湖州を占領。写真は翌日、一休みの日本軍。湖州の湖とは太湖のことである。

上／第10軍、南京へ。11月19日、嘉興を占領。

右／上海派遣軍、南京へ。11月20日、常熟へ進む。18日、同地は占領されていた。

一七日)。停戦和平どころかいよいよ本格的な戦争に備えた、という意味である。

二、第一〇軍の柳川軍司令官は指揮下の各部隊に「南京に敵を追撃せよ」と命じた(一一月一八日)。第一〇軍の直接の上級機関である中支那方面軍も、そのまた上の参謀本部も、まだ、そんな命令を与えてはいなかった。一〇万の大軍をまかされた現地指揮官の軍紀違反であり、驕《おご》りであった。

三、最初の大本営御前会議《ごぜんかいぎ》で参謀本部作戦部長・下村少将は、南京攻略をやるかもしれないと、天皇に報告した(一一月二四日)。御前会議では天皇の前で書いたものを読み上げるそうだが、原稿は当然のことながら参謀総長や参謀次長の了解をとってあった。ところが、南京攻略のくだりは事前に見せた原稿にはなく、下村があとで密かにつけ加えたものだった。

四、中支那方面軍の参謀副長・武藤章大佐は、私信の形で第一六師団参謀長・中沢三夫大佐に、南京に向けて早く追撃してほしい、ゆっくりしすぎは残念だと、けしかけた(一一月二六日)。もちろんまだそんな命令は参謀総長からは出されていない。

武藤大佐は盧溝橋事件が始まったとき参謀本部の作戦課長で、日中衝突の第一報を受け取ったとき「おもしろいことが始まったね」とニヤリとしたというエピソードの持ち主。

上海派遣軍、南京へ。11月18日、蘇州の手前で中国軍のある堅陣を突破するため、突撃命令を受けている部隊。

以後、一貫して、上司にあたる石原作戦部長の不拡大方針に反対しつづけた。中支那方面軍が編成されたとき、参謀副長（参謀長の下のポスト）として赴任し、思いのままに軍を動かした。

さて、第一〇軍が勝手に南京への進撃を始めたとき、参謀次長も強く自重を求め、方面軍司令官も少し待てといった。そして、最初の進撃限界線（蘇州〜嘉興《かこう》）を無錫〜湖州の線まで延ばしてやった（地図参照）。しかし、そんな小手先はもう通用しなかった。下村作戦部長からは「南京攻略はいずれやるようにするから」と連絡してくるし、方面軍司令官も新しい制令線を設けながら、小部隊で追撃するのはかまわないと言う始末で、どうにも止めようがない（中支那方面軍から第一〇軍への命令「南京追撃ハ之ヲ中止スベシ　但シ湖州ヨリ一部先遣隊ヲ派遣スルコトヲ得」一一月二二日）。

命令する側も、それを受ける側も、自分なりの状況判断を行い、恐るべき勝手集団になりはてていた。

結局、「敵国首都南京ヲ攻略スヘシ」との天皇からの命令（大陸命《たいりくめい》）が出されたのは一二月一日である。現地部隊の統制がとれないので放置するわけにいかず、現地部隊の進撃を追認した形となった。現地軍の命令無視の悪しき慣行が生きつづけていた。満州事変以来のとき、先頭部隊は南京まで一〇〇キロから

上海派遣軍、南京へ。11月19日、蘇州を占領。入城する日本軍。

当時の蘇州城内の市街。

一五〇キロ近くまで迫っていたのだ（広徳《こうとく》占領一一月三〇日、宜興《ぎこう》占領一一月二八日、常州《じょうしゅう》占領一一月二八日）。

海軍航空隊の南京攻略

中支那方面軍は一斉に南京をめざした。兵力三〇万はいたはずだ。もっとも三〇万が横一線に並んで進撃したわけではない。上海付近や杭州に残って、警備や残敵掃蕩をやる部隊もあった。途中の町を占領したら、その警備のために残される部隊もあった。直接南京付近まで進撃したのは約二〇万とみられる。

陸海軍の航空部隊は、陸軍の戦闘部隊より先回りして、逃げる中国軍を銃撃し、占領すべき都市を爆撃したり、揚子江を航行する艦船を攻撃したりした。陸軍も第三飛行団を派遣したが、中心になったのは上海戦以来の海軍航空隊だった。

海軍航空隊には空母を基地とするものと飛行場を根拠地とする基地航空隊とがあった。基地航空隊は鹿屋《かのや》航空隊のように地名で呼ばれているものと、第一二航空隊（根拠地は大分県佐伯《さえき》）のように数字で呼ばれるものとがあった。二個以上の航空隊で編成したものを連合航空隊と呼んだ。上海戦から南京攻略戦で主として作戦したのは、第一、第二連合航空隊、第一航空戦隊（空母「加賀」の航空部隊）

蘇州市内の抗日アピールの看板。

上海派遣軍、南京へ。11月末、日本軍の攻撃で燃え上がる無錫の街。

上海派遣軍、南京へ。11月26日、日本酒で無錫占領を祝った。

である。

これらの部隊は支那方面艦隊（一〇月二〇日編成、従来の第三艦隊と新設の第四艦隊）の指揮下で戦っていた。戦争ならふつうは連合艦隊が出動するが、「支那事変」であったからこういう特別の艦隊を編成した。連合艦隊という大艦隊を出動させても、相手となる中国海軍の艦隊はいない、という事情もあった。

支那方面艦隊にも「南京を攻略せよ」との天皇の命令が出された（大海令《だいかいれい》）。これをうけて揚子江を遡航して南京に向けて出撃する艦隊（第一一戦隊を中心とする第一警戒隊。底の浅い砲艦が中心）もあったが、正面で作戦したのはやはり航空部隊だった。航空部隊は、南京攻略命令が出る前から陸軍の進撃に合わせて、後退を続ける中国軍への爆撃をくりかえしていたが、艦隊司令長官の長谷川清中将は「友軍の進出が急だから、よく敵を確認して爆撃せよ」と念を押すほどに、陸軍部隊は先を急いでいた。陸軍の各部隊は〝南京一番乗り〟を競争していたのだ。

一二月四日から日本軍機による爆撃は南京に集中した。陸軍部隊もいよいよ南京に接近したからである。ときどき数機の中国空軍の戦闘機が姿を見せて応戦したが、ほぼ南京上空は日本軍機のなすがままであった。一方では南昌《なんしょう》（南京から五〇〇キロ南西）など、より遠方の飛行場を爆撃した。そういう意味では

第10軍、南京へ。11月28日、泗安付近を広徳めざして進む。

第10軍、南京へ。11月28日、宜興の付近を進む。

上海派遣軍、南京へ。11月28日、常州へ向かう。この部隊は太湖を船で突っ切り南から常州をめざしている。

航空部隊には陸軍部隊に対するような〝進出限界線〟というものはなかった。中国空軍がそこから発進して、南京付近まで攻撃をしかけられそうな航空基地すべてが爆撃の対象となったのである。

もっとも、海軍航空隊には大きな勇み足もあった。揚子江上の艦船を爆撃しているうちに誤ってアメリカの砲艦「パネー号」を沈め、イギリスの艦船「レディバード号」を損傷させた。陸軍部隊が南京城を攻撃している最中の一二月一二日である。米英はただちに抗議し、日本政府は平謝りに謝って賠償に応じた。

陸軍部隊の南京攻略

南京攻略に参加した師団は一〇個を数えたが、南京城を取り囲んで直接攻撃したのは第一六（京都）、第九（金沢）、第一一四（宇都宮）、第六（熊本）の四個師団だった（カッコは本来の師団司令部所在地）。ほかの師団は、南京北方の蕪湖《むこ》市を占領したり、揚子江を渡って津浦線《しんぽ》（対岸の浦口から天津に通じる鉄道）を遮断したり、後詰めとして控えていたりした。

中国軍は南京城の周囲に三線の防御陣地を造り備えていた。兵力はどれほどだったのか。その兵数は、当時の南京城内の人口とともに、あとでふれる南京事件の被害者数との関連もあって、今日でも議論の対象となっている。

右／上海派遣軍、南京へ。12月2日、江陰（揚子江沿い）を攻略、占領した。
下／上海派遣軍、南京へ。12月5日、句容を攻略した。引いているのは山砲。

上海派遣軍、南京へ。12月2日、丹陽を占領。
翌日、同地に小舟を連ねて入る後続部隊。

日本軍は約一〇万と推定していた。

台湾（中華民国）の戦史では「当初一〇万、落城時に三万五〇〇〇ないし五万」という。

黄仁宇は「（唐生智《とうせいち》）防衛司令官の支配下におかれていた部隊は一三個師・・・教導総隊・憲兵・警察及び特種兵などを加えれば、一五万人前後を数えた」と書いている（前掲、『蔣介石』）。

『南京事件』（岩波新書）の笠原十九司は、「戦闘兵が一一万〜一三万、それに雑役を担当した少年兵、輜重兵《しちょうへい》（輸送・補給担当＝引用者注）等の後方勤務兵、軍の雑務を担当した雑兵、防御陣地工事に動員された軍夫、民夫（民間人人夫）等々、正規非正規の区別もつきづらい膨大な非戦闘員をくわえて、総勢一五万人いたと推定」している。

ともかく、城内もふくめて一〇万〜一五万という部隊を配置につけたが、その方針は短期固守、すなわち最初は徹底抗戦するが、時機を見て早めに撤退することが決まっていた。

防衛司令官になり手がなくて、最後に手を挙げた唐生智（湖南省出身。軍事委員会常務委員）が任命されたのが一一月二四日、すでに日本軍は無錫《むしゃく》（南京西方一五〇キロ）に迫っていた。一一月一〇日にははやばやと首都を重慶に移すことを決定しており（同一七日付の日本の新聞に報道された）、重要文書や歴史的遺

南京までの道のりはだいたいが平地だが、南京手前に磨盤山系というなだらかな山地がある。小さな大砲は分解して兵隊が担いで越えた。12月9日。

南京城外に迫った日本軍。

産の搬出を終えていた。

最初から上海戦線のように徹底抗戦は望むべくもなかった。それでも唐生智は部下に対して南京死守を命じたし、「臨陣退却者斬首」の看板を掲げ、ピストルを構えた監視者を置いた部署もあった。

日本軍は一日一五キロから二〇キロのスピードで進撃した。

一二月七日、松井方面軍司令官は中国軍に対して開城降伏を求め（ビラを城内に空中投下）、一〇日正午までを期限とした。松井自身は二〇〇キロ後方の蘇州で病床にあったが、日本の各部隊は城壁の二〇～三〇キロ後方まで迫り、第一線防御陣地を突破していた。蒋介石が南京を去ったのもこの日である。

中国軍はもちろん開城要求には応じない。一〇日午後一時から日本軍は一斉に城門をめざした。すでに進撃を開始している部隊もあった。第六、第一一四師団が中華門を、第九師団が光華門を、第一六師団が中山門と太平門から、城内に突入しようとした。第六師団の一部は南から、第一六師団は東から城壁の外を大きく迂回して、城の西端にあたる下関付近に先回りした。城内の中国軍が脱出しようとすれば、下関あたりに集まり、船で揚子江を渡るしかない。待ち伏せして撃滅するつもりだ。日本軍の作戦は、逃げる者も逃がさない包囲撃滅作戦だった。逃げる者には退路

日本軍の砲撃で壊される南京の城壁。

上／軽装甲車が南京城へ迫る。

右／南京の城壁をよじ登る日本軍。中国軍は壁の上から手榴弾を投げて応戦した。

を開放しておくという情けはない。

各陣地は一、二日で突破されたが、場所によっては猛烈な反撃を受けたところもあった。たとえば、孫文の墓（中山陵）がある紫《し》金山《きんざん》麓付近では、一〇日から一二日にかけて歩兵による白兵戦が終日くりかえされた。歩兵部隊があまりにも突出しすぎて、砲撃できなかったからである。また、雨花台《うかだい》から中華門をめざした部隊は、猛烈な集中砲撃に丸一日釘付けにされた。応戦はしたものの、砲弾がたりなかった。中国軍砲兵はイギリス、アメリカ、ドイツ、スイス製のほか日本軍の砲弾まで用意して、夜昼となく撃ちまくったという。

こうして抵抗しつつ、中国軍はさがっていった。たださがるのではない。道路沿いの民家にすべて火をつけて焼きながら下がった。城外一〇マイル（約一六キロ）を焼き払うという清野《せいや》作戦をとったのだ。いよいよ城壁近くになったら、手当たりしだいに民家に火を放った。焼かれた村落は数百ヵ所という。攻める日本軍が身を隠す遮蔽物を取り払うという意味と、日本軍がそこから食糧など略奪できないようにする意味があった。南京まで進撃した日本軍はどの部隊も、毎日の食糧を通りすがりの農村から奪っては食いつなぎながらやってきたのだった。文字通りの略奪もあったし、形ばかりの金を与える場合もあった。

12月13日、南京は日本軍の手に帰した。城内に入ろうとする日本軍。

黒煙を上げる南京市街。手前は日本軍。

日本軍は前線部隊に必要なだけの食糧を最初から用意しなかった。将兵は、行く先々で調達するしかない。この「糧《かて》は敵に拠《よ》る」方式は、以後のあらゆる戦線で常態となった。

こうして、一二日ごろまでには予定の門や城壁にたどり着いたが、それぞれの地点で中国軍は抵抗し、すんなりとは城内に突入できなかった。城門は閉じられ、守備兵が固めていた。

城壁はレンガ製、厚さ一三メートル前後、高さ一三～二五メートル、周囲は約三五キロ、城内は約七〇平方キロある。三国時代（二二〇～二八〇年）の呉から始まって中華民国（日本がまさに戦っている相手）まで一〇の王朝または政権の首都が置かれた、中国七大古都の一つに、日本の軍隊がいまとりついた。

城壁突破から城内外掃蕩へ

最初に城壁にとりついたのは、第九師団の第三六連隊だった。連隊長が脇坂次郎大佐だったから、脇坂部隊と呼ばれた。一二月一一日午後、工兵隊が光華門の一角に孔をあけ、一個大隊が城壁によじのぼった。それを見ていた報道陣が「南京占領！」と〝速報〟を打電した。南京占領を今や遅しと待ちかまえていたラジオ（ＮＨＫ）はすかさず放送し、同

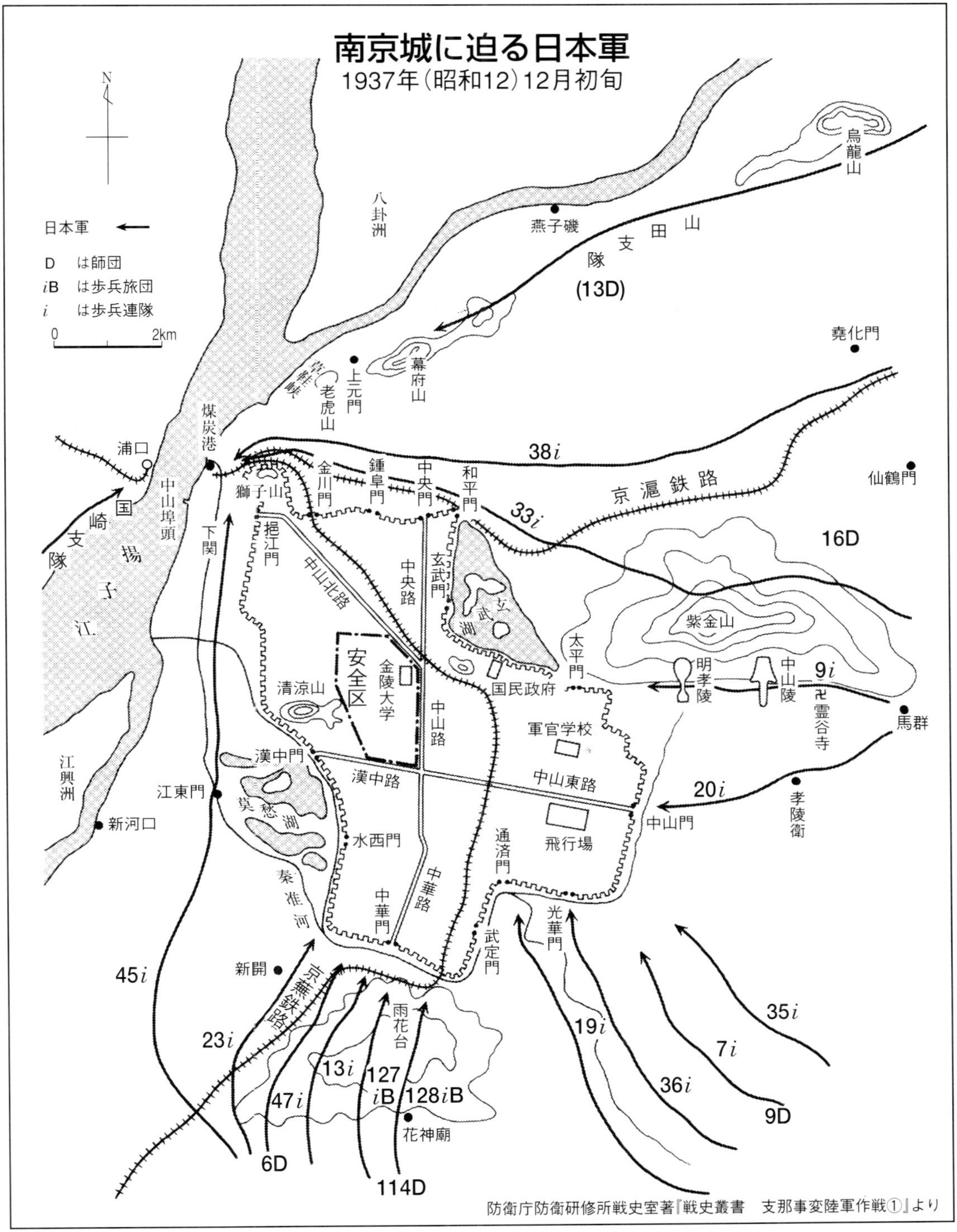

南京城に迫る日本軍
1937年（昭和12）12月初旬

南京城の一角を占領して万歳を叫ぶ部隊。

南京城光華門上で東京の方を向き、宮城遥拝する部隊。

南京市に残された中国の抗日を呼びかける看板。

様に新聞も「脇坂部隊、誉れの一番乗り」などと報道したので、日本の街では夜には早くも提灯行列がくりだされた。

実際にはまだ南京は激戦中だった。光華門の部隊も、なかなか城内には突入できなかった。一一日から一二日午前中ごろまでは、中国軍の守備部隊も必死に抵抗していたのだ。

城内の中国軍が退却に移ったのは一二日午後になってからである。蒋介石の撤退命令もあり（一一日）、一二日午後には唐生智防衛司令官から撤退命令が各部隊に出されたが、正式に命令が出される前から動揺が起こり、士気は急速に低下し、時間がたつにつれて算を乱しての敗走の事態となった。唐生智自身も幕僚とともに一二日夜、かろうじて脱出できたほどである。ただ、詳しい撤退計画が各部隊に届いていなかったにもかかわらず、唯一の脱出路となる船着場のある下関近くの挹江《ゆうこう》門には機関銃部隊を配置して〝不法脱出部隊〟に射撃を命じたし（実際に射撃した）、城外に出たからといって揚子江を渡る船が用意されていたわけでもなかった。城内の中国軍のなかには、脱出の途中で民家で食糧を略奪する者も少なくなかった。なかには武器を棄て、軍服を脱いで、城内に設置されていた難民区（安全区とも）に逃れる者もかなりあった。

難民区は、一一月末から南京の外国人有志（宣教師、大学教授、医師など。委員長はジョン・

武運に恵まれず戦場に斃れた中国兵。

右／南京城外の船着場・下関。埠頭でも、乗船後も脱出中国兵を日本軍は〝追撃して〟撃滅した。
左／南京大校場飛行場。ソ連製イ-16型戦闘機の残骸。

ラーベ）が設置したもので、日本・アメリカ・イギリスの各大使館や、金陵大学をふくむ約八・六平方キロである。日本軍もあえてこの地区は砲爆撃せず、誤爆の砲弾一発が落下しただけという。

中国軍の脱出に気づいて雪崩を打って日本軍が城内に侵入したのは一三日になってからである。中支那方面軍はあらかじめ、各師団とも城内には歩兵一個連隊（三〇〇〇名前後か）しか入れるなと指示していたが、ほとんど守られなかった。中国軍は日本軍に追われつつ出口を求めて逃げたし、出口には日本軍が待ちかまえていた。

一三日午後四時、中山門から入城した第一六師団が国民政府庁舎に日章旗を掲揚し、事実上、南京は日本軍の占領するところとなった。

松井方面軍司令官は一七日に入城式を挙行することを命じた。各部隊は城内外の掃蕩にまだ時間が必要として延期を希望したが、聞き入れられず、急ピッチで掃蕩が実施された。

中支那方面軍の一翼を担った上海派遣軍の飯沼守参謀長は一二月一七日（入城式当日）の日記に「今まで判明せるところによると、南京付近にありし敵は二〇個師一〇万にして、派遣軍各師団が撃滅したる数は約五万、海軍および第一〇軍の撃滅したる数約三万、約二万は散乱したるごときも、今後なお撃滅

南京の城門の一つに掲げられた「祝南京陥落」の横断幕。

数増加の見込み」と書いた。撃滅八万は掃蕩で殺された者もふくまれる。

日本軍の損害は詳しい史料が残されていない。上海派遣軍（六個師団ほか）だけで戦死者一一一七名という数字もあれば、戦死九一八七名、戦傷五万四七五〇名という数字もある。第一〇軍では上海・南京戦合計で戦死一九五三名、戦傷四九九四名という数がある（秦郁彦『南京事件』による）。第一〇軍の損害は大部分が南京戦におけるものと見ていいだろう。三カ月にわたる上海戦における上海派遣軍の戦死者が九一一五名といわれるから、短期間で終わった南京戦でそれを上回る戦死者が出たとは考えにくい。それでも両軍合わせて戦死者は三〇〇〇名を超えたと思われる。決して少なくない犠牲者である。

中国軍と中国市民の被害

南京戦は南京を占領するのが目的だったが、中国軍を撃滅するのもまた重要な目的であった。だが敵軍を撃滅できるのは、相手が徹底抗戦した場合の話だ。相手が投降してきたらどうするか、日本軍としての明確な方針がなかった。捕虜が大量に出た時に備えての準備、たとえば何万でも収容できる捕虜収容所を作るとか、食糧や衣料の準備をするとか、医療団を結成するとか、何の準備もしていなかった。

数百、数千、ときによっては万を超す中国兵を捕虜として困り果て、上級の司令部に「どうすればよいか」と問い合わせた部隊が多かった。ある参謀は殺せと言い、ある参謀は釈放せよと言ったと伝えられている。最高指揮官の厳とした方針がなかったことを物語る。第一線ではとまどいつつも処刑したケースが多かった。

俘虜といい、捕虜といい、名称はともかく、投降したら保護するのが文明国同士の戦争というものだ。それをお互いに認めたうえで戦争しようと約束したのがハーグ陸戦条約だった（一九〇七年　日本も参加、批准公布）。条約があろうがなかろうが、手を挙げて投降したものを、その場で殺すとは古代か中世の時代感覚である。

少なくとも南京攻略戦の日本軍は文明国のそれではなかった。少数といわず、多数といわず、投降した中国兵の大部分を殺してしまった。そればかりか、難民区に逃れた中国兵を捜索して、少しでも元中国兵という疑いをかけたら容赦なく引っ立てた。中国人のふだん着を「便衣」といったが、こういうやりかたを「便衣兵狩り」とか「便衣兵の剔出《てきしゅつ》」とよんだ。

公式非公式の史料が数多く残されているが、それらを検討した結果として、捕らえたあとで殺された中国兵を、ある人は一万六〇〇〇名とし、ある人は二万と推定し、ある人は三万とする。

城内外の掃蕩戦で日本軍が大量に殺したのは兵隊ばかりではなかった。多くの市民が、あるいは中国兵とみなされ、あるいはその市

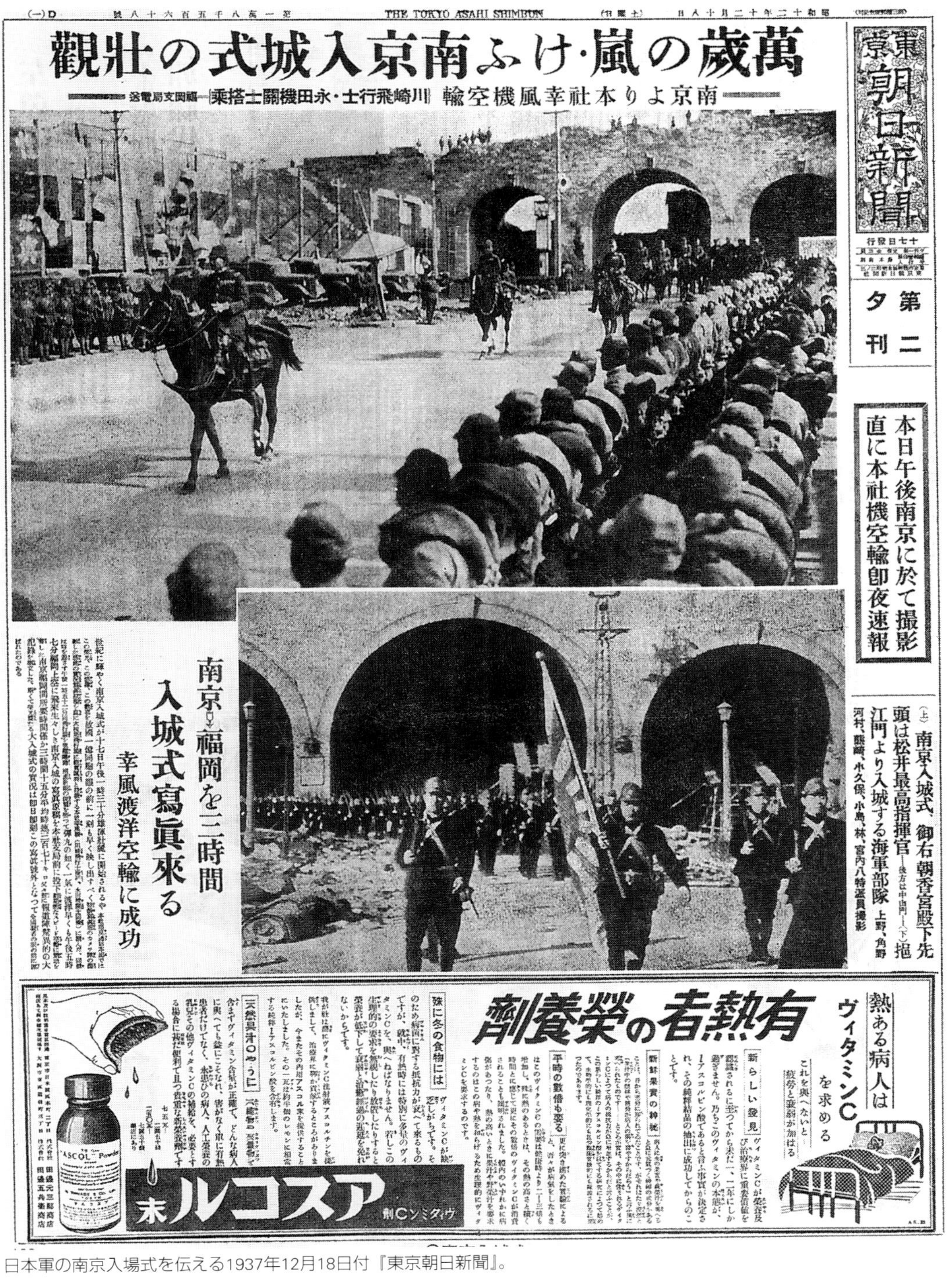
東京朝日新聞

第二夕刊

萬歳の嵐・けふ南京入城式の壯觀

南京より本社幸風機空輸【川崎飛行士・永田機關士搭乘】福岡支局電送

本日午後南京に於て撮影 直に本社機空輸即夜速報

（上）南京入城式、御右朝香宮殿下先頭は松井最高指揮官―後方は中山門―（下）挹江門より入城する海軍部隊 上野、角野、河村、熊崎、小久保、小島、林、宮内八特派員撮影

南京⇔福岡を三時間 入城式寫眞來る

幸風渡洋空輸に成功

日本軍の南京入場式を伝える1937年12月18日付『東京朝日新聞』。

12月18日、南京で執り行われた海軍戦没者慰霊祭。

南京入場式で答礼する右から中支那派遣軍司令官・松井石根大将、上海派遣軍司令官・朝香宮鳩彦王（中将）、一人おいて支那方面艦隊司令長官・長谷川清中将。

南京戦のあと支那方面艦隊司令長官は長谷川清中将（右）から及川古志郎中将（左）に替わった。

南京戦を指揮した松井中支那方面軍司令官と柳川平助第10軍司令官

民の一団に中国兵が混じっていて判別不能として、殺された。その数はどれほどか。

難民区の委員長をつとめていたドイツ人のラーベ（ジーメンス社南京支社支配人、ナチス党南京支部長）は翌年（一九三八年）六月、ヒトラー総統宛の上申書の中で、次のように述べている。

「中国側の申し立てによりますと、一〇万の民間人が殺されたとのことですが、これはいくらか多すぎるのではないでしょうか。我々外国人はおよそ五万から六万とみています。遺体の埋葬をした紅卍字会《こうまんじかい》によりますと、一日二〇〇体は無理だったそうですが、私が南京を去った二月二二日には、三万の死体が埋葬できないまま、郊外の下関に放置されていたといいます」（ジョン・ラーベ著／エルヴィン・ヴィッケルト編『南京の真実』平野卿子訳　講談社）。

秦郁彦は、当時金陵大学社会学教授で難民区の委員でもあったアメリカ人学者ルイス・スマイスが、南京攻略戦が終わった直後に行った調査、紅卍字会や民間慈善団体・崇善会が行った死体埋葬記録などを検討して、三万八〇〇〇から四万二〇〇〇名と推定している。

笠原十九司は「十数万以上、それも二十万人近いかあるいはそれ以上の中国軍民」が犠牲となったと推測する（前掲、『南京事件』）。

天津では、北支那方面軍司令官・寺内寿一大将が祝賀の列に日の丸を振って答えた。

北京の天安門にも「祝南京陥落」の看板が掲げられた。

南京陥落を祝う東京の街頭。「皇軍」は「天皇の軍隊」の意味で、当時は日本軍のことをこう呼ぶのがふつうになっていた。

日本の天津総領事（右）は正装して南京陥落の祝賀会に出席。左は北支那方面軍参謀副長・河辺正三少将。

中国側は主として生存者の証言を累積していって軍民三四万名が虐殺されたとしている。そして一般的には三〇万とし、南京市の「南京大虐殺記念館」（侵華日軍南京大屠殺記念館）はそれをもとに建設されている。

同時に、少なからずの将兵が強姦など陵辱事件や、略奪事件にかかわった。数字としてあげにくいこれらの事件も、多くの虐殺現場の目撃談、聞き書きとともに、難民区の外国人、外国特派員によって「ナンキン・アトロシティ」（南京の虐殺）として、世界に向けて発信された。こうして日本軍の蛮行は欧米やアジア各国で記憶されたが、日本人の大部分が知ったのは、戦後、東京裁判でその一端が証言されてからである。

第5章 徐州作戦、隴《ろう》海《かい》線沿線を占領

1937年12月27日、黄河を渡って山東省省都・済南をめざす日本軍。

「蒋介石を相手とせず」

南京を攻略したのは、首都を占領されたら、さすがの蒋介石も膝を屈して和を乞うてくるだろう、という大きな期待があったからだ。だが、案に相違して、蒋介石は降参しなかった。降参はしなかったが、上海戦後半のころから進められたトラウトマン（駐華ドイツ大使）工作に対して、蒋介石が「その条件を基礎に交渉に応じてもいい」と、回答した。ちょうど南京に対する日本軍の進撃が始まったころである。

それをトラウトマンが広田外相に仲介したのが一二月七日で、すでに日本軍は南京を包囲していた。トラウトマン工作が具体的にスタートしてから一カ月がたっていた。

一カ月の間に戦局は大きく変わっていた。広田外相は、「最近の偉大な軍事的成功以前に起草された基礎の上で交渉を行うことができるかどうか疑問である。軍部の意見も徴し検討したのち回答する」とトラウトマンに答えた。

こうして新しく作られた条件とはどんな内容だったか。大前提は、中国側の反日排日政策の放棄であることはもちろんだが、外交文書はオブラートに包んだ言い回しがしてある

1937年12月28日、済南市に入った日本軍。後方にドイツ領事館を示すハーケンクロイツの旗が見える。

THE TOKYO ASAHI SHIMBUN

東京朝日新聞

爾後國府對手とせず
新興政權と國交調整
政府重大聲明を發表

國府との國交事實上斷絶
川越大使に近く歸朝命令

青島海岸の砲台占領

戒嚴令公布の權限
ソ聯 幹部會に賦
憲法改正極東

日伊と建艦競爭
ソ聯モロトフ氏豪語

右上／「国民政府を対手とせず」の日本政府声明を伝える1938年1月17日付『東京朝日新聞』。

左上／1月21日、引き揚げていた日本人居留民が5カ月ぶりに青島に帰ってきた。青島占領は1月10日。

右下／北上の日本軍。2月1日、淮河南岸の臨淮関の攻略。

左下／北上の日本軍。2月2日、蚌埠へ向かう部隊。蚌埠は淮河交通と津浦線が連絡する地点。

から、意訳しながらあえて簡略にまとめると、以下の五項目となる。

一、中国は満州国を承認すること

二、日本軍が現に占領している地域を非武装化（中国軍は入れず、日本軍が駐兵）すること

三、中国は、北支五省（チャハル、綏遠《すいえん》、山西、河北、山東の五省）の経済的な特種権益を認めること（資源開発などを日本が自由にできる権利）

四、北支には親日的人物による特別の行政機

徐州を攻略する日本軍

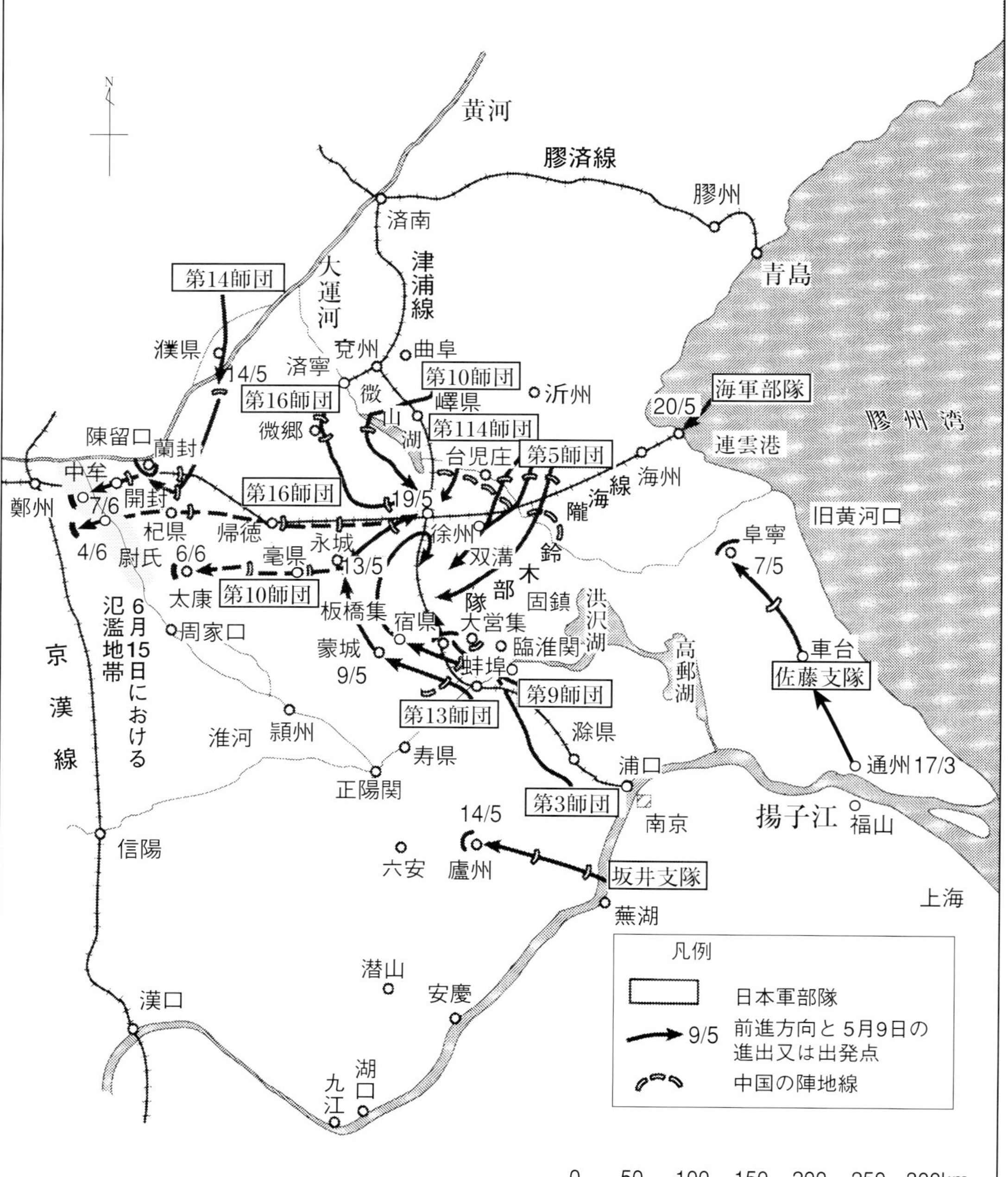

『近代日本戦争史第３編』（同台経済懇話会）による

構を設けること
五、中国は事変の損害賠償をすること

　これらの条件は、トラウトマンに最初に示された条件より厳しいものとなっていた。北支の鉱物資源採掘権や北支に親日的人物を長とする行政機構の設置を要求していたのは基本的に同じだが、最初の条件では、非武装地帯は天津～北京以北と上海周辺であり、満州国承認も損害賠償も要求していなかった。

　蒋介石は、トラウトマンから日本の最初の条件を聞いたとき、「兵を緩めさせるためには、これもやむを得ない」と日記に書いている。戦略的に一時休戦して、戦力を養うつもりだったようだ。

　しかし、南京が陥落したあとにトラウトマンから届けられた日本の新しい条件を聞いたときは「日本側の提出した条件は我が国を征服し滅亡させるに等しい。屈服して滅ぶよりも戦って滅ぶほうがましである」と書いた。

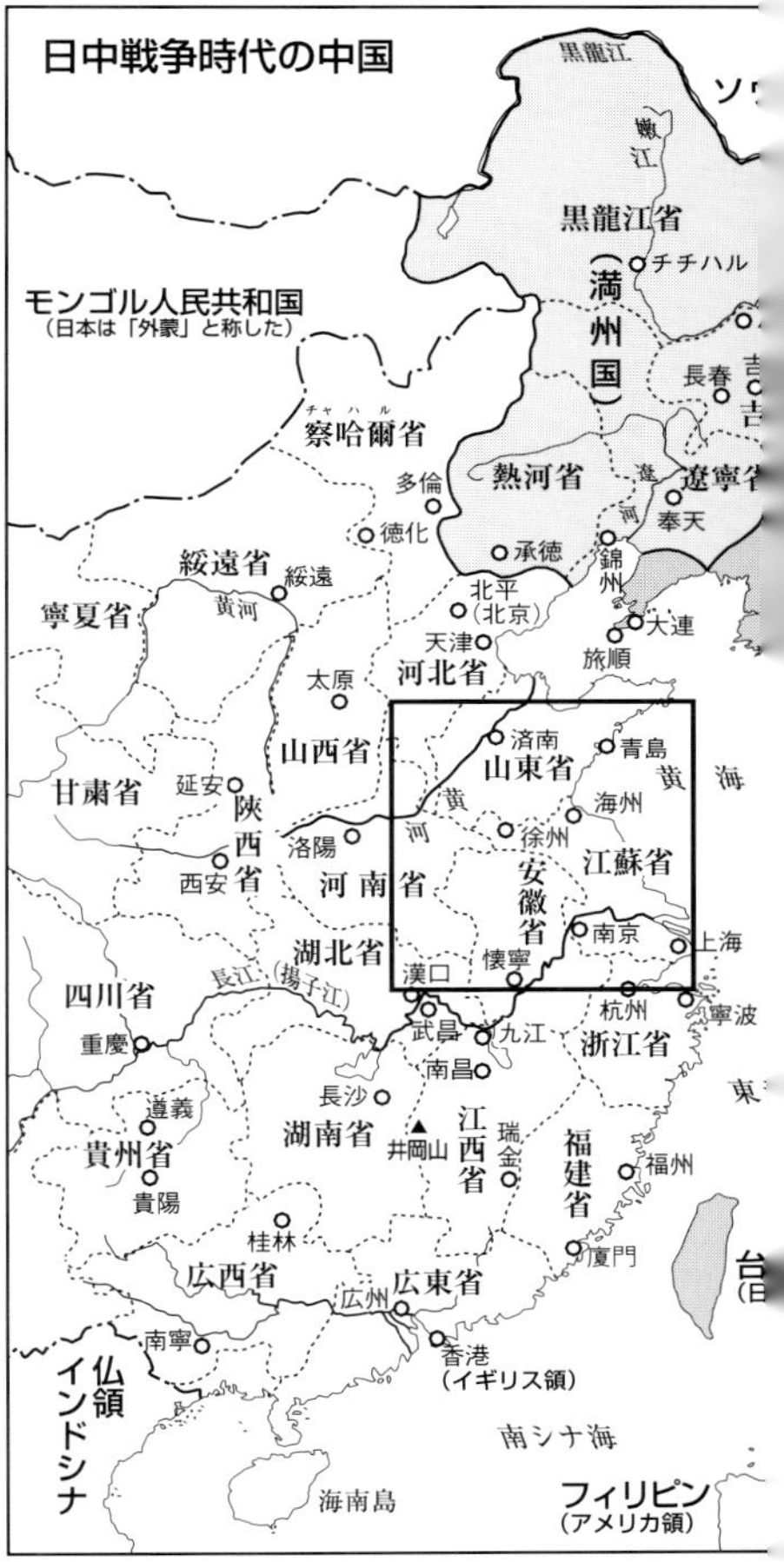

　その前後に蒋介石は、懇意にしていた『大公報』紙の主筆・張季鸞《ちようきらん》から衝撃的な話を聞いた。南京が陥落したあと、張季鸞は駐華日本大使・川越茂と上海租界でばったり出会った。そのとき川越は「今日、日本を救おうとすれば中国を救うわけにはいかない」と述べたというのである（前掲、黄仁宇『蒋介石』）。日中は形式上は国交断絶しているわけではなかったので、川越は身分上は駐華大使だった。東京にも駐日中国大使が残っていた。

　蒋介石は仲介の労をとったトラウトマン大使の体面をつぶさぬためだけに、日本政府に対し「要求内容の詳細を知りたい」と回答した。一月一三日（一九三八年）で、日本政府が期限とした二日前であった。その前日の日記には「我が方が徹底的に抗戦することができさえすれば、国際情勢が最終的に変化して日本は敗北するであろう」と書いていた。もちろん、日本はそのような蒋介石の決意を知るよしもない。

　蒋介石から回答を受け取ったとき、すでに日本政府は重大な決定を、大本営御前会議で決定していた。それは、前記の条件で蒋介石が和を乞うてこない場合には、蒋介石の国民政府を相手とする「事変解決に期待をかけず」、新しく中央政府をつくって（もちろん傀儡《かいらい》政府となるが）、自由にやることを決めていた（原文は以下。「支那現政府ガ和ヲ求メ来ラサル場合ニハ、帝国ハ爾後《じご》之ヲ相手トスル事変解決ニ期待ヲ掛ケズ、新興支那政権ノ成立ヲ助長シ、コレト両国国交ノ調整ヲ協定シ、更生支那ノ建設ニ協力ス。支那現中央政府ニ対シテハ、帝国ハ之カ潰滅《かいめつ》ヲ図リ、又ハ新興中央政権ノ傘下ニ収容セラルル如ク施策ス」一九三八年一月一一日　御前会議決定「支那事変処理根本方針」）。

　蒋介石の回答を和平拒否と受けとめるべきか、もう少し時間を延ばしてその真意をさぐるべきかで、政府と参謀次長（多田中将）が対立した。政府は、蒋介石に誠意なしとして、交渉打ち切りを主張した。参謀次長はもう二、三日待って蒋介石の真意を探ろうと主張した。

　この対立は、広田外相が「永い外交官生活

北上の日本軍。2月18日、懐遠（蚌埠の西方）付近を進む。

山東省の日本軍。2月7日、山東半島の要衝の一つ、竜口から莱州へ向かう。

の経験に照らし、中国の応酬ぶりは和平解決の誠意がないことは明らかである。参謀次長は外務大臣を信用しないのか」と強気の発言をしたこと、近衛首相も「とにかく早く交渉を打ち切り、我が方の態度を明確にせねばならぬ」と興奮気味だったということが知られているだけに、いかにも陸軍が和平派で政府が好戦的だったように受け取られている。そんなことはない。

政府の一員である陸軍大臣と海軍大臣も、ともに交渉打ち切りを強く主張したのである。海軍大臣（米内光政大将）に至っては「統帥部（参謀本部のこと）が外務大臣を信用せぬは同時に政府不信任である。政府は辞職のほかはない」とまで詰め寄った。

一方、参謀次長は交渉の即時打ち切りに反対しつつも、蒋介石が呑みやすいように条件を緩和すべきだとか、あるいは蒋介石の真意を探るための方策を具体的に提案したわけでもない。参謀本部全体は、戦争に勝っているのに、こちらから和を求めるとはどういうわけかという雰囲気で、参謀次長を全面的にバックアップしたわけではない。

内閣総辞職の決意をほのめかされては、参謀次長も交渉打ち切りに同意しないわけにはいかなかった。

こうして一月一六日、政府はあの有名な「蒋介石を相手とせず」の声明を発表する。

原文のさわりは次のようなものである。先の御前会議で決定されたものとほとんど同文で、「相手」を「対手《あいて》」と表現したことに、草案を作成した外務官僚は〝本気ではない、情勢しだいで交渉できるのだ〟との気持をこめたという。

「帝国政府は爾後《じご》国民政府を対手とせず、帝国と真に提携するに足る新興支那政権の成立発展を期待し、是《これ》と両国国交を調節して、更生支那の建設に協力せんとす」

日本政府は二日後にはさらに補足的説明を行い、「元来国際法上より言えば、国民政府を否認するためには新政権を承認すればその目的を達するのであるが、中華民国臨時政府は未だ正式承認の時期に達していないから、今回は国際法上新例を開いて、国民政府を否認するとともにこれを抹殺せんとするものである」との見解を公表した。

この中にある中華民国臨時政府とは前年（一九三七年）一二月一四日に北京に成立した北支の統治機関で、王克敏《おうこくびん》（蒋介石の北伐以前に北京政府下の中央銀行総裁や財政総長などを歴任した）を行政委員長としたが、占領軍である北支那方面軍の支配下にあったことは言うまでもない。

この一連の声明は、上海で川越大使が中国の新聞記者に「日本を救おうとすれば中国を救うわけにはいかない」と露骨に言い放った

右上／南下の日本軍。2月19日、河南省武修（新郷の西方）の西で大がかりな砲撃を行う。黄河北岸をめざしている。

左上／南下の日本軍。2月21日、河南省孟県（山西省に近く、黄河河畔で渡河点でもある）を占領した。

右下／南下の日本軍。2月23日、山西省の同蒲線沿い霊石付近。

左下／南下の日本軍。2月26日、山東省の嘉祥（徐州の約150キロ北北西）を見下ろす。

ことを、政府が言葉を換えておごそかに宣言したに等しかった。

占領地の拡大と徐州攻略への期待

さて、こうした経緯のもとで中国の日本軍は、出征したほぼ全軍が占領地にとどまることになった。これまで述べてきたような地域で中国軍を追い回し、あるいは撃滅し、あるいは退却するにまかせたのだが、主として鉄道沿線の多くの城市・県城を占領しても、城内はともかく城外には中国軍が出没したし、あちこちに大部隊が集結しては反撃の機会をうかがっていた。

占領地にとどまるだけでなく、日本軍は年が明けても（一九三八年＝昭和一三年）絶え間ない進攻作戦をつづけていた。

山西省太原《たいげん》を占領した日本軍は、同蒲線《どうほ》沿い（山西省大同～太原～蒲州鎮《ほしゅうちん》＝山西省南端）沿いに兵を進め黄河北岸まで達した。京漢線《けいかん》（北京～漢口）沿いに河南省北部の彰徳《しょうとく》まで達していた部隊は、二月から三月にかけて、濮陽、長垣、封邱、陽武、温県、孟県といった黄河北岸に近い小都市を片端から占領した。前年（一九三七年）暮れに済南《さいなん》を占領した部隊もさらに南下をつづけ、二月末ごろまでに江蘇省の徐州北方一五〇キロ前後まで（兗州《えんしゅう》、鄒県、

南下の日本軍。3月15日、山東省南東の沂州をめざす。撃っているのは歩兵部隊が装備している小型の大砲（92式歩兵砲）。

南下の日本軍。2月27日、山西省の臨汾をめざす。

済寧、嘉祥など）進攻した。

一方、日本海軍陸戦隊は青島《チンタオ》（一月一〇日）、芝罘《チーフ》（二月三日）をそれぞれ占領し、山東半島の要衝（莱陽、楼霞、蓬来、竜口、莱州、平度など）を占領したが、並行して作戦した日本陸軍は一月いっぱいに膠済《こうさい》線（青島～膠州《こうしゅう》～済南）を押さえたのである。

南京を占領した日本軍も負けてはいない。彼らは揚子江を渡って北進ないし西進した。江蘇省西の通州に上陸したのが三月一七日、以後北進をつづけて四月二七日には塩城という地点に達した。すでに南京戦の折り、南京対岸の浦口《ほこう》一帯に上陸していたが、そのまま津浦《しんぽ》線（天津～浦口＝南京の揚子江対岸）沿いに北西に進み、二月二日には蚌埠《ぼうふ》（淮河《わいが》南岸）を占領した。

こうした日本軍の動きは、要するに連運港《れんうんこう》（江蘇省北部の黄海沿岸）から徐州、開封を経て甘粛省蘭州に至る隴海《ろうかい》線へ向かっていたのである。

こうして日本軍は、一九三八年二月から三月にかけて、山西省では黄河の北岸まで、山東省では、南は黄河を越えてその以北全域を、江蘇省では揚子江を越えて安徽省の淮南《わいなん》（洪《こう》沢湖《たくこ》に注ぐ大河・淮河の南一帯。同名の都市もある）や揚子江より南の江南地方と呼ばれる一帯と、江蘇省の東部を占領していた。

黄河の両岸に広がる平原はいわゆる中原《ちゅうげん》と

北上の日本軍。3月18日、通州に上陸して如泉に入った。江蘇省北東部。

北上の日本軍。3月17日、江蘇省の通州に上陸。上海の西北西・福山から揚子江を渡った。

呼ばれる地域である。平原の南端は揚子江だ。日本軍はその広い中原（済南～南京は七〇〇キロ近くある）によって南北に分断されていた。中国軍がこうした地域に兵力を集中し、南下し、あるいは北上する日本軍にいかにして一泡吹かせようかと機をうかがっていたのは当然であろう。

日本軍のねらいは、つぎに攻略するとすれば徐州や武漢三鎮《ぶかんさんちん》（湖北省の最重要地。漢口《かんこう》、漢陽《かんよう》、武昌《ぶしょう》の三都市で、現在は武漢市で統一）でしかなく、年明け以来の日本軍の進攻作戦は意識的にか無意識的にかそういう方向を示すものであった。

しかし陸軍中央部は、当面、徐州や武漢三鎮などを攻略するような大きな作戦はしないと決めた。新しい大作戦を行うには、戦力が足りなくなってきたからでもある。大急ぎで七個師団ほどの編成にとりかかっていたが、それが完成するのは半年以上先である。だからそれまでは占領地域内の大小の中国軍を東西南北に追いかけ回しては撃滅すること（戡定《かんてい》作戦とか治安作戦、あるいは粛正《しゅくせい》戦と呼んだ）や、北支で取り残した地域（たとえば山東省の膠済線沿線から南側）の攻略とか、航空攻撃による中国側の後方基地・都市の爆撃にとどめることにした。

こうしたことを、天皇が出席する御前会議で決定し（一九三八年二月一六日）、参謀本部の作戦課長（河辺虎四郎大佐）がわざわざ出張して、中国や満州に駐屯している軍団の軍司令官に説明して歩いた。大本営ではそのように「しばらくは大きな作戦をせず、占領地を広げない」と決定しても、一片の通告だけで現地指揮官がかしこまっておとなしくしているとも思えなかったのだ。

陸軍省でも参謀本部でも「まだまだやれ」という威勢のいい強硬派が幅をきかしており、大本営詰めの高級参謀も、彼らを押さえて「将来はこうする」と確かな見取図、ヴィジョンを示せなかった。七〇万にも達する大軍を送り込み、一応欲しい所は占領したが、中国政府は降伏しなかった。では、以後どうするか、誰もわからない。「もう少し占領しよう」「あそこさえ占領したら、蒋介石は参る」という強硬派を押さえて、うまくリードできる者がいなかった。

河辺作戦課長が説明のため各地に飛んだ一九三八年二月ごろの中国や満州国などの日本軍の状況をまとめておこう。満州国、朝鮮、台湾の駐屯軍は事変以前から駐屯していた部隊である。

●北支全域に北支那方面軍。方面軍司令部は北京。

●上海から南京に至る全域に中支那派遣軍（中支那方面軍を改称して派遣軍とした）。派遣軍司令部は上海。

●チャハル省、綏遠省に駐蒙兵団。兵団司令部は張家口。
●満州国に関東軍。司令部は新京（現長春）。
●朝鮮に朝鮮軍。司令部は龍山。
●台湾に台湾軍。司令部は台北。
●揚子江と中国大陸沿岸に支那方面艦隊。

中支那方面軍は中支那派遣軍と名を変え、軍司令官も松井石根大将から畑俊六大将に代わった。南京攻略のときより二個師団ほど減らされた（北支那方面軍に回された）が、六個師団、一個旅団の兵力を保っていたから、二〇万はくだらない兵力はあった。

北支那方面軍は最も大きな軍団だった。八個師団、一個混成旅団で、第一軍・第二軍・方面軍直轄に分けられていた。四〇万は超えていただろう。そのうち最も南に位置する部隊は第二軍の第一〇師団で、済南南方二〇〇キロの兗州《えんしゅう》に駐屯していた。徐州の一五〇キロ北方にあたる。

河辺大佐が実際に説明に歩いたのは北京、張家口《ちょうかこう》、新京、龍山《りゅうさん》である。天皇も承知した結論であるから、むろん正面切っては文句は言わない。言わないが、使者が自分よりも下級の大佐だから、個人の立場からズケズケ言った軍司令官はいた。朝鮮軍の小磯国昭大将（のち首相）は「いやしくも支那を討つものが徐州に手をつけないということは嘘だ。しかし俺は漢口をやれとは言わん」と言ったし、北支那方面軍の寺内寿一大将も「どうしても徐州はやらなくちゃならぬ。八月以降になると気候の関係で非常にやりにくい。また敵情もこれを許さぬだろう」と意気軒昂だった（前掲、井本熊男『支那事変作戦日支』による）。

徐州は軍人の目から見ると、「中原に鹿を追う者が必ず占領すべき戦略要点」なのだった。済南の南方三五〇キロ、南京の北西三〇〇キロ、江蘇省に属するが、山東・河南・安徽省の境にあり、津浦線《しんぽ》（天津～浦口＝南京の揚子江対岸）と隴海線《ろうかい》（甘粛省省都・蘭州～江蘇

南下の日本軍。3月19日、山東省の嶧県を攻略。見えるは日本軍の95式軽戦車。すぐ南方に台児荘があり日本軍が苦戦、撤退した。

南下の日本軍。4月24日、山東省東南端の郯城を占領。

北上の日本軍。5月6日、津浦線から少し西に逸れた安徽省北部の蒙城をめざす。この日の前後に徐州攻略の命令が出された。この部隊は最終的には隴海線沿線に出ることをめざしている。

北上の日本軍。5月9日、蒙城を占領。

省・連運港。隴は甘粛省の別称、海は連運港の手前・海州から）が交差する交通の要衝。二〇〇〇年以上の古都である。

台児荘《たいじそう》の戦闘、日本軍敗退

寺内が「敵情も許さないだろう」と言ったのは、兗州《えんしゅう》に進出していた第一〇師団南方で盛んに活動している中国軍のことを指していた。再三の出撃要請を大本営が認めたのが三月上旬、「眼前の敵を追い払わしてくれ、決して深く南進する作戦ではない」という現地指揮官（第二軍司令官・西尾寿造中将）の言葉を信じたから、ということになっている。

実際に参加したのは第一〇師団の一部と、

北上の日本軍。5月9日、蒙城の攻略。

右上／南下の日本軍。5月9日、済寧（徐州北方約150キロ）で。軍馬に日除けの帽子をかぶせた。

左上／南下の日本軍。5月12日、山東省南東部の河北省にほぼ隣接する濮県から黄河を渡ってきた騎兵部隊。曹州に進撃し、さらに隴海線戦沿いに進出しようとしている。先頭者が持っているのは軍旗。戦場に着くまでは巻いて運んだ。

下／北上の日本軍。隴海線沿線の汪閣付近に到着、早速鉄橋の爆破に向かう。

のちに増援した第五師団の一部であった。合わせて合計歩兵三個連隊（岡山、松江、浜田の連隊）ほどだから一万程度の兵力と思われる。作戦は順調に進んで、徐州の北東六〇キロほどの台児荘《たいじそう》という小さな県城を攻撃した。一部は城内にも入ったという。

ところがここから思いもかけず、大苦戦に陥った。日本軍が中国軍相手に苦戦に陥るなどということは、つねに「思いもかけぬこと」だったのだ。中国軍は李宗仁《りそうじん》を総指揮官とする大部隊を集中して対抗した。徐州付近に四〇個師、約四〇万、そのうち危機にさらされている台児荘に約一〇万を差し向けた。日本軍の台児荘に対する直接攻略部隊は五〇〇〇前後か、さすがに中国軍の強圧には耐えかねた。台児荘攻略部隊（瀬谷支隊。瀬谷啓少将の指揮する岡山の歩兵第一〇、松江の歩兵第六三連隊が中心）は、師団長の制止を振り切り、独断で台児荘を離脱した（四月六日）。

正面の敵が退却したのだから、中国軍が「勝った！」と判断したのは当然のことである。中国は国をあげて大騒ぎとなった。勝利のニュースは全世界をかけめぐり、総指揮官・李宗仁の名は、たちまち全国にとどろいた。なにしろ、「敵（日本軍）の死傷二万余人、歩兵銃一万余挺、歩兵砲七七門、戦車四〇台、大砲五〇余門、捕虜無数、敵板垣（第五師団長）・磯谷（第一〇師団長）両師団の主力はす

右上／北上の日本軍。5月20日、津浦線沿い、徐州のすぐ南西・粛県に到着した部隊が、徐州占領（5月19日）の報で直ちに西方へ転じ、中国軍の追撃に入った。

左上／陸軍航空部隊。徐州空爆のため爆弾を積んでいる。3日間で30回空爆した。

下／南下の日本軍。5月24日、隴海線沿いの蘭封を占領した。徐州から退却してくる中国軍を待ち伏せする部隊である。写真は95式軽装甲車。

でにわが方のために潰滅された」（郭沫若『抗日戦の記録』竹内好編）というのだから、興奮しないほうがおかしい。

もちろん、この「軍事ニュース」はあまりにも誇大だった。結果的には第一〇師団と第五師団は、瀬谷支隊が戦場を離脱した翌日（四月七日）に発令された「徐州作戦」のあとも、同じ戦場で戦いつづけた。実質一カ月の戦いで、第一〇師団は戦死一二八一名、戦傷五四七八名、第五師団は戦死一〇八八名、戦傷四一三七名の損害を出したのである。一回の局地戦で、二〇〇〇名以上が戦死するとは、やはり大変な激闘であった。

徐州作戦の開始

徐州作戦は、台児荘の戦いがたけなわのころ、大本営じきじきに構想された。御前会議で「当面は新しい進攻作戦はやらない」と決めて二カ月とたっていない。不拡大派だった参謀本部作戦課長の河辺大佐が更迭されて、積極的な拡大派とはいえないが、物わかりの良い稲田正純中佐に替わったことで、陸軍部内の大勢に逆らわない方針がすんなりと決まったにすぎなかった。

現地の指揮官が「眼前の敵を追い払いたい」と希望したように、大本営も、〝せっかく徐州付近に四〇万もの（中国の）大軍が集まっ

徐州駅。占領した日本軍が待機している。

左／5月25日、徐州作戦を指揮した2人の指揮官が徐州で会見した。右が北支那方面軍司令官・寺内寿一大将、左が中支那派遣軍司令官・畑駿六大将。

THE TOKYO ASAHI SHIMBUN

東京朝日新聞 夕刊

寺内・畑両指揮官の會見

感激の乾杯

けふ午前十一時撮影本社機空輸

將兵に御言葉を賜ふ

聖上徐州戰を御嘉賞

南北戰線・歴史的握手

兩指揮官けふ會見

東天を拜し萬歳三唱

壯烈な夜襲で

陳留を占領

寺内・畑両軍司令官の会見を速報した1938年（昭和13年）5月28日付『東京朝日新聞』。

中国軍を追撃。日本軍は、隴海線沿いに西に退却する中国軍を追った。戦場は果てしなく麦畑がつづいていた。

徐州から大運河間75キロの隴海線上には貨車455両、機関車26両、装甲列車2本が放置されていたという。大運河とは北京から杭州（江蘇省）に至る約1800キロの世界最大の運河。徐州東方を南下している。

てくれたのだし、その中には蒋介石軍主力の一翼をになう湯恩伯《とうおんぱく》軍が混じっているとあれば、包囲撃滅のチャンス〟と思ったのである。徐州付近の中国軍はのち増援されて、六〇万にも達していたという（前掲、黄仁宇『蒋介石』）。上海戦線以来の大規模な兵力集中である。

作戦には北支那方面軍と中支那派遣軍の大部分が動員された。方面軍は北と西から、派遣軍は南から徐州を取り囲むように移動し、包囲して殲滅《せんめつ》する作戦である。

方面軍の一軍は黄河を渡り、隴海線の蘭封《らんぽう》（河南省、徐州から二〇〇キロ内外。開封の東方）に進出して、逃げてくる中国軍を待ちかまえる、第一〇師団や第五師団は、従来どおり北方から攻撃続行、派遣軍は津浦線沿いに北上して、南下を防ぐというのが大まかな構想。

地図で見るように、中には廬州《ろしゅう》とか阜寧《ふねい》といった、主戦場からは数百キロも離れたところに派遣された部隊もあった。攻撃部隊が後ろや横合いから不意をつかれないように用心するためという。本当にそういう配置が必要だったかどうかは、現地の地形や他の中国軍がどのあたりにいるという情報に接していないと、わかりにくい。

ともあれ戦場は、津浦線沿線と隴海線沿線を中心として、日本でいえば関東六県に北陸四県を加えたほどの、広大な地域である。戦場があまりにも広いので、どんな戦い方をするか、方面軍と派遣軍とで意見が分かれた。方面軍は、中国軍はメンツもあるだろうからこんどは退却しないだろう、だから徐州を大部隊で攻撃するという案、派遣軍は攻撃すれば中国軍は必ず退却するから、まず包囲しようという案。

どうなったか。これといったはっきりした結論なしにそれぞれの思惑で作戦は開始された。関東軍からもはるばると二個旅団ほど増援させて、数十万を擁する日本軍の統制なき作戦が中国軍には幸いした。

五月の初めから各部隊は進撃を開始したが、徐州を占領したのは、北上して来た派遣軍の第一三師団（仙台の部隊）だった。とはいえ、中国軍は退却したあとで、無血占領。狭い意味での徐州作戦はあまりにもあっけない。

中国軍は簡単に脱出したようにみえるが、じつは僥倖《ぎょうこう》に等しかった。中国軍と行動を共にしていたアメリカの新聞記者ジャック・ベルデンは「朝霧に覆われたことが危機を脱した重要な理由であり、また中国軍は徐州の南から出発し、東から西へと退却したが、日本軍はそれぞれに攻撃目標を持ち、南から北へ向かって急行軍していた。双方とも相手の動きに気づいておらず、両者はたまたま遭遇することはなかったのである」（前掲、黄仁宇『蒋介石』から）と書いている。

中国軍を追撃。途中にはコウリャン畑もあった。中国軍の状況を偵察する日本軍。

南から北へ向かったのは派遣軍の部隊である。途中大きな撃滅戦は起こらなかった。「中国軍は三〇〇人から五〇〇人が一団となり、隊列を乱して逃げた。飛行機を見るや、馬も車も道路上にほうりだして、麦畑にかくれる。日本軍と遭遇すれば撃滅されるか、捕虜になるのをまぬかれ難いが、なにしろ直径数十キロから一〇〇キロもある包囲網だから、簡単にくぐり抜けた」（谷虎雄「徐州会戦」『近代日本戦争史　第3編』　同台経済懇話会）のだった。

中国軍を追撃。一息入れている日本軍。

徐州付近をめざしていた日本軍は、西へ向かって退却する中国軍を必死に追撃しはじめた。第一六師団（方面軍直轄。京都の部隊）などは済寧《さいねい》というところから出発して徐州まで南下し、さらに西へ向けて開封付近（少し手前の帰徳《きとく》）まで追撃した。機動距離六〇〇キロという。これが最も長い距離を行軍した部隊だ。このように「徐州作戦には、多数の兵団が南北から徐州を目標として大機動を行って進撃したが、第五、第一〇師団の一カ月に亘る激闘が徐州会戦の実体であって、その他は機動したに過ぎなかった」（前掲、井本『支那事変作戦日誌』）

〝黄河決壊〟で頓挫した攻勢

しかし、徐州作戦はまだ終わっていない。作戦地域と定められた西の端・蘭封《らんぽう》には第一四師団（方面軍第二軍。宇都宮の部隊）が、黄河を渡って進出した。もちろん橋はない。渡る途中八名が死亡したそうだから、運の悪い兵隊もいる。逃げてくる中国軍を待ち伏せするための部隊だが、進撃して蘭封（五月二四日）、さらに開封《かいほう》（六月六日）を占領した。

開封は河南省の当時の省都で（現在の省都は鄭州《ていしゅう》）、七大古都の一つである。すでに紀元前四世紀ごろから運河によって淮河《わいが》と揚子江とに連絡していたという。宋代に都がおかれ、文字通り河南の中心地だった。

ところが開封を占領したあたりから状況が変わった。中国軍が突如、増援部隊を送って反撃に転じたのである。蒋介石としては日本軍が勢いに乗じてそのまま漢口《かんこう》まで進撃して

右／中国軍を追撃。日本軍は中国軍を追って河南省尉氏（河南省開封の南方）まで進出した。さらに同地からほど近い京漢線に進出、鉄道を爆破した。

6月5日、開封城外の警備についた日本軍。

くることを恐れたのだ。実際はその心配はなかったし、開封攻略は大本営があらかじめ定めた攻撃限界線を少し越えていた。しかし、大本営では徐州作戦に引きつづいて漢口攻略を予定していたのだから、蒋介石の心配も杞《き》憂《ゆう》というわけではなかった。武漢三鎮の一角・漢口は、開封の西六、七〇キロの鄭州から京漢線（北京〜漢口）でまっすぐ南下して約五〇〇キロである。

蒋介石の国民政府は、首都を重慶に移してはいたが、政府・軍関係の機関はほとんど漢口に集められていたのだ。蒋介石が日本軍の漢口進出を阻止するためにとった断固たる措置は、驚くべきことだった。黄河の堤防を爆破して決壊させ、追撃する日本軍を水攻めにしたのである。

決壊場所は中牟《ちゅうむ》の北西一七キロの三劉砦《さんりゅうさい》と鄭州北方一五キロの京水鎮《けいすいちん》の二カ所。黄河は河南の平原に入ると流れが緩やかになり、白らが運んだきた黄土を川底に堆積しつつ流れていく。ついには河床は地表より高くなり、天井河となる。しかし、鄭州付近の黄河はまだ平野に入ったばかりで、天井河ではない。それでも黄河の濁流は低きに向かって奔流した（六月一一日）。

調子に乗って中国軍を追っていた日本軍の一部は中牟（第一四師団の一部）、尉氏《いし》（第一六師団の主力）といった付近まで進出していたが、浸水によって孤立した。浸水は時とともに広い範囲にわたり、事実上、日本軍の追撃はストップさせられた。孤立した部隊にはとりあえず飛行機による空中投下で補給を行った。

徐州作戦は、蒋介石の意表をつく〝作戦〟が効を奏し、うやむやのうちに打ち切りとなった。それでも、徐州の占領に始まって、徐州以南の津浦線（天津〜浦口＝南京の揚子江対岸）沿線を占領確保し、隴海線の開封以東を占領した。東のターミナル山東省の連運港も、青島占領のときと同様、海軍が抜け駆けして占領した。協同して占領する約束で駆けつけようとした陸軍部隊は途中でそれを知り、ご機嫌をそこねてUターンした。悪しき陸海軍

の対立劇は、相変わらず戦場の各所でひょいひょいと顔をだしていた。

こうして日本軍は中原《ちゅうげん》の大半を制したのである。津浦線全線が日本軍の支配下におかれ、北支那方面軍と中支那派遣軍は鉄道で連絡できるようになった。徐州作戦を津浦線打通作戦とも称するのはこのためだ。

日本軍の全体的な損害ははっきりしない。台児荘正面で終始激戦をくりかえし、さらに追撃戦も行った北支那方面軍第二軍が、作戦終了直後に徐州で行った慰霊祭では、七四五二柱の霊を弔ったという。参加軍全体の戦死者は一万を超えたのではあるまいか。

徐州作戦と並行して、山西省南部の山岳地帯では大がかりな粛正戦が展開されていた。担当したのは第二〇師団（朝鮮軍の師団。兵隊は関西・九州から選抜）で、一九三八年三月から七月にかけて激戦をくりかえした。三月末～四月末の一カ月だけをとってみても、大きな戦闘が九一回、戦死一三八名、戦傷三〇〇名の損害を受けたが、中国軍の遺棄死体は約一万二〇〇〇名だったという。

徐州作戦全体で中国軍がこうむった損害もはっきりしないが、日本側は参加兵力の約一

右上／6月16日、中国軍は黄河を決壊させ、日本軍の進攻を阻止した。濁流が街に迫っている。

左上／6月16日、黄河決壊で水浸しとなった日本軍の最前線部隊。

下／6月17日、安徽省の寿県で泥濘と戦う日本軍。徐州や隴海線とは遠く離れているが、これも徐州作戦の一環。これらの部隊はこの年（1938年）の秋に実施された武漢攻略戦に参加した。

7月1日、済南北方の黄河鉄橋が修復された。徐州作戦の結果、津浦線（天津〜済南〜浦口＝南京の揚子江対岸）が貫通した。

6月19日、開封城内の日本軍。黄河決壊の浸水で、日本軍の中国軍追撃はすでに終わっていた。

割を撃滅したと概算した。最大六〇万と見れば六万である。

こうした軍の損害にくらべて、黄河決壊による住民の被害はけたはずれだった。

黄仁宇は「四〇〇〇の村や町が氾濫に飲み込まれ、二〇〇〇万人が帰るべき家を失った。洪水の過ぎ去った所では作物がことごとく失われ、黄河の流れは戦後三年たって初めて旧に復した」（前掲『蒋介石』）と書いている。

あるいはまた「被災地区は五万四〇〇〇平方キロ、被災者は約一二五〇万人、死者・行方不明者は約八九万人」（『岩波現代中国事典』）ともいう。五万四〇〇〇平方キロといえば、関東七県や九州一円よりはるかに広い。

しかし蒋介石は黄河を決壊させたことで、日本軍の漢口攻略を半年は食い止めたと自負していた。すでに政府機関は続々と漢口から重慶への移転を始めていた。

第6章 武漢攻略と広東攻略

右／揚子江北岸を進撃。1938年7月25日、太湖に歩を進める。

左／揚子江を遡上。1938年7月26日、九江を占領した海軍陸戦隊。

日本軍、兵力の大増強

徐州作戦が〝大成功〟に終わり、日本国内各地では例によって大祝賀会が計画されたが、陸軍は提灯行列や旗行列など賑々しいパレードを許さなかった。間もなくもっと大がかりな武漢三鎮《ぶかんさんちん》（湖北省の漢口《かんこう》、漢陽《かんよう》、武昌《ぶしょう》。現在は武漢市で統一され省都）と広東《カントン》の攻略作戦に乗りだそうとしており、あまり浮かれた気分になれなかったのだろう。

「漢口をとれば歴史的にみて完全に中原を制したことになり、中国を支配できる」というのが、参謀本部の考え方であった。首都を落とせば蔣介石は降伏すると勝手に決めていたのと同様、それが春秋戦国時代以来の古い戦略眼であったということに気づくのはまだまだ先のことである。

蔣介石は盧溝橋事件以前に徐道隣《じょどうりん》の名で「友か？　味方か？」を発表していた。そのなかで、中国は革命途上の未完成な国だから、他の国々のように「土地・人民・主権」はなく、「主義・民衆・指導者」があるだけだ。だから、中国の首都を占領しても中国の死命

揚子江北岸を進撃。1938年8月8日、要衝・黄梅に入る。占領は2日。

を制したことにはならず、他の重要な都市と港を占領されたら、苦しいことには違いないが、中国は依然として存在すると述べた。徐州作戦後に出された蒋介石の声明の中にも次のような一節があった。武漢が攻められることを覚悟している。

「現在戦局の重点は、一特殊の都市、地域防御の成功不成功には存在しない。死活的なるものはわが軍に有利なる戦場を選定し、そこで敵の主力を減殺する能力の問題である。今後の戦闘は山岳地帯で行われ、わが軍に有利である」

これは当時の日本の新聞にも発表されたものだ。これを読んだ日本の軍人や政治家は、それこそ〝負け犬の遠吠え〟にしか聞こえなかったちがいない。

「わが軍に有利」とする蒋介石は、武漢の周囲に約六〇個師とも九〇個師とも推定される大軍を配置した。くりかえすようだが、師は日本流にいえば師団。ふつうは一万と言われたが、当時の一個師は少し兵力が落ちて、約五〇〇〇名から七〇〇〇名という。かりに九〇個師なら一個師五〇〇〇名とし四五万、七〇〇〇名として六三万である。徐州からはるばる六〇〇キロも後退した李宗仁《りそうじん》の軍団も、武漢北方の大別《たいべつ》山脈に新たな陣地を築きつつあった。

揚子江北岸を進撃。9月5日、広済へ向かう。左から3人目が巻いた軍旗を持っている。

日本陸軍としても、武漢三鎮の攻略は徐州作戦よりは困難であることがわかっていた。南京から揚子江をさかのぼれば簡単のようだが、それだけなら守備側のほうが圧倒的に有利である。河に障害物を敷設し、両岸に大砲を並べるだけでよい。どうしても陸路を進撃して、陣地を構えて待ち伏せる中国軍を一つずつつぶしていかなければならない。

漢口が、京漢《けいかん》線（北京～漢口）、粤漢《えつかん》線（漢口～広東。粤は広東省の別称）の接続点であるとはいえ（現在は一本で京広《けいこう》線という）、大別山脈で北方から北西を隔てられているだけに、徐州作戦のように平原を一路進撃というわけにはいかない。

この困難な武漢作戦を見越して用意されたわけではないが、徐州作戦が終わったあたりから、かねて編成中だった新しい師団が次々に一〇個も完成した。本来は満州の関東軍を補強するための兵団だったが、関東軍には二個師団（第二三師団、熊本・鹿児島・都城の歩兵連隊。第一〇四師団、大阪〈二個〉・和歌山の歩兵連隊）だけ、あとはすべて当面の戦場に投入された。すなわち、

・第一五師団（敦賀・京都〈二個〉の歩兵連隊）
・第一七師団（姫路・鳥取・岡山の歩兵連隊）
・第二一師団（金沢・富山〈二個〉の歩兵連隊）
・第二二師団（仙台・会津若松・山形の歩兵連

『近代日本戦争史第3編』（同台経済懇話会）による

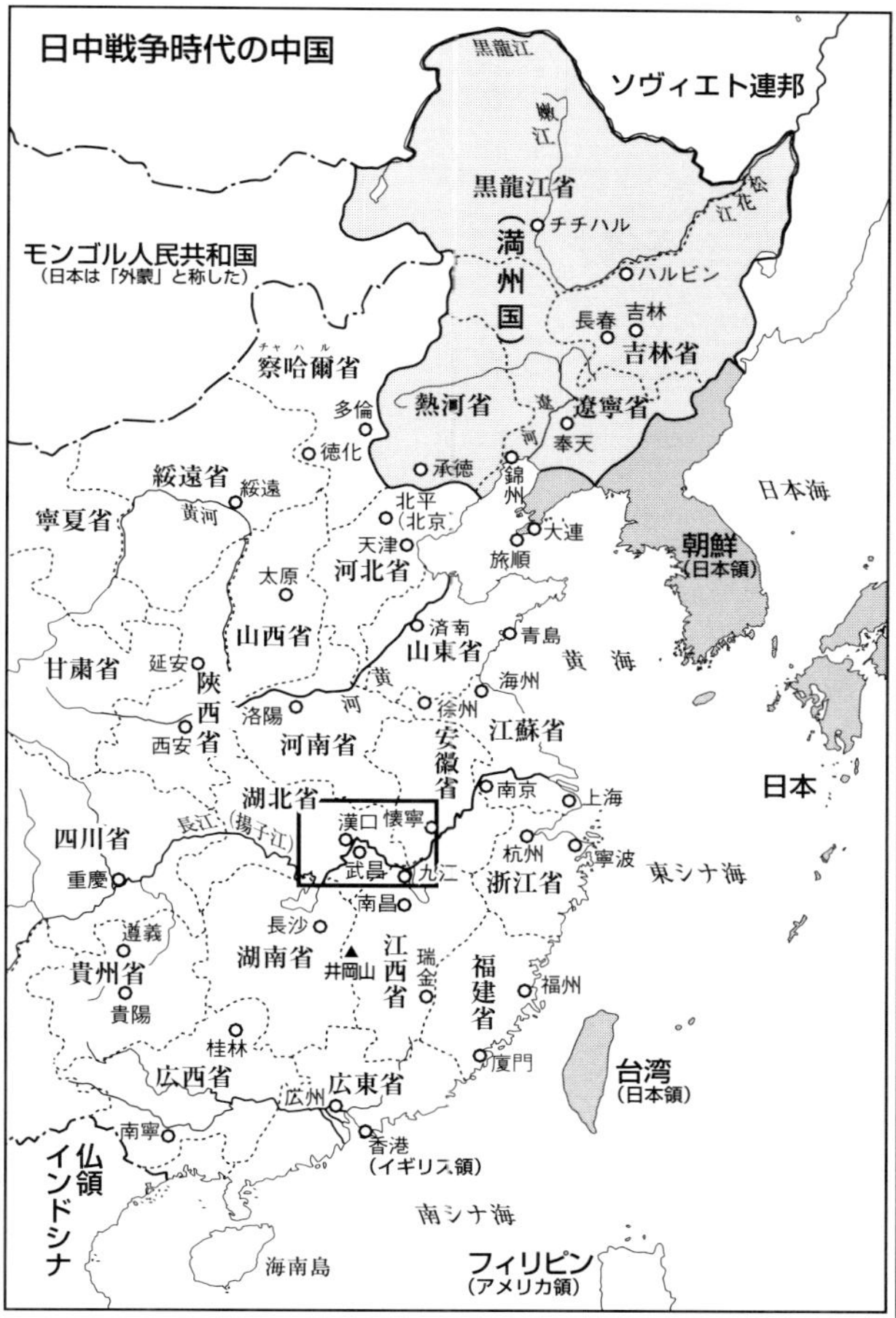

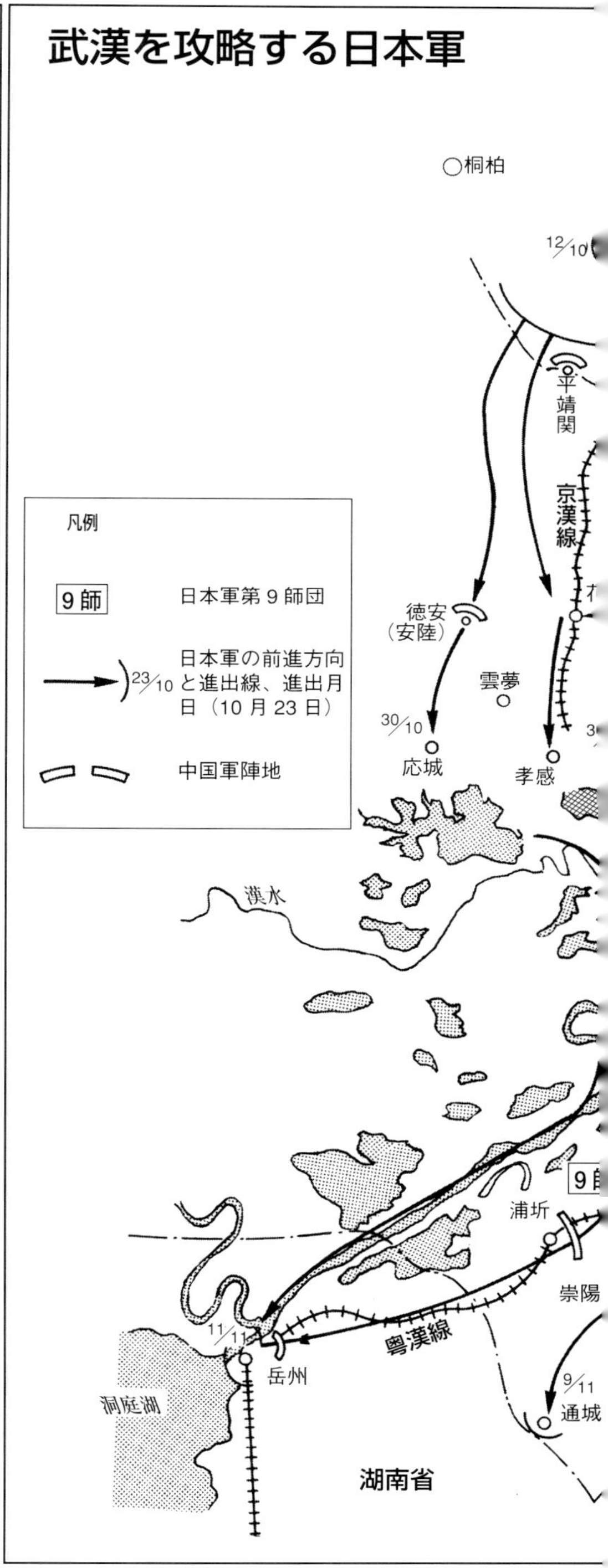

隊）

・第二七師団（千葉県佐倉・東京・甲府の歩兵連隊）

・第一〇六師団（熊本・都城・鹿児島の歩兵連隊）

・第一一〇師団（岡山・姫路・松江の歩兵連隊）

・第一一六師団（京都・福知山・津の歩兵連隊）

で、第二一師団と第一一〇師団が北支那方面軍に配属されたほかは、中支那派遣軍にまわされたのだ。中支那派遣軍が、武漢攻略を行うのである。

それにしても膨大な兵力増強である。

日中戦争に突入してすでに六個の特設師団（第一〇八、第一〇九、第一〇一、第一一三、第一一八、第一一四）を作り、混成第一一旅団を拡充して第二六師団（名古屋）を作ったほか、小さな師団と言われた独立混成旅団を四個も編成していた。加えて今回の一〇個師団である。

盧溝橋事件が起こる直前の常備兵力は一七個師団だったから、一年間でそれを上回る兵団を新たに編成したことになる。その短期間における増強ぶりは、まさに狂気の沙汰と言ってもおかしくない。

兵隊の人数からみると、平時の一個師団は八〇〇〇名から一万名。戦時になると二万五〇〇〇名、どうかすると三万名もの人員にふくれあがる。

独立混成旅団と、独混から新設師団に昇格させた師団の増員分をそれぞれを〇・五個師団として、計一八・五個師団、一個師団二万五〇〇〇名とすると、それだけでも四六万二五〇〇名。中国戦線に派遣された常設師団（計一〇個師団）の増員分を一個一万五〇〇〇名として一五万名。それで合計六一万二五〇〇名だ。

そのほか、師団に属しない航空、戦車、砲兵、兵站《へいたん》（補給）などの専門部隊の増設増員、さらに海軍陸戦隊などの増員分も合わせると、わずか一年間で徴集・召集された兵隊は

上／大別山脈の北側を進撃。9月7日、前日占領した固始の街を進む。

下／大別山脈の北側を進撃。9月10日、光州で鍬を牛に引かせて道路の補修。

揚子江南岸を進撃。9月16日、廬山の東麓に位置する隘口街を攻撃。砲は改造38式野砲で、手軽に移動できる最も簡便な野砲だった。
右／揚子江を遡航。9月12日、武穴（田家鎮の手前）をめざす海軍の長江艦隊。

六五万は下らないであろう。

戦場の兵隊は次々に死傷する。その補充のためにも間断なく補充兵の召集を忘れないのだった。この一年間でいきなり兵隊にとられた者がいかに多かったかである。

兵隊が増えたので部隊を指揮する将校も増員された。盧溝橋事件が起こったとき、陸軍士官学校（将校養成校）生徒の入校式は終わっていたが、事件後二次募集が行われ、生徒数は約一三五〇名、平年の二倍半以上となった（卒業は三年後の一九四〇年）。

このように日中戦争は徐州作戦、次いで武漢攻略作戦あたりから、たしかに日本という国を質的に大きく変えつつあった。驚くべき猛スピードの兵力増強に合わせるためである。出征部隊に補給する兵器・弾薬・食糧・衣服・諸雑貨・医薬品を滞らせないために、軍需工場を重点的に増やした。それにともなって切って捨てるか大幅に縮小しなければならない産業分野が出てきた。急激な兵力増強と戦争は、産業構造を、権力によって、急速に、無理やりに変えることを余儀なくさせる。働き手の若い男が少なくなると、農業も産業も疲弊する。女性も子供も老人も動員しなければ、人手が足りない。

徐州作戦の始まる直前あたりの一九三八年四月一日、国家総動員法が公布されたが、それはまさにそういう戦争と兵力増強に合わせて、国家そのものを変えようという法律だった。いわゆる国家総力戦体制である。まず大急ぎで部隊を急増させ、それに対応できるように国家の大改造を図ったのだった。

国家総動員法の審議の最中に政府委員の一人・佐藤賢了陸軍中佐が議員に向かって「黙れ！」と怒鳴って問題となった。経緯はともかく、軍国主義を象徴する言動として記憶されている一喝である。この法律は戦争のために政府が軍の要請のままに、人も金も物も物価もさまざまに統制できる根拠を与えた、一種の授権《じゅけん》法であった。

こうした兵力増強、軍需増強が本格的に始まったころに、武漢作戦が行われたのである。

武漢作戦のために中支那派遣軍の兵力は次のようになった。ここでは師団の名前しかあげないが、この他に専門の砲兵部隊、戦車部隊、工兵部隊、通信部隊、兵站（補給、野戦病院など）部隊などが付けられていた。

中支那派遣軍の構成（一九三八年七月末）

第二軍　兵力約一七万
　第三、第一〇、第一三、第一六の各師団
第一一軍　兵力約二〇万超か
　第六、第九、第二七※、第一〇一、第一〇六※の各師団
派遣軍直轄　兵力二〇万超か
　第一五※、第一七※、第一八、第二二の各師団（のち第一一六師団も※）

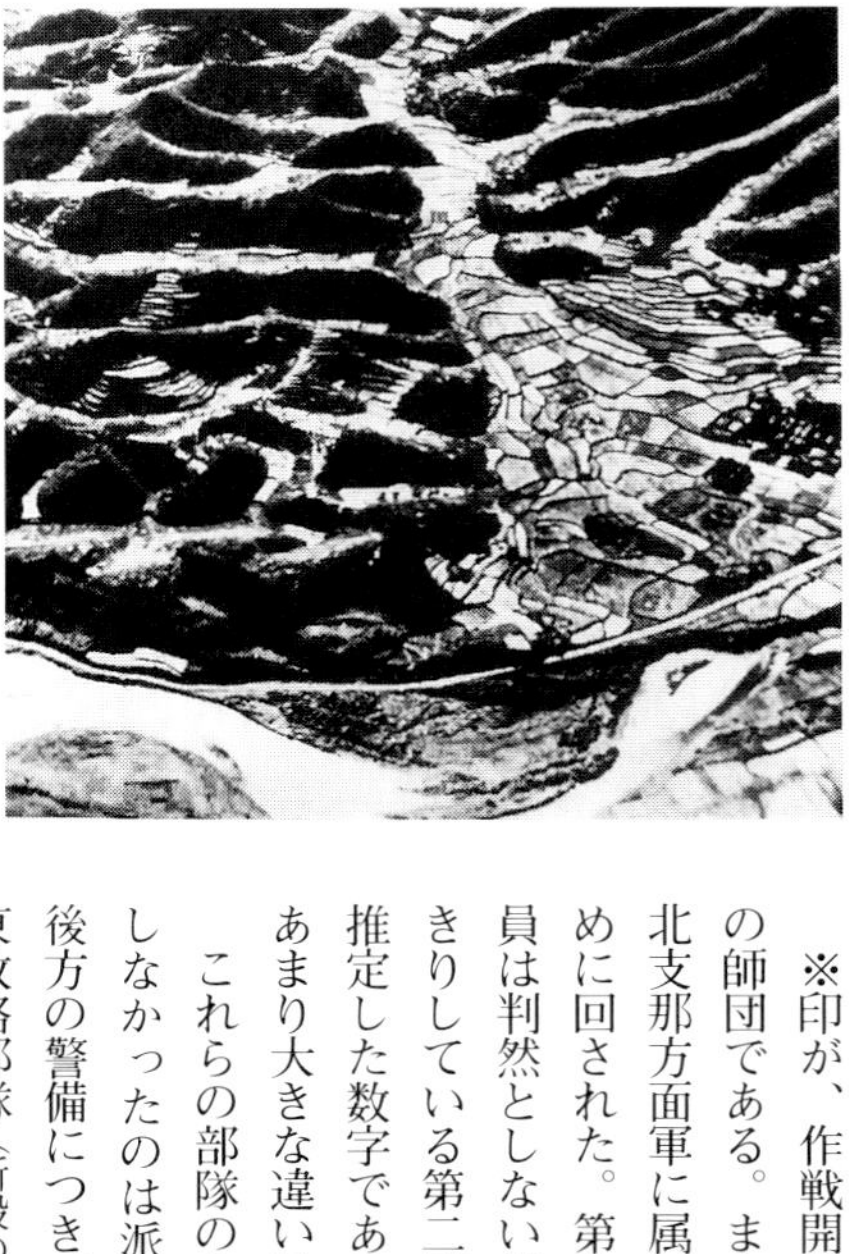

右上／大別山脈の北側を進撃。9月17日、光州を攻撃。
左上／揚子江を遡航。9月17日、武穴に上陸した海軍陸戦隊。
右下／揚子江南岸の戦場。「山また山の江南である。山尽きれば田と水の江南である。一山を抜き一峰を破れば、中国軍の堅陣にぶつかる」と、当時の報道記事は伝えている。
左下／大別山脈の北側を進撃。9月18日、富金山付近で。占領は11日。

※印が、作戦開始直前に編成されたばかりの師団である。また第二軍は徐州作戦までは北支那方面軍に属していたが、武漢攻略のために回された。第一一軍は新設の軍団だ。兵員は判然としない場合が多いが、比較的はっきりしている第二軍の一七万名を基準にして推定した数字である。総兵力約五〇万とみてあまり大きな違いはないだろう。

　これらの部隊のうち、武漢攻略に直接参加しなかったのは派遣軍直轄の各新設師団で、後方の警備につき、第一八師団は途中から広東攻略部隊（新設の第二一軍）に回されている。

　広東攻略については武漢作戦のあとに述べよう。

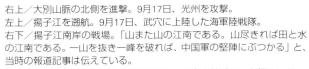

各部隊、武漢近くへ進出

　これほどの大がかりな作戦になると、単に「武漢を攻略せよ」といきなりは命令しない。まず、武漢を攻略したいから、これこれの部隊は準備をせよ、と命令する。武漢近くのいくつかの地点をあげて、そこまで進出せよとか、重要拠点をあげてそこを攻略して待機せよ、という具合である。とりわけ、大別山脈（標高七〇〇〜八〇〇メートル。秦嶺《たいれい》山脈とともに中国を南北に二分している）の北側を回って京漢線沿いの信陽《しんよう》に出、そこから南下して武漢をめざす第二軍（四個師団）は、戦場まで大

揚子江北岸を進撃。田家鎮陣地に迫る。

揚子江を遡航。9月25日、砲身を担いで山頂に運ぶ海軍陸戦隊。中国軍の大要塞があった田家鎮で。

変な距離を移動しなければならなかった。徐州作戦のあと、山西省・河北省・河南省・江蘇省・山東省まで各地に散在していたからである。

第二軍は、安徽省の淮河《わいが》南方にあたる廬州《ろしゅう》周辺への集中を命じられたが、移動そのものが戦争のようなものだ。第二軍の記録に言う。

「集中の経路は津浦線により蚌埠《ぼうふ》経由廬州に南下するもの、青島《チンタオ》経由海路により安慶《あんけい》に上陸して北上するもの、および浦口《ほこう》より西進するものの三路にして、その蚌埠を経由するものは固鎮《こちん》以南津浦線路盤の不良、淮河の渡河、凝埠《ぎようふ》～廬州道の不良等の難点あり。加うるに淮河氾濫の増大、暴風雨の障礙、コレラの続発等、集中効程《(ママ)》を阻むもの尠《すくな》からざりしも、七月中旬ないし八月下旬の間において、第一〇、第一六師団の主力等人約九万六〇〇〇、馬約一万七〇〇〇、車両約一万、貨物約一一万四〇〇〇梱の渡河をついに完了せり」

これでも第二軍の半分ほどの集中である。約一〇万の兵力で車両一万台を持っていたほか、軍馬が一万七〇〇〇頭いたわけだ。軍馬も平時・戦時の定員が決められていたが、右の第二軍に属していた第三師団の例をとると、八一九七頭（平時は一五九二頭）だった。一万七〇〇〇頭が二個師団分にほぼ匹敵することがわかる。馬の役割は大部分が、火砲（大砲）と補給品の運搬である。専門の軍馬飼育機関はあったが、そこだけではとてもまかないきれない。農耕馬も兵隊とともに駆り出されたのだった。

さて、前出第二軍の記録に「青島経由海路により安慶に上陸」とあるが、安慶は揚子江を上海から五〇〇キロもさかのぼった地点である。その安慶も、その一五〇キロ上流の九《きゅう》江《こう》とともに、武漢攻略の準備の一つとして、いの一番に攻略した要衝だった。海軍航空隊の飛行場確保のためである。

そのころ海軍航空隊の最前線基地は蕪《む》湖《こ》（南京南方）、広徳《こうとく》（蕪湖の南東一二〇キロ）だったが、そこから爆撃機が漢口や南昌《なんしょう》（江西省の省都）を攻撃すると護衛の戦闘機は一五分ぐらいしか空中戦をやる時間が残されなかった。戦闘機は図体が小さいだけに、燃料の量に制限があり、航続距離が短いのだ。安慶にある飛行場を奪えばそれが楽になるというわけだった。

海軍は支那方面艦隊所属の第三艦隊が安慶、九江攻略を担当し、そのまま漢口攻略になだれこんだ。当時の第三艦隊司令長官は及川古志郎中将で、のち海軍大臣となり日独伊三国同盟に賛成した。同参謀長は草鹿任一少将で、のちラバウル航空基地で終戦まで籠城した。同参謀副長の福留繁大佐は、〝作戦の神様〟といわれ、太平洋戦争開戦時、海軍全体の作戦部長になった。

安慶の占領は一九三八年六月一三日で比較的楽だった。九江の占領はかなりてこずった。汽船九隻が沈められ、周囲には五〇〇〜六〇〇個の機雷が敷設してあった。両岸には多くの野砲陣地が築かれていた。中国空軍も果敢に反撃した。それは「支那事変中に我が海軍が中国空軍から受けた最も激しい長期反撃だった」（戦史叢書『中国方面海軍作戦2』）という。その飛行機は大半がソ連製だったが、中国人パイロットは欧米で訓練を受けていた。

中国軍は精一杯抵抗したあと九江を退却したが（日本軍占領は七月二六日）、揚子江を決壊させ、飛行場を水浸しにした。海軍は内地から特製のポンプを送らせて排水につとめ、九月中旬には使用できるようになった。

このような準備が進んで、大本営はようやく漢口攻略の命令を発した。例の「奉勅伝宣《ほうちょくでんせん》」という、天皇の命令を参謀総長が伝える形式の、「大陸命」全文を掲げておこう。墨書され、カタカナまじりで、濁点をつけない。

「大陸命第百八十八号
一　中支那派遣軍ハ海軍ト協同シテ漢口付近ノ要地ヲ攻略占拠スヘシ　此ノ間成ルヘク多クノ敵ヲ撃破スルニ努ムヘシ
　漢口付近攻略後ノ占拠地ハ勉メテ之ヲ緊縮スヘシ
二　北支那方面軍ハ中支那派遣軍ノ作戦ニ策応シテ敵ヲ牽制スルニ努ムヘシ
三　細項ニ関シテハ参謀総長ヲシテ指示セシム
昭和十三年八月二十二日
奉勅伝宣　参謀総長載仁親王
　中支那派遣軍司令官　畑俊六殿」

もちろん海軍にも「支那方面艦隊司令長官ハ陸軍ト協同シテ漢口ヲ攻略スヘシ」との大海令第百三十五号が発せられたのだった。

大別山脈を突っ切って進撃。9月30日、一部は大別山脈を踏破して漢口への道を急いだ。山中にも中国軍陣地があった。

武漢攻略、どんな戦いがあったか

先にもふれたように、武漢攻略はおおまかに言って二つの軍団が別々の経路を進撃して武漢になだれこんだ作戦だった。北からと東からの進撃だ。

第二軍が大別山脈の北麓を進撃して京漢線沿線の信陽まで進み、そこから一気に南下して漢口に向かった。

信陽まで進み、南下したのは第一〇師団（姫路）と第三師団（名古屋）だ。第一六師団（京都）と第一三師団（仙台）は、途中から大別山脈を横切り、山中を突破して武漢平野の麻城《まじょう》へ出た。麻城県と名を改称されたのが隋の時代という古い歴史を持つ。

第一一軍が揚子江の両岸を進んでいく。海軍は揚子江を艦隊（江上艦隊《こうじょう》）で遡航しつつ、両岸の陣地を陸軍と協同して攻略した。

この東からの進撃部隊で揚子江の北岸を攻略していったのが第六師団（熊本）で、漢口に最初に踏み込んだのもこの部隊である。揚子江の南側を進んだのは多かった。第九師団（金沢）、第二七師団（千葉県佐倉）、第一〇一師団（東京）、第一〇六師団（熊本）などである。このうち、第一〇一と第一〇六は終始、作戦開始地点に近い鄱陽湖《はようこ》付近の中国軍と激闘をくりかえし、武漢まで進めなかった。第九師団は武漢の南西二〇〇キロほどの粤漢線《えつかん》沿い岳州《がくしゅう》まで進み占領した。

いくつかの戦いの様相を見てみよう。

光州と商城の占領（第二軍）

第一〇師団が廬州付近を進発したのが八月二〇日（一九三八年）過ぎ、〝六安茶〟で有名な六安《ろくあん》を占領したのが二六日。西進して固始《こし》を占領、最初の難関・光州《こうしゅう》を攻撃した。光州は淮河平野から大別山地区に入る交通の要衝で漢代からの街。光州は明代に付けられた名で、攻略当時はすでに現在の潢川と改称しており、「河南南部の小蘇州」といわれるところ。中国軍は四個師ほどで守りを固めていた。しかし、第一〇師団は退路を断つように布陣、戦闘二日目に中国軍は退却した。淮河を遡航して先まわりしていた補給部隊があり、炎熱つづきを進撃してきた部隊はようやく一息ついたという。

第一三師団が占領した（九月一六日）商城《しょうじょう》は光州の南、大別山脈の北麓で、緩やかな丘陵地帯。年間八〇〇ミリの雨が降るという。同師団は第一六師団とともに大別山脈を突破して麻城付近に進出した。山中の戦闘で両師

大別山脈の北側を進撃。10月5日、羅山（9月21日占領）をあとに信陽に向かう。

大別山脈の北側を進撃。10月7日、羅山西方。中国軍に関する情報筒を飛行機が投下している。

大別山脈の北側を進撃。10月12日、京漢線（北京〜漢口）沿いの要衝・信陽を占領した。

揚子江北岸を進撃。蘄水の橋も壊されていた。

揚子江北岸を進撃。蘄水（広済の西方）をめざす補給部隊。

揚子江南岸を進撃。黄石港（田家鎮の西方）をめざす。4人がかりで機関銃を運んでいる。

団は戦死約一〇〇〇名、戦傷約三四〇〇名を出した。約一カ月の作戦だったが、少なくない損害である。両師団が報告した中国軍遺棄死体は約一万五〇〇〇名という。

信陽付近の戦い（第二軍）

第一〇師団は光州占領のあと、信陽《しんよう》へ進撃したが、途中の羅山《らざん》（信陽まで四、五〇キロの地点）で激しい抵抗を受けた。中央軍（政府直系軍）だったからとりわけ強かった。羅山を抜くのに約五日間かかった（一〇月二日）。占領後も警備のため一個連隊を残したほどである。とはいえ、その連隊（歩兵第三九連隊・姫路の部隊）は廬州出発時には二八〇〇名だった兵力がわずか八〇〇名まで減少していた。全滅に近い。死傷とコレラのせいだった。コレラはどの部隊にとっても頭痛のタネだった。あまりにも多いので、中国軍が菌をばらまいたのではないかと日本側は疑った。

後方から進んでいた第三師団は、羅山から分かれて信陽北方一五キロ地点に進出し、京漢線を遮断した。第一〇師団が付近の中国軍と交戦しながら、信陽を占領したのは一〇月一二日である。信陽は春秋戦国時代（紀元前八世紀から同三世紀）の墳墓が多数残っている古都。淮河上流域の中心地で、小麦・米・綿花の集散地である。

この信陽付近の戦闘で、戦死五五〇名、戦傷一五六〇名というから、中国軍の抵抗が小さなものでなかったことがわかる。そのかわり、師団の戦果報告によると、中国軍の遺棄死体は一万三〇〇〇名だったという。

田家鎮の戦い（第一一軍）

江北（揚子江北岸）を進撃した第六師団は、最初から頑強な中国軍の反撃にあった。最初の大きな戦場は標高一〇〇〇メートルの山岳地帯三〇キロ（黄梅《こうばい》〜広済《こうさい》）で、中国軍は八、九個師（五、六万名か）を三段構えに布陣した。単純に見て、第六師団の二倍以上ある。それでもわずか八日間で突破し、九月六日には広済を占領した。ホントに？という反問は当然で、占領は戦闘の終わりではなかった。いっったん退いた中国軍は連日、反撃をくりかえし、九月末まで激しく攻めたてた。

　しかし、本当に最強の中国軍の陣地は広済西南三〇キロ、揚子江沿岸の田家鎮《でんかちん》だった。広済を占領した第六師団は、主力に先んじて小さな部隊をまず派遣した。今村勝次少将が指揮したから今村支隊と言い、歩兵第一三連隊（熊本の部隊）に山砲連隊主力を付けたもの。山砲は山越えで相手の陣地を攻撃できる大砲だ。

　田家鎮とはどういう陣地か。

「（田家鎮の）対岸の半壁との川幅はわずか四、五〇〇メートルしかなく（四、五〇メートルではない、念のため＝引用者）、要塞が築かれている。要塞の背後には標高四〇〇メートルを超える山が連なり、その北には二つの大きな湖があって、兵が動けるところは湖の間の四キロ足らずである。このような堅固な要塞だから、古来武漢三鎮の関門をなし、難攻不落を誇っていた」（谷虎雄「武漢攻略戦及び広東攻略戦」前掲『近代日本戦争史』）

　当時の『支那事変写真全輯』（朝日新聞社）では「古来武漢の関門として支那戦史に不落の名を誇り、蒋介石が直系の精鋭に死守を厳命した堅塁田家鎮要塞は……」と形容している。とにかく一筋縄では行かない要塞だった。

大別山脈を突っ切って進撃。10月24日、山脈を越え、麻城に急ぐ。

大別山脈を突っ切って進撃。10月25日、麻城を占領して、直ちに進発した。先頭には巻いた軍旗を持つ将校が立った。

海軍の江上《こうじょう》艦隊（揚子江で作戦する艦隊）も田家鎮めざして、途中の小さな要塞を攻略しては陸戦隊を上陸させていた。

　今村支隊は九月一七日から攻撃前進を始めたが、折からの豪雨もあって苦闘。広済の第六師団主力は増援部隊を送ろうと試みたが、二度にわたって阻止された。広済が占領されたあとの中国軍の猛攻が想像できる。

　田家鎮の中国軍は揚子江の堤防を決壊させ、戦場を氾濫状態に導いた。急派された軍直轄の独立工兵中隊が鉄舟をかついで到着し、弾薬と食糧を積んで戦場に届けた。海軍部隊は、田家鎮要塞の一部を構成している下流の要衝・武穴《ぶけつ》に上陸、占拠していたが（九月一七日）、救援の弾薬・食糧は海軍部隊からのものだった。

　今村支隊の死傷者はどんどん増えた。結局、勝利の決め手になったのは、広済からの増援部隊だった。増援したある中隊は、ぞくぞくとくり出される中国軍の反撃に耐えつづけ、わずか四〇名に減少したという。一二〇〇名前後の死傷者を出したことになる。

　田家鎮の占領は九月二九日である。

　田家鎮攻略部隊・今村支隊は第一三歩兵連隊だけで、戦死二八四名以上、戦傷八六六名以上である。

「田家鎮が落ちると、長江の門戸はほとんどが空きの状態となり、大武漢は大揺れに揺れた」と郭沫若は書いている（前掲『抗日戦回想録』）。

徳安付近の危機（第一一軍）

第一〇一師団（東京の部隊）と第一〇六師団（熊本の部隊）は九江の南方、鄱陽湖《はようこ》（中国第二の湖。琵琶湖の七倍半）の西岸を南下して付近の中国軍を撃滅しようとした。九江の対岸には有名な避暑地・廬山《ろざん》などもあり、湖沿岸の鄱陽盆地は江西省の重要な農業地帯だ。

廬山東側を南下した第一〇一師団は、各地で手強い抵抗を受け、ほとんど前進できなかった。一カ所の陣地で一カ月、三週間と釘付けされたのだ。

第一〇一師団より西側を南下した第一〇六師団は、徳安《とくあん》（サツマイモの産地でもある）をめざしたが、かえって中国軍に包囲されてしまった。死傷者続出し、全滅のおそれもあったので、第一一軍司令部は空中投下で補給をつづけながら、手持ちの部隊（第一七師団の一部）を急行させて救出した（一〇月一七日）。

強い強いといわれた日本軍も、師団全滅の危機に直面したこともあったのだ。第一〇六師団は徐州会戦中に編成されたばかりで、武漢作戦が初陣だった。主として、この徳安付近の戦闘で、戦死三三〇〇名、戦傷四〇〇〇名、入院患者九九〇〇名という惨憺たる結果となった。

同師団は戦闘中に二七〇〇名という、ほぼ一個連隊にも等しい補充兵を受け取り、救出されたあとは戦場には出ずに訓練に入った。軍人の目からみると、この師団は年寄り兵団のいわゆる特設師団であり、指揮官もまた年寄りが多く、全体の指揮がうまくいかなかったとされている。

徳安を占領したのは、結局、漢口が陥落して中国軍が自主的に退却したあとだった（第

漢口攻略部隊が漢口市街へ向けて放った最初の大砲は、この戴家山城砦の対岸からだった。写真は漢口占領から１年後のもの。砦の頂上に警備の日本兵が立っている。

武漢三鎮の一つ、漢陽の大鉄工廠。

昭和十三年十月二十七日　東京朝日新聞　（木曜日）（一）

日章旗は進む・萬歳！今ぞ武漢陥落

本社白鷺機と本社海風機にて〇〇よりリレー・福岡へ空輸

東京朝日新聞

號外

本紙再錄

武漢完全占領

（大本營…
十七日午…
に攻略…

武漢三鎮の陥落を伝える1938年10月27日付『東京朝日新聞』。

一〇一師団、一〇月二七日）。

漢口の占領（第一一軍）

第六師団が田家鎮を占領したのが一九三八年九月二九日。そして漢口に突入を期して、激戦のあとの部隊を整理し、補充兵三〇〇〇名の到着を待った。第六師団でもそれだけの死傷者が出ていたということだ。

実際に追撃を開始したのは一〇月一七日。田家鎮から漢口まで直線距離にして約一五〇キロ、中国軍の抵抗はあったものの、こんどはかなりのスピードだった。

江北（揚子江北岸）を進む第六師団に対して、江南（揚子江南岸）には波田支隊という部隊が漢口をめざしていた。支隊長の波田重一中将は台湾混成旅団長で、第六師団長稲葉四郎中将とは陸士の同期生で親友。このころになると中国軍の抵抗も下火になっており、両部隊は激しく漢口一番乗りを意識した。

漢口突入の直前の様子を『熊本兵団戦史』で読んでみたい。第六師団は熊本に司令部を置く、同県・大分・鹿児島・宮崎・沖縄出身の兵隊で構成され、台湾混成旅団も九州各県からの兵隊で編成されていた。いわば、兄弟兵団である。武漢目前の最前線将兵の気分が横溢している。

「一〇月二三日、華容鎮《かようちん》に達した波田支隊将兵ははるか西方武漢の空に遠雷の爆音を聞き、炎々たる紅蓮《ぐれん》の焔をながめた。江北の第

漢口から粤漢線東側を南下。11月9日、通城に迫る戦車部隊。同日占領。

漢口から粤漢線沿いに南下。10月28日、咸寧へ急ぐ補給部隊。翌29日占領。

六師団は漢口まで四〇キロの地点に迫ったとの情報が入る。波田支隊はまだ四八キロの道のりを残している。大接戦だ。それまでは互いに先陣争いを厳にいましめ合った両兵団も、もうこうなったらマラソン競争だ。

　作戦行動を起こして一五〇日、あらゆる困難に耐え、がん（頑）敵を破り、峻険をよじ、悪疫と戦い、炎熱に悩まされ、幾多の戦友を失いながら弔う暇もなくただ猛進をつづけたのは、武漢の目標があったればこそである。その夜毎の夢にまで見た武漢の空が眼前にある。猛然たる競争心がわき起こるのも人情の常であろう。波田支隊は九月末から一〇月はじめにかけて連日秋雨にわざわいされ一大湖水と化した富水にさえぎられた時一度はあきらめていた先陣争いではあるが、こうなったら先陣優勝の色気が出るのも無理のないこと。

　当時両兵団の作戦に協力した第三飛行団の田中昇蔵大尉（のち中佐）の話によると、両兵団がいつも飛行隊に要求するのは弾薬糧食の補給や爆撃ではなかった。第六師団は波田支隊の先頭位置を、波田支隊は第六師団の先頭位置を知らしてほしいということだった、という」

　漢口には連日、陸海軍の航空部隊が爆撃をつづけていた。その漢口に陸軍部隊の砲弾が初めて撃ち込まれたのが一〇月二四日、第六師団の大砲部隊だ（野砲兵第三大隊、山砲兵第二大隊）。砲兵陣地は、かつて清朝の張之洞が漢口を水害から守るために設けた堤防・張公堤が連なる黄土湖の戴家山対岸・道貫泉からである。翌日夕方から湖水を舟艇で次々に渡って漢口市街へ突進した。最初に三〇人ほどが先遣隊として渡るとき、付近の住民の舟を借りた。

「中国の民船で不なれと流れが速いため（湖水はすぐ揚子江に流れ込んでいる＝引用者）、まず二五人乗ってもらうことにした。いざ出発という時、舟主とその子どもが乗って、いくらおりるように言い聞かせてもおりず、仕方なく同舟することにした。……中国人から舵をとり対岸へと急ぐ。彼は『中国兵多多有』といって舵にしがみつき、離れようとしない」（工兵第六連隊後藤伍長の手記。前掲『熊本兵団戦史』より）。

　漢口への〝初上陸〟は、なんとも珍妙な光景を描きつつ進行した。船主は、自分の船が破壊されまいとし、あるいは奪われまいとして必死だったにちがいない。

　第一一軍司令部は九江（揚子江沿い）まで進んでいたが、九江から飛び立った飛行機が午後一〇時過ぎ、「第六師団の一部ついに漢口に突入占領」と報告した。中支那派遣軍司令官・畑俊六大将、第一一軍司令官・岡村寧次中将とその幕僚はバンザイを叫び、早速に

右上／漢口から粤漢線沿いに南下。11月10日、岳州をめざす。荷を担いでいるのは捕虜となった中国兵。
左上／漢口から粤漢線沿いに南下。11月11日、岳州を占領。
下／岳州の楼上から洞庭湖を望む日本兵。

冷酒で乾杯したのだった。

漢口占領は一〇月二六日である。

第六師団に漢口一番乗りに先を越された波田支隊は、一〇月二六日武昌を、二七日には漢陽を占領した。

中国軍は漢口・武昌・漢陽ともに、市街地では戦いを避け、撤退した。最後まで残っていたのは共産軍の周恩来や朱徳らで、当時まだ残っていた日本租界《そかい》を焼き、軍需工場は破壊した。当時の漢口の人口は約八〇万、事前に避難できなかった二〇万の難民はフランス租界と特別区（旧イギリス租界）に収容されていた。

岳州の攻略（第一一軍）とその波紋

一九三八年（昭和一三年）一一月三日、漢口市街を陸海軍の部隊が行進した。その日はいわゆる明治節（明治天皇誕生日）で、天長節（今上天皇誕生日。当時はもちろん昭和天皇）に次ぐ、国をあげての慶祝日だった。

だが第一一軍の多くの部隊がまだ戦っていた。江南を進んだ第九師団（金沢の部隊）と第二七師団（千葉県佐倉の部隊）だ。両師団は揚子江南岸よりやや南寄りを、湖を避け川を越えて進撃した。山地では中国軍が幾重にも陣地を築いていたが、ここではなるべく陣地を迂回するように進んだ。

第六師団が漢口突入を果たしたその日に、両師団も粤漢線《えつかん》（漢口～広東）まで進出して鉄路を遮断（賀勝橋、桃林鎮という小さな駅）。さらに南下して通城《つうじょう》（一一月九日、第二七師団）と岳州《がくしゅう》（一一月一一日）を占領した。岳州は、あの田家鎮の戦いで苦戦した今村支隊が漢口から南下してきて、第九師団と協同して占領した。

通城は湖北省の南端、湖南省と境を接し、漢代からの町だ。茶の積出港として有名な岳州は現在の岳陽《がくよう》（湖南省）。洞庭湖《どうていこ》から揚子江に流れ出す岸辺にあり、城の西門の岳陽楼《がくようろう》から望む景観は唐の張説《ちょうせつ》が詠んだ詩によって、名勝地として名高い。

通城と岳州は、この作戦の進出限界線だった。武漢攻略作戦はここで終わったのだ。

しかし、蔣介石はそう考えなかった。粤漢

広東攻略。10月22日、広東を占領した。武漢攻略より遅く始めて武漢より4日早く占領した。

線は漢口～岳州を経て湖南省省都・長沙《ちょうさ》に至る。岳州からわずか一五〇キロ。蒋介石は日本軍が必ず長沙まで侵攻の手を伸ばすと即断し、長沙の街中に火を放った。市街は大火炎に包まれ、五日間燃えつづけた。岳州が占領された翌日の一一月一二日夜という。黄仁宇は次のように述べている。

「『焦土作戦』の方式で日本軍に対処することは湖南省政府主席の張治中の計画であり、兵士三人を一組とする放火隊が編成され、あらかじめ配置についていた。これを蒋介石がまったく知らなかったことはあり得ない。なぜなら蒋介石は一一月三日に長沙に赴いて一〇日間滞在し、軍事会議を開催して指示を与えていたのである。そして一二日に長沙を離れたが、大火災はその晩に発生した」（前掲、黄仁宇『蒋介石』）。

蒋介石はふたたび長沙にとって返し警備司令部や警察の責任者三人を、軍法会議で即座に死刑にしたという。日本軍の進撃は岳州で止まり、焦土作戦という名目が成り立たなくなったので、〝失火〟の責任を追及した形にして、自身の責任を転嫁したのであろう。

日本軍による実際の長沙攻略は三年後のことである。

武漢三鎮は揚子江をはさんで西岸に漢口と漢陽、東岸に武昌がある。三市合わせて一五

燃える広東市街。

占領した広東市を行進する日本軍。

老婆を背に安全な場所に移そうとする日本兵。

〇万、上海に次ぐ大都会だった。漢口は商業と工業の中心地であり、漢陽が中国最大の製鉄工場・漢冶萍《かんやひょう》工場があった（日本政府は一九一五年の「対華二一カ条の要求」で日本との合弁を強要した経緯がある）。兵器工業の中心地でもあった。武昌は隋、唐時代からの湖北省の政治の中心地。

日中戦争前は日本をふくめて五カ国の租界があったが、すでにイギリス・ドイツ・ロシアは自国の租界を返還し、特別区となっており、フランスは依然として租界を維持していた。

こうして日本は徐州《じょしゅう》、開封《かいほう》、鄭州《ていしゅう》から武漢三鎮にいたる黄河、揚子江にはさまれた中国の心臓部全域を占領した。それは豊かな穀倉地帯とともに鉱物資源とそれを利用した工業地帯の大部分を日本が支配下に収めたことであって、重慶に退いた蒋介石国民政府は、以後、日本に抵抗するための銃弾製造にさえ支障を来たしたが、それこそ日本のねらったところでもあったのだ。

次にふれるように、漢口占領の前に、日本軍は広東の主要部を占領していた。香港経由のイギリス・アメリカからの軍需物資が中国に流れ込むことを阻止したわけで、蒋介石軍を立ち枯れにさせる作戦だったのだ。

武漢作戦中の日本軍の損害と戦果をまとめておこう。

第二軍の損害と戦果

●損害

戦死約二三〇〇名、戦傷約七三〇〇名、戦病死九〇〇名（うちコレラが三〇〇名。戦病で野戦病院に収容された者は約二万五〇〇〇名）。

"廣東完全占領"を公表
【大本營陸、海軍部二十二日午後四時三十分公表】二十一日夜わが軍は完全に廣東市を占領せり
溫顏に市民も釋然
正義皇軍に頼る
先導部隊と廣東入城
南支方面戰鬪經過要圖
十月二十二日 大本營陸軍報道部
蔣、祕密會議開催
共産黨を除き重大
敵・虎門砲台を抛棄
王寵惠突如香港へ
武漢戰線・躍進目覺し
江北各部隊一齊進擊
敵軍總崩れ
白雲山頂を確保
漢口まで下り坂
大別山中央突破成る
麻城陥落迫る
省境を突破し急追擊
徳安へ大迂回
敢然群敵を突破
包圍を破り十五

広東占領を報じる1938年10月23日付『東京朝日新聞』。

●戦果

中国軍の遺棄死体約五万二〇〇〇名、捕虜約二万三〇〇〇名。捕獲品は火砲約二五〇門、重機関銃約五〇挺、軽機関銃約四〇〇挺、自動車約一三〇両。

第一一軍の損害と戦果

●損害

戦死四五〇六名、戦傷一万七三八〇名、軍馬死五六〇五頭。

●戦果

中国軍の遺棄死体一四万三四九三名、捕虜九五八一名。捕獲品は火砲三七七門、重機関銃三一八挺、軽機関銃一二四〇挺 その他弾丸、自動車多数、米三万二四二六俵・麦粉三五〇〇俵・一〇〇食入り乾パン一万六六〇〇俵・一〇〇人分入り缶詰一五〇〇個・茶一〇万斤等々。

全体では日本兵約七一〇〇名が戦病死し、約二万五〇〇〇名が負傷した。

損害は、とくに戦死の場合は遺族まで通知しなければならないから、正確だったようだが、戦果はなかなか正確な数字が報告されなかったといわれる。遺棄死体などは、実際の三倍水増しが普通という見方もあるほどだ。黄仁宇はそれを古今東西の常習と言い、「日本側の例にとれば、報道される中国軍の殺傷者数は、必ず日本側の損害の二〇倍以上である」とし、（第二次大戦下の）アメリカ軍も例外でないとする一方、「その虚報といい誇張といい、敗戦を戦勝とし敵側の自発的撤退を大勝利とするにおいて、中国軍ほど一貫してこれを行った例を見ない」（前掲『蒋介石』）と書いている。

援助物資の阻止で広東攻略

日本軍は武漢作戦と並行して、当時イギリス領だった香港の対岸・広東（現広州）を攻略した。その目的は、香港経由の外国からの武器・弾薬など軍需物資が中国に流入しないようにするためである。

盧溝橋事件以後の、中国に対する軍事援助の中心はソ連である。中ソは事件直後に不可侵条約を結んだが、ソ連からの援助の中心は航空機だった。

ソ連に次ぐ援助国はドイツだった。香港経由の物資は毎月平均して六万トンで、その六〇パーセントがドイツからの武器だったという。もっとも援助といっても戦前に契約された武器とレアメタル（タングステンやアンチモニイなど）の物々交換である。単純に〝援助〟とも言えないが、日本からすれば中国を利するものはすべて悪意ある援助であった。

とりわけドイツとは日中戦争が始まったあとの一九三七年一一月、イタリアも加わった日独伊防共協定を締結したから、日本としてはなかば同盟国になったつもりだったが、ドイツは日本の南京攻略時までは蒋介石の幕僚として軍事顧問団を派遣していたのだ。軍事顧問団は南京戦以後、帰国したが、武器輸出は続いていた。当時はすでにヒトラーの統治下だが、まだ陸軍全体を掌握しておらず、中国に同情的な陸軍の勢力を押さえきれなかったからだといわれる。

こういう次第で、日本は香港経由の援助ルートを遮断することに決した。広東を押さえて、奥地に通じる粤漢線《えつかん》を使えないようにすればよい。

新しく第二一軍が編成された。編入された部隊は、第五師団（広島の部隊。山東省にいた）、第一八師団（福岡県久留米の部隊、上海から南京付近にいた）、第一〇四師団（名古屋の部隊、満州の大連にいた）、第四航空団で、兵力約七万、軍馬二万七〇〇〇匹である。軍司令官は古荘幹郎中将で直前まで台湾軍司令官だった。

各師団は青島《チンタオ》、上海、大連から輸送船に乗って広東付近まで進んだ。あまり戦いらしい戦いは起こらないだろうという気分が全体に流れていたようだ。古荘軍司令官はほとんど病人で、実際の指揮はとれまいと見られていたのに、総指揮官の役割を担わせたことからもそれがうかがえる。蒋介石は武漢の戦いで精一杯だから、広東防衛までは手が回らないだろうということも推察できた。広東周辺には一四、五師（兵力一〇万前後か）が配置されていたが、総指揮官・余漢謀《よかんぼう》に対する日本の謀略工作が進行していた。日本側は「抗日戦の無駄であること」を説得しつづけ、余漢謀もほぼあきらめつつあることが、ある程度わかっていた。総司令官・蒋介石や、中国共産党の徹底抗戦の決意とは別個に、現地指揮官のなかには「抵抗はむだだ」という説得に応じる者もいたのであろう。

それでも広東占領まで約一カ月と見込んでいた。作戦は一〇月一二日（漢口占領間近のころ）第一八師団と第一〇四師団によるバイヤス湾上陸から始まった。中国軍の抵抗は弱く、ずるずると後退を重ね、一〇日後の一〇月二一日には第一八師団が広東を占領してしまった。漢口占領の五日前である。第五師団は広東湾の珠江《しゅこう》を舟艇でさかのぼったが、広東占領の翌日からである。

こうして日本軍はあまりにもあっけなく広東とその周辺を占領した。戦死一七三名、戦傷四九三名という。ただ一二五七名と病気になった者が多かった。中国軍の捕虜は一三四〇名、捕獲品は火砲一八九門をはじめ多くの武器のほか、米（籾《もみ》とも）一万七五五〇俵などだった。

広東陥落後、中国側では総指揮官・余漢謀が日本軍に買収されて、まじめに戦わなかったと盛んに非難攻撃の宣伝を行ったそうだ。

第7章 長期持久戦略と占領地の拡大

大作戦の一段落と戦略持久

並行して行われた武漢《ぶかん》・広東《カントン》攻略作戦が終わり、盧溝橋事件以来の約一年半で、日本軍は中国にいったいどれほどの損害を与えていただろうか。その年（一九三八年）の一二月二六日、大本営陸軍部が発表した数字を引いてみよう。

領土の占領

チャハル省・綏遠《すいえん》省・河北省・山東省・山西省・江蘇省・安徽省の全域。河南省の大部分。湖北省・江西省・広東省の一部。総面積は一五一万五六九六平方キロで、日本全土（六七万五三六五平方キロ。台湾、朝鮮、南樺太、千島列島をふくめる。）の二・二四倍。これは中国全土（大本営が発表した当時の面積は三一〇万四五八八平方キロ。満州国を除く）の四七パーセントにあたるとした。

占領地内の人口

当時の中国の人口は約四億と称せられたが、日本軍占領地内の人口は一億六九〇〇万と見積もられ、全人口の約四割と概算された。

戦線距離

「北支那戦線は永修～岳州～信陽～正陽関～柘州～開封～山西省境の約二五七五キロ」、「南支方面は四二五キロ」で計三〇〇〇キロ。

中国兵の撃滅

遺棄死体は計八一万三三〇〇名。内訳は上海戦八万一〇〇〇名、南京戦八万三〇〇〇名、徐州戦一二万三〇〇〇名、北支方面掃蕩戦九万九〇〇〇名、武漢戦一九万五〇〇〇名。

その他の戦死者、負傷者をふくめると、中国軍の損害は二〇〇万名をくだらないという。

捕獲武器など

小銃二〇万八〇〇〇挺、機関銃一万一〇〇〇挺、青龍刀一万二〇〇〇刀、大砲（野砲・騎砲・山砲）六八〇門、迫撃砲一二〇〇門、戦車・トラック五六〇両、客貨車一三〇〇両、小銃弾一三六〇万発、ダムダム弾二万、手榴弾二〇〇万、砲弾八一万七〇〇〇発、迫撃砲

右頁／1939年2月11日、海南島最大の都市・海口市を占領した日本海軍陸戦隊。

左／海南島海口市で住民宣撫中の日本軍。海南島は当時、広東省に属していた（現在は海南省）。

弾一七一万八〇〇〇発。

中国海軍艦艇

撃沈・撃破一九隻（内三隻は捕獲）。機雷処分総数二七二九個。

中国空軍の損害

撃墜・爆破一五〇三機（内不確実は二一〇）。

こうした損害を中国軍に与えたが、一方、日本軍の戦死者は四万七一三三名という。

さて、日本が占領した地域は、地味豊かな穀倉地帯であり、資源豊かな工業地帯であった。中国は、武漢を日本に奪われたことにより、抗日戦に不可欠な重工業の基盤を失った。非占領地域の中国内陸部は工場数からみても、全国のわずか六パーセントに過ぎなかった。新首都・重慶《じゅうけい》方面に約一〇〇〇万もの避難民が流れ込んだ。

日本はこうした「戦果」を背景に、近衛首相の「東亜新秩序の建設」声明（一九三八年一一月三日）、さらには「近衛三原則」の声明（同年一二月二二日）で局面の打開をはかろうとした。前者は「日本の戦争目的は東亜永遠の平和にある」という一般原則、後者は「善隣友好・共同防共・経済提携」としてまとめられるが、蒋介石は当然ながら次のように激しく反発、非難した。

「東亜新秩序とは、独立の国家を滅亡させ、別に奴隷的中国をつくりあげ、子々孫々、日本に支配されることを意味する。この新秩序こそ中国が奴隷国家に成り下がり、日本と〝日本がつくりあげた満州偽国〟と連絡して完成するのである。東亜の新秩序とは東亜の国際秩序を破壊し、奴隷的中国をつくりだし、太平洋を独覇し、世界分割の企図を遂げんとする総名称にほかならない」（一九三八年一二月二六日　国民党中央党部における孫文《そんぶん》総理記念週間訓詞）。

しかし、侵略されている渦中にあって、武力で抵抗するだけが中国を救う道ではないと考える政治家もでてきた。国土の半分と人口の四割を〝質〟にとられた状況であってみれば、武力戦は絶望と考える指導者が、中国政府のなかから出てきても不思議ではない。蒋介石よりは二歳年上で、最初から孫文を助けつつ国民革命に参加してきた汪兆銘《おうちょうめい》（当時五三歳）がその人だった。

汪兆銘は同志とともに重慶を脱出、ハノイに至り（一二月二〇日）、協議のため日本に向かった。

日本陸軍は、汪兆銘の動きに賭けつつ、武漢・広東攻略以後は、進攻作戦（占領地を広げること）を打ち切り、占領地の治安確保を重点とする、戦略持久方針を打ち出した。

新しい占領地の獲得

とはいえ、まったく占領地を広げなかった

かといえば、そんなことはない。その後も次々と占領地を広げていったのだ。それぞれの作戦には、「反撃を絶つため」「占領地の治安を安定させるため」「蒋介石援助の外国からの軍需品輸送路を遮断するため」等々の理屈がくっつけられている。不思議としか言いようがないが、そうすることが「支那事変を解決する道」と考えられたのである。

1939年3月4日、海州（江蘇省）を攻略する日本軍。

まず、一九三九年（昭和一四年）の主要な攻略作戦を簡単に見てみよう。

海南島《かいなんとう》の占領　一九三九年二月

広東省雷州半島の対岸にあるが、面積は九州とほぼ匹敵する。海軍が中国南部要地の爆撃のため飛行場を作りたいということと、中国海岸封鎖の根拠地とするためだった。海軍陸戦隊と台湾混成旅団が担当、抵抗はほとんどなかった。海南島はヴェトナムに近いので、イギリス・アメリカ・フランスは日本の軍事進出に警戒しはじめた。ヴェトナムはフランス領インドシナ連邦（当時の言い方では仏印《ふついん》）の一角を占めていたからである。

海州《かいしゅう》の攻略　一九三九年二月

江蘇省隴海《ろうかい》線の起点・連運《れんうん》港に近く、〃日本の占領地域内〃であったけれども、なお〃未占領〃の拠点だった。北支那方面軍の第一二軍（一九三八年末、従来の第二軍に替えて、第一二軍を新設）の三個師団で大包囲網をつくり、五万とも推定される海州付近の中国軍を攻撃した。海州占領は三月六日、これによって隴海線の徐州《じょしゅう》～海州～連運港が貫通した。

南昌《なんしょう》の占領　一九三九年三月

江西省省都・南昌はその南方で杭州と鉄道で結ばれ、株洲《しゅしゅう》（長沙《ちょうさ》の南四三キロ）で京漢線と連絡する（浙贛《せっかん》鉄道。浙は浙江省の略称、贛は江西省の別称）。浙贛線は隴海《ろうかい》線（江蘇省連運港～甘粛《かんしゅく》省蘭州《らんしゅう》）と同様、中国を東西に横断する鉄道だ。それを押さえ、武漢の揚子江側南側入り口にあたる九江《きゅうこう》など、江南一帯を安定確保するためだった。第一一軍（司令部・漢口）の第六師団（熊本の部隊）、第一〇一師団（東京の部隊）、第一〇六師団（熊本の部隊）などが担当。

九江側から進撃したが、途中の修水《しゅうすい》を渡河するに先立ち、川岸に日本陸軍史上最大という大砲の大放列（二百数十門）を敷き、対岸の中国軍陣地を攻撃した。その際、万を超すガス弾も用意、相当数を発射したらしいと、一部で指摘されているが、事実が確定するにはなお時間がかかりそうだ。

ガス弾は武漢作戦でも使用されたが、その武漢攻略戦のあと載仁《ことひと》親王参謀総長は北支那方面軍・中支那派遣軍の各司令官に対し「在支各軍は特種煙（あか筒、あか弾、みどり弾）を使用することを得、但、これが使用に方《あた》りては、市街地特に第三国人居住地を避け、勉めて煙に混用し、厳に瓦斯《ガス》使用の事実を秘し、其痕跡を残さざる如く注意すべし」と指示している（引用は、古屋哲夫『日中戦争』）。

南昌攻略戦における中国軍の遺棄死体二万四〇〇〇名、捕虜八六〇〇名といい、日本軍は戦死約五〇〇名、戦傷約一七〇〇名だった。

南寧《なんねい》の占領　一九三九年一一月

広西省（現広西チワン族自治区）の省都・南寧の攻略は、援蒋《えんしょう》ルート（欧米からの蒋介石政

1939年3月6日、海州に入城した日本軍。

府援助の輸送ルート）の一つ、ハノイ・ルート（ハノイで揚陸、広西公路で輸送）を遮断するというのが目的。第五師団（広島の部隊）と台湾混成旅団が担当、一一月一六日欽州湾から上陸し、同二四日占領、さらにフランス領インドシナ（現ヴェトナム）国境に進出した。占領は比較的簡単だったが、南寧攻略部隊はこのあと中国軍の猛反攻を受ける。これについてはあとでふれる。

さまざまな粛正討伐作戦

こうしたはっきりと占領を目的とした作戦のほかに、ちょっと遠出して集まっている中国軍を攻撃し、引き揚げるという作戦もしばしば行われた。とりわけ、山西省や山東省などではいちいち作戦名をつけないような大小の粛正作戦、討伐作戦が行われた。

北支那方面軍の昭和一四年度の討伐粛正戦は一万七四五七回交戦して、三四一万人以上を相手に戦ったという。この章の冒頭で一九三八年末までの中国軍の損害のなかで「北支那方面の掃蕩戦九万九〇〇〇名」という〝戦果〟があるが、それと同じ性格の戦いだ。

たとえば一九三九年九月の一カ月をみても、一二六五回交戦して、一二六万三〇〇〇名を相手にしたが、遺棄死体一万三八〇〇名、捕虜一七〇〇名の戦果を得、損害は戦死四六二名・戦傷一〇六一名だったという。占領地区とはいえ、周囲はすきあらば反撃しようとしていた大小の中国軍部隊に囲まれていたことがわかる。

そうした作戦にはかなり大がかりのものがあった。たとえば、次の襄東《じょうとう》作戦や贛湘《かんしょう》作戦がそれである。

襄東作戦（一九三九年五月）

湖北省西部・漢水《かんすい》中流にある襄陽《じょうよう》（現襄樊《じょうはん》）の東側で作戦したのでこう呼ばれる。襄陽は武漢攻略戦で占領した京漢線の信陽《しんよう》から西直線約二〇〇キロ、長安（陝西省）・洛陽（河南省）と揚子江流域を結ぶ交通の要衝だ。その一帯に中国軍約三〇個師（二〇万以上か）が集まり攻勢をとろうとしていると判断したので、先制攻撃が実施された。

第一一軍の第三師団（名古屋の部隊）、第一七師団（千葉県佐倉の部隊）、第一六師団（京都の部隊）が横三線になって西に進撃、大打撃を与えた。遺棄死体約一万五〇〇〇名、捕虜約一六〇〇名、日本軍の損害は戦死約六五〇名、戦傷約一八〇〇名という。この作戦以後、中国軍は襄東地区をつかのまま放棄した。

贛湘作戦（一九三九年九月中旬～一〇月初旬）

贛湘作戦は、贛、すなわち江西省と、湘、すなわち湖南省にまたがって実施されたのでこう呼ばれる。具体的には両省の北部にある洞庭湖北東端・岳州（湖南省、現岳陽）と南昌（江西省省都）にはさまれた地域だ。

第六師団（熊本の部隊）・第三師団（名古屋の部隊）の一部・第一三師団（仙台の部隊）の一部が洞庭湖付近から東に進み、第一〇六師団（熊本の部隊）が南昌西方から西に進撃した。新設（三九年二月）の第三三師団（宇都宮の部隊）が岳州から東約一〇〇キロの地点（通城）まで進んでそこから進撃した。

1938年3月21日、南昌（江西省省都）を攻略する日本軍。

中国軍は約三〇個師（二〇万以上か）といい、一カ月足らずの間に、中国軍の三分の一にあたる兵力を失わせたという。すなわち遺棄死体約四万四〇〇〇名、捕虜約四〇〇〇名に対し、日本側の損害は戦死約八五〇名、戦傷約二七〇〇名だった。

日中戦争をめぐる情勢の大変化

このように日本軍は一九三九年の間、戦略持久とは言いながら、北から南まで中国全土において大小の作戦をくりかえし、占領地も広げたが、その間に内外の情勢は大きく変化した。これが日本を大きく揺さぶり始めた。それらはやがて、日中戦争の目的や性格まで変えようとしていた。

第一は、日本軍による天津《テンチン》のイギリス租界封鎖をきっかけとして、イギリス・アメリカとの関係悪化が深刻になってきたことだ。

第二は、ノモンハン事件という〝大戦闘〟で敗北した結果、ソ連に対して極度な緊張の持続を強いられてきたことだ。

第三は、ドイツとソ連によるポーランド侵攻に対して、イギリス・フランスがドイツと戦争状態に入ったことだ。

第四は、日本の兵力補充がそろそろ限界に近づきつつあったということだ。

簡単に見ていこう。

一、イギリス・アメリカとの関係悪化

北支那方面軍は六月一四日（一九三九年）天津のイギリス租界《そかい》を封鎖した。直接の原因は、中国連合準備銀行天津支店長兼天津海関監督・程錫庚《ていしゃっこう》を暗殺した犯人引き渡しをイギリスが拒否したからである。犯人はイギリス租界内で日英共同捜査で逮捕されたという。

中国連合準備銀行は日本が占領地内で流通させる連銀券を発行していた。当然、それまでの中国の紙幣（法幣）の流通を禁止した。しかし、イギリス租界内では法幣が流通しており、それに怒った日本軍は前年暮れ、イギリス租界への交通を制限したこともあった。そして今回の事件である。日本への協力者・程錫庚の暗殺犯人をかくまうことは、イギリス租界が抗日分子の活動拠点であり、イギリスがそれを支援しているという年来の疑惑を証明するものとして、日本軍は強硬だった。

問題は、東京の外交ルートに乗せ、交渉されたが、東京を中心に反英デモが吹き荒れ、各新聞社もそれを支援した。そうした折りもおり、アメリカは突然、七月二六日、日米通商航海条約を破棄すると通告した。イギリスに対する強力な援護射撃であった。

と同時にそこにはアメリカ人特有の人道的怒りの爆発もあったとされる。すなわち、その約二カ月前の五月三、四日、日本陸海軍航空隊は、漢口から出撃して首都・重慶に爆弾の雨を降らした。漢口占領後、奥地（四川省の重慶・成都、甘粛省の蘭州など）進攻航空作戦を断続的に行っていたが、その五月三、四日の空爆は初めて焼夷弾《しょういだん》を投下（火災を起こさせる目的）するなど、例を見ない残忍な空襲となった。東西二キロ・南北七〇〇メートルの繁華街が焼失し、市民約四三〇〇名が死んだ。重慶にはアメリカ大使もいたし、アメリカ人のジャーナリストもいたのである。上海戦、次いで南京戦の報道を通じて、すっかり中国に同情を寄せるようになっていたアメリカ人が、そうした強硬な対日姿勢を支持し

1939年3月28日、南昌を占領してその省政府の前で、攻略部隊の軍旗に敬礼。

たことは言うまでもない。

もうイギリス租界問題どころでなくなった。このままいくと、日米通商航海条約は六カ月後には廃棄される。

阿部信行内閣（一九三九年八月三〇日成立）は野村吉三郎海軍大将を外相として、日米交渉に乗りだしたが、アメリカは中国での経済活動が不当に制限されるおそれがあるかぎり、新しい条約は結ばないと強硬だった。結局、日米通商航海条約は翌年の一月二六日失効した。

これによってただちにアメリカからの輸入が途絶したわけではない。しかし、石油や製鉄原料の大部分、工作機械など（当時は現在と逆で、アメリカの工作機械が圧倒的に優秀だった）重要資源や機械類の輸入の大半をアメリカから輸入していたから、いつ打ち切られるかビクビクしながら、戦争のための生産をつづけなければならなくなった。

二、ノモンハン事件とソ連との緊張激化

一九三九年五月一一日、モンゴル人民共和国軍（当時は外蒙軍、外モンゴル軍などと言った）が満州国のノモンハン付近で日本の植民地・満州国の国境を侵した。もっとも外モンゴル軍は自らが信じる国境まで進出したにすぎなかったのだが。

ノモンハンはハイラルの南南西二〇〇キロの大草原地帯。事件第一報を受けた新京（現長春）の関東軍司令部ではノモンハンがどこかがわからず、特定するのに三時間かかったという。

関東軍は、東京の参謀本部の意図に反して次々に大部隊をくりだし、やがてジューコフ将軍指揮するソ連軍との本格的戦闘に発展した。外モンゴル国、すなわちモンゴル人民共和国はソ連の衛星国の一つだったからだ。戦闘は中休みをはさんで八月末までつづいたが、攻撃の主力となった第二三師団（熊本、鹿児島、都城の歩兵連隊）は、参戦した一万五〇四〇名のうち一万九五八名が死傷した。ソ連軍の戦車部隊と砲兵部隊になすすべもなかったのだ。

戦闘は折から勃発したナチス・ドイツ軍のポーランド侵攻（九月一日）がきっかけとなり、日本もそれ以上の戦闘を望まなかったので停戦協定が成立（九月一五日、モスクワで）

した。

停戦後、ソ連は独ソの秘密協定にしたがい、ドイツと歩調を合わせてポーランドに侵攻を開始した。日本は、関東軍司令官以下、主要幕僚をすべて入れ替え、ソ満国境（ソ連と満州国国境）ではコトを荒立てないという方針を決めた。それまで底流にあった対ソ開戦論は、ソ連軍の実力を見せつけられたことにより後退、逆にいつソ連軍が攻勢をかけてくるかに怯えた。日中戦争を早く片づけて、満州国の防衛態勢を強化したかったが、かと言って日中戦争に関して大胆な解決策を打ち出すわけでもなかった。方針としてあったのは、中国軍を撃滅したら蒋介石が手をあげるだろう、という相変わらずの〝一撃論〟〝大打撃論〟のみだった。

三、英仏がナチス・ドイツに宣戦

ドイツのポーランド侵攻は、独ソ不可侵条約締結の一週間後である。英仏は独ソ条約のあとただちにポーランドと軍事協定を結んで、ポーランドが侵攻されたら軍事援助することを約束した。イギリスは、ミュンヘン会議でとったような対ドイツ宥和《ゆうわ》政策を放棄したのである。

独ソ不可侵条約の成立によって、日本とドイツとの間で前年からつづいていた日独伊三国同盟締結の交渉は打ち切りとなった。なぜなら、その同盟はイギリス・アメリカももちろんだが、主として（特に日本では）ソ連を対象に攻守同盟（一国が攻撃を受けたら参戦する）を結ぼうとして進められていたからである。そのソ連とドイツが手を結んだのでは話にならない。

しかし、だからといって日本では、海軍首脳のごく一部（米内光政、山本五十六、井上成美の三提督は三国同盟締結に徹底して反対した）を除いて、反ナチス感情は起こらなかった。自由主義に対して全体主義を標榜するナチス・ドイツとムッソリーニのイタリアは当時枢軸《すうじく》国と呼ばれたが、日本も英米流の民主主義・自由主義を排して、天皇に絶対忠誠を誓う全体主義国家を標榜していた。日中戦争はその傾向を一段と強める役割を果たしつつあった。すでに日中戦争は日本では聖戦と呼ばれるようになっていた。

中国の蒋介石に武器弾薬を与えて援助しているイギリス・アメリカ・フランスのうち、アメリカが日本との通商条約を破棄通告し、その一カ月余のあとイギリス・フランスがドイツと戦争状態に入るにおよんで、日本はドイツの勝利を心から望んだのである。決着は先のこととしても、ドイツとの戦争でイギリス・フランスが援蒋《えんしょう》どころではなくなると見込めたし、アメリカもまたイギリスやフランスへの援助に忙しく、中国などかまっていられなくなると踏んだからだ。しかし、一九三

東京朝日新聞 夕刊

日米通商航海條約
米、突如廢棄を通告す
けふ對日通牒を手交

對日通牒全文

我大陸政策牽制に
法的障碍を除去
極東の新情勢に對處

感状・上聞に達す
重慶・成都空爆の功

右頁右／1939年5月、襄東作戦で随県市街に突入する日本軍。

右頁左／1939年5月、重慶に対する無差別爆撃で逃げまどう市民。

左／1939年7月28日付『東京朝日新聞』はアメリカの「日米通商航海条約破棄通告」を1面トップで伝えた。

九年中には、ドイツはポーランドを侵攻しただけ、英仏も国境の防備を固めるだけで、ヨーロッパ戦線は一見平穏という〝奇妙な戦争〟がつづいた。英米の中国援助が打ち切られることはなかった。

四、日本は兵力増強の限界に近づいた

日本は兵力増強の限界に達していた。日中戦争が始まる前は、「戦時になったら、常設一七個師団を三三個師団まで増やす」という前提であったのだが、戦争勃発後一年もしないうちにその限界を超えてしまった。その後も新設部隊の編成は止むことなくつづき、三年目の一九三九年には、約八五万名を中国戦線に投入していたのだ。

一九三九年には一一個の師団と一四個の独《どっ》混《こん》（独立混成旅団）を新設し、そのすべてを中国戦線に送り込んだ。しかし、従来のようなぜいたくな師団は作れなかった。兵員節約のため、戦争勃発以来従来通りの師団のほかに、それまでは一個師団が四個歩兵連隊だったのを、三個歩兵連隊の師団（三単位編成と呼んだ）を三個編成していた。そのかわり砲兵部隊を一個（計四個に）増やしたから、戦備はかえって充実させたのだと、自らを納得させた。この年に新設された師団はそれにならってすべて三個歩兵連隊とした。

しかし、この年に編成された一一個の師団は、同じ三単位の師団でも、中国各地の占領地の警備や小規模の治安戦を実施できれば良いとして、砲兵部隊は増やさなかった。こういう師団を〝治安師団〟と呼んだ。ただ兵員の数から見ると、〝軍備充実〟の三単位師団は一万二六〇〇名であったが、〝治安師団〟は一万三五〇〇名で、治安師団のほうが多かった（実際の兵力数は師団により違うが）。

警備や治安戦目的のためならもっと小規模でもよかろうとして編成されたのが独混だ。約八〇〇名の独立歩兵大隊五個が核となり、小規模の砲兵隊や工兵隊、通信隊をつけたもので、兵力は約五〇〇〇名。ミニ師団といわれる所以《ゆえん》だ。〝独立〟の意味は、旅団は本来、師団の下に位置するがそれがないということ。また大隊は本来、連隊の下に位置するがそれがないという意味だ。

治安師団は内地の各地で編成されて中国に渡ったが、独混はほとんど、それまで中国で戦っていた兵隊の服役期限がきて、ふつうなら内地へ帰すところを足止めさせ、彼らを要員として現地で編成した。しかし、期限切れや死傷などで兵隊を補充する必要があるので、必ず内地の補充地が決められていた。

それまで中国戦線では数個軍・師団を統一指揮する〝方面軍〟や〝軍〟という大きな司令部が三個並列していたが、あまりにも所帯が大きくなりすぎたので、そのすべてを統一指揮する司令部を新設した（九月）。支那派

1939年11月29日、南寧（現広西チワン族自治区）を占領した日本軍が、市街で行進。

一息入れる日本軍。贛湘作戦。

遣軍司令部がそれである。

支那派遣軍のもとに、北支那方面軍・第一一軍・第一三軍・第二一軍が置かれた。このうち北支那方面軍の規模が最も大きい。南京にあった中支那派遣軍と、北支那方面軍のもとにあった第二軍は廃止された。一九三九年末の陣容は次のようになった。それぞれの軍司令部が、南京、北京、漢口、上海、広東、太原《たいげん》、済南《さいなん》、張家口《ちょうかこう》などに置かれた。

支那派遣軍（司令部・南京。軍司令官・西尾寿造大将、総参謀長・板垣征四郎中将）

北支那方面軍（司令部・北京。軍司令官・多田駿中将）

直轄部隊（師団三、独混三、飛行集団一）

第一軍（司令部・山西省太原。師団三、独混四）

第一二軍（司令部・山東省済南。師団二、独混四）

駐蒙軍（司令部・チャハル省張家口＝現河北省。師団一、独混一、騎兵集団）

第一一軍（司令部・漢口。軍司令官・岡村寧次中将）

師団七、独混二

第一三軍（司令部・上海。軍司令官・藤田進中将）

師団四、独混四

第二一軍（司令部・広東。軍司令官・安藤利吉中将）

師団四、台湾混成旅団、近衛混成旅団

この体制も、先に述べた南寧《なんねい》攻略部隊が大きくなったので、一九四〇年二月には第二一軍を廃止して、新たに南支那方面軍司令部（軍司令官・安藤利吉中将）を編成、このもとに直轄部隊（師団四、第二一独立飛行隊）と第二二軍（師団一、近衛混成旅団、台湾混成旅団）を置いた。

この支那派遣軍の総兵力が約八五万名だったのだ。もちろん、当時はそんな数字は公表されない。写真入りで報道される戦地の写真も、部隊名が正しく書かれることはほとんどなかった。日中戦争が始まってわずか二年半で八五万もの日本の兵隊が中国（満州国を除く）にいたなどとは、大本営のほんの一握りの参謀しか知らなかっただろう。

一蹴された参謀本部の〝中南支放棄案〟

当然軍事予算は跳ね上がった。一九四〇年の一般会計（六一億円）と臨時軍事費特別会計（四四億六〇〇〇万円）の総計は一〇五億六〇〇〇万円で、国家予算ははじめて一〇〇億円を超えた。軍事費の割合は六四パーセントである。これでも足りないとして、すでに編成されている師団数（四四個師団）に加えて三年後（一九四二年度）までに約二一個師団を追加し、総兵力三〇〇万、軍馬一〇〇万頭を用意し、そのうえに航空部隊を大拡充するための最初の予算である。

軍需一点張りで、国内では米不足、電力不足が急激に襲い、インフレが昂進、阿部内閣は物価・賃金統制令を出して、九月一八日水準で釘付けさせた。物資はより高い利益を生む中国占領地へ滔々と流れるという、不思議な現象が現れた。

こうした国内の経済的逼迫《ひっぱく》・混乱を緩和し、植民地・満州国の対ソ防衛を強化するため、参謀本部作戦課は中国の日本軍を縮小しようとしたことがあった。一九三九年の九月頃で、折から進められていた、南京に樹立予定の汪兆銘《おうちょうめい》政権との話し合いの過程ともからんでいる。

汪兆銘は、二年以内の中国からの日本軍撤退を要求した。それに応じるかのように、参謀本部作戦課は、日本軍は黄河以北まで下がり（もちろん海南島からも撤収）、統治は汪兆銘政府にまかせる、日本は余った兵力の一部を満州防備にあてるという案だ。

それ行け、やれ行け、一撃すれば蒋介石は手を挙げるに決まっている、と勇ましかった参謀本部の作戦課が、こうした〝中南支放棄案〟を作成するほど、ほんとうは困っていたのだ。日中戦争はよく〝泥沼の日中戦争〟と表現されるが、このときすでに作戦そのものを担当する部署がその危険性をうすうす感じていたのである。

しかし、撤収案は陸軍省の反対で日ならず立ち消えとなった。一度占領したところを放棄するなどとは、とんでもないというのである。

放棄論の一人だった参謀本部情報部長（当時）の樋口季一郎少将は次のように回想している。

「ある日の省部連絡会議において私は『北方（満州・朝鮮とソ連との国境）の不安上、何としても（満州への）兵力集中は必要であり、汪（兆銘）のごときは単なる兵力集中上の方便的存在にすぎないのであり、またそれで十分ではないか。およそ時局処理には〝大義名分〟を必要とする。汪の価値は、この重大作戦行動の変動に〝大義名分〟を与えるものだ』と述べたところ、阿南（惟幾、陸軍省）次官は顔面朱をそそぎ『君は部下を率いて戦場に立ったことがない。それだからそのような暴論を吐き得る。君には数万、数十万英霊に対する感謝も責任も持ち合わせはない。君の意見は一顧にも値しない』というのであった」（引用は戦史叢書『支那事変　陸軍作戦3』から）。

阿南中将（のち陸軍大臣）は第一〇九師団長として山西省で治安粛正戦を戦ってきたばかりであった。そういうことも影響していたのだろう。〝撤収するのは英霊に申し訳ない〟という反論は、いわば殺し文句で、軍人はこれに弱かった。

こうして参謀本部の中南支放棄論は撤回された（翌年また持ち出されるが）。そればかりではない。ヒット・エンド・ラン方式の持久戦略では中国軍は撃滅されない、積極攻勢に出て占領地を広げたほうが早期解決の早道だという考え方さえ生まれつつあった。

次章に述べるように一九三九年末から翌年始めにかけて、中国軍は全土にわたって「冬季攻勢」をかけた。支えられずに全滅の危機に陥った部隊もあったから、持久戦略では勝てないといわれるようになった。

しかし、さらなる兵力を投入できるのか？との問題にすぐぶつかり、議論は堂々巡りを始めるのだった。本当に日中戦争は日本にとっては抜き差しならぬ局面を迎えつつあったのだ。

それは、逆に中国側からみると「戦争はこれからだ」という思いをつのらせる状況でもあった。中国側では、日本の人口、予備兵力、生産力、銀行の貸し出し状況等々を分析しつつ、日本が困りつつあるという状況を的確につかんでいた。

第8章 一九四〇年の戦い

一九四〇年（昭和一五年）の最大の事件は、フランスをはじめ西ヨーロッパがドイツの軍門に下ったことである。中国を攻めつつあった日本は、いっこうに降伏しない中国を攻めあぐねていたが、ヨーロッパの大動乱にひっかけて、より規模の大きい戦争に踏み切るぞと脅しつつ、アメリカ・イギリスの中国援助を断ち切らせようとした。脅しの最大のカードは日独伊三国同盟であり、北部フランス領インドシナへの進駐だったが、それは逆にアメリカの対中援助を加速させ、日本への経済制裁を強める効果しか生まなかった。日独伊三国同盟はとんでもないジョーカーだった。

　では、この年、日中戦争そのものはどんな展開を見せただろうか。主要な作戦を概観しながら、流れを追ってみよう。

翁英作戦（1939年11月〜40年1月）の戦場の最前線・英徳（広東省）。

湖北省における宜昌作戦（1940年5月〜6月）。宜昌市街に突入する日本軍。

賓陽《ひんよう》作戦

広西省の南寧《なんねい》を占領した第五師団（広島の部隊）は、一九三九年一二月中旬、中国軍の大逆襲にあって危機に瀕した。中国軍の総兵力は二五個師・一五万四〇〇〇名で、珍しく戦車隊もくりだした。蔣介石が近くまで進出して（遷江《せんこう》、賓陽の北方約五〇キロ。賓陽は後述）、直接指導したという。前述したように南寧が援蔣ルートの一つ、ハノイルートの要衝だったから、必死だったのだ。

　さすがに三万程度の日本軍では押し返せない。第二一軍司令官（在広東）は南寧からの後退を示唆（命令ではない）したが、師団長・今村均中将はこれを拒否した。

　ほかで作戦していた第一八師団（久留米の部隊）、近衛混成旅団（東京の部隊）を南寧に急派、翌四〇年一月下旬からようやく反撃に転じ、駆逐した。この戦闘には賓陽《ひんよう》作戦という名が付けられた。賓陽付近まで追撃したからだ。賓陽は南寧から北北東七、八〇キロ、漢代からの町である。南寧〜賓陽間の鉄道はまだなかった。

反撃に転じてからの日本軍は快勝をつづけた。一四日間で戦死わずか！二九五名、戦傷一三〇七名の損害に対して、中国軍の遺棄死体は二万七〇〇〇名という。ホントかなと疑うほどだが、逃げるのならもっと逃げようがあったはずと思えてならない。もっとも、大反撃に転じる前のいくつかの戦いで、日本側はすでに五〇〇名以上が戦死しているが。

いささか情けない負け方に怒った蒋介石は高級指揮官を集め、日本軍の「歩兵須知《すち》（心得）」を引用して、このようにもっと勇敢に、上手に戦えと叱咤激励し、二人を減給、八名を免職にした。

前後するが、賓陽作戦を応援した第一八師団と近衛混成旅団は、それまで第一〇四師団（名古屋の部隊）とともに、翁英《おうえい》作戦を戦っていた。英は英徳《えいとく》で、広東《カントン》北方一六〇キロの粤《えつ》漢《かん》線（広東～漢口）沿線、サトウキビで有名。翁《おう》は翁源《おうげん》で英徳の北東四〇キロ、すでに江西省に接し、三華すももで有名。途中で打ち切られたとはいえ、中国軍一二万二〇〇〇名を相手に、戦死二九三名、戦傷一二八一名を出しながらも、遺棄死体一万六三一二名、捕虜一一九八名を得たという。賓陽作戦より一回り小規模だったが、大きな戦闘だった。

蒙疆《もうきょう》と武漢地区の冬季攻勢

中国軍の冬季攻勢は武漢地区でも実施された。中国軍は約六五個師、一個七〇〇〇名として五〇万に近い。一カ月余りの間に、中国軍は各地で九六〇回出撃、日本軍（第一一軍）は一〇五〇回反撃した。大小の交戦回数一三四〇回という。

冬季攻勢は蒙疆《もうきょう》地区（山西省北部の内長城線内がチャハル省・綏遠《すいえん》省と接する付近）でも例外ではなかった。現在、内蒙古自治区の包頭《パオトウ》の北西一六〇キロ、黄河中流左岸の五原付近が

重慶大爆撃・101号作戦。重慶に向かう海軍航空隊の爆撃機。

重慶大爆撃・101号作戦。この作戦で初めて実戦に投入された海軍の零戦（零式艦上戦闘機）。

重慶大爆撃・101号作戦。重慶に向かう陸軍航空隊の爆撃機。

戦場。日本の蒙疆軍がいったん押し返したが、中国軍は撤退するとまた進出、ふたたび日本軍が押し返すという攻防をつづけた。

蒙疆地区などを突然持ち出されると面食らう感じだが、要するに日本軍は万里の長城から、ヴェトナムに近い南寧まで進出しており、いずれの地域でも反撃にでた中国軍を撃滅しようと血眼になっていたのである。

宜昌《ぎしょう》作戦

武漢地区への中国軍の冬季攻勢に対する大がかりなお返しが、宜昌作戦だった（一九四〇年五月一日～六月二四日）。

宜昌（湖北省）は漢口の西、直線約三〇〇キロ、揚子江をさかのぼれば約四〇〇キロ。すぐ先に有名な山峡の険があり、当時は宜昌が揚子江を一万トン級の大型船が遡航できる限界だった。四川省への入口でもあり、重慶（四川省省都。当時の蒋介石政府の首都）防備の第一線だ。

武漢の西北一五〇キロの安陸《あんりく》（すでに日本軍占領）以北の漢水《かんすい》（揚子江の支流で最長、武漢市で揚子江に注ぐ）をはさんで二〇〇キロにも展開している中国軍約三五万名に対する最大の補給基地が宜昌だった。

参加師団は第三九師団（広島・浜田・山口の各歩兵連隊）、第三師団（名古屋・静岡・岐阜の各歩兵連隊）、第一三師団（仙台・会津若松・新潟県新発田の各歩兵連隊）、第四〇師団（丸亀・徳島・高知の各歩兵連隊）から抽出した計五四個大隊。一個大隊約八〇〇名弱として約四万。戦場が広いので約一カ月半の作戦期間中、第一三師団などは一日平均二八キロも戦いつつ動き回り、計一二〇〇キロも機動した。

宜昌に対しては、兵力不足や折からの中国の日本軍縮小案（参謀本部作戦課）の議論の最中に行われたので、占領しない方針だったが、結局縮小案は撤回され、占領となった。

最終的な中国軍の損害は、遺棄死体六万三一二七名、各種兵器のほか銃砲弾一二〇〇万発という。話半分としても、なんとも膨大な

重慶大爆撃・101号作戦。日本軍の爆撃で黒煙に包まれる重慶市。

重慶大爆撃・101号作戦。日本軍機の空襲を避けるため防空壕に避難する重慶市民。

重慶大爆撃・101号作戦。日本軍機の空襲で逃げ遅れ、斃れた重慶市民。

戦死者である。宜昌では米一万七四二五俵を押収したほか、「無数トシカ形容デキナイ」燃料、弾薬を押収し、大部分を揚子江に捨てた。さぞや多くの魚が浮いたであろう。

日本軍の損害は、戦死一四〇三名、戦傷四六三九名だった。

宜昌作戦とほぼ並行して武漢地区では、揚子江の北側（江北）と南側（江南）でも激しい戦いがあった。師団は同じでも宜昌作戦に参加しなかった部隊（四個師団、二個独混）が中国軍と計五一六回交戦し、約一万六〇〇〇名の遺棄死体を得たという。日本軍の戦死は八五〇名、戦傷は二〇一五名だった。

重慶への無差別大空襲・一〇一号作戦

日本軍は五月一八日から九月四日まで、奥地航空攻撃を断続的に大規模に実施した。一〇一号作戦である。海軍の九六式陸上攻撃機は漢口から、陸軍の九七式重爆撃機は運城《うんじょう》（山西省太原の南西三三〇キロ、塩の産地として有名）から発進した。距離は漢口・運城からともに約七五〇キロとも八〇〇キロともいう。海軍は五四回、陸軍は二一回出撃し、そのうち海軍二九回、陸軍八回が重慶爆撃にあてられた。

命令された爆撃目標は「戦略施設」であり、アメリカ・イギリスなど「第三国の施設」には落とさないように厳命されたが、空文に等しかった。重慶は霧が深く、雲でおおわれている日が多い。大体の見当で投弾され、実際は無差別爆撃となった。日本は安全地帯を指定して、外交機関の避難を勧告、やむなく諸外国はそれに従った。

八月一九日、海軍の爆撃隊に、完成したばかりの零式《れいしき》艦上戦闘機（いわゆる零戦《ゼロせん》）が初めて随伴した。それまでは戦闘機は距離がありすぎて同行できず、中国空軍の戦闘機に悩まされていたのだ。零戦は、占領直後の宜昌《ぎしょう》を中継基地として進攻した。この日は約二〇〇機、通常の二倍の大がかりな爆撃だった。

こうして作戦中、中国軍機約一八〇機を撃墜破し、重慶だけで一万発・一四〇五トンの爆弾を投下して市街地を焼き、多数の市民を殺傷した。蒋介石の住居も狙い撃ちした。

しかし、蒋介石は生き延びた。重慶大空襲時の日記に言う。

「老人を助け、幼き者を連れ、重い荷物を背負って遠くへ避難する状況は、見るものの心

重慶大爆撃・101号作戦。重慶のドイツ領事館がハーケンクロイツを地面に敷き、爆撃不可を日本軍機に伝えようとしている。

を苦しませる。後の世代の国民は、今日の父母たちが避難にあたって喫した苦痛が歴史上未曾有のことであったことを知らねばならない。国家と家庭に尽くし、さらに忠孝の道を特に尽くさねばならない。そうしてこそ、中華民国の子孫たるに恥じないのである」（一九四〇年五月二九日）

「満腔の熱誠と血肉のみに頼り、倭寇《わこう》（日本のこと=引用者）の爆撃と砲火に対することとすでに三年である。もし中華民族でなければ、誰がこれをよく行うであろう」（一九四〇年八月二一日）（前掲、黄仁宇『蒋介石』）

共産軍の大反攻・百団大戦

重慶大空襲が終わりに近づきつつあった八月二十日夜、共産軍による大反攻が始まった。地域は主として山西省内で、石太線《せきたい》（河北省・石家荘～山西省・太原）沿いと同蒲線《どうほ》（山西省・大同～同・太原～同・蒲州鎮）北部沿いの日本軍の警備隊が一斉に襲撃され、鉄道、通信施設が広い範囲で破壊された。七〇以上の鉄橋が爆破され、一一〇カ所以上で線路が破壊され、二三〇〇本以上の電柱が折られたり倒されたりした。電線切断は一四六キロにもおよんだ。石太線の河北・山西省境の河南省内にある井陘炭坑の設備が放火され、徹底的に破壊された。

不意打ちを食らった各警備部隊は大わらわで防戦につとめつつ、ようやくに態勢をたてなおし攻撃に転じた。各地で激戦があったが、総じて共産軍は早々に退散した。参加兵力は一一五団（団は日本軍の連隊に相当）、約四〇万だった。これが共産軍のいわゆる百団大戦《ひゃくだん》である。指揮官は彭徳懐《ほうとくかい》で、当時の副総司令である。

共産軍は九月下旬にも来襲し、さらにチャハル省南部でも大攻勢をかけた。

百団大戦の急襲を受けた地区（山西省・河北省など）は北支那方面軍（司令部・北京）の守備範囲である。同軍は以後、共産軍に対する認識をあらため、徹底的な剿共戦《そうきょう》を挑んだ。剿は「絶つ」「殺す」「滅ぼす」という意味だ。ある集落が共産軍と通じていると判断したら、すべてを殺し、家も財産も焼き払ったのだ。中国側では三光《さんこう》（殺し尽くし、焼き尽くし、奪い尽くす。光は～し尽くすの意味）と表現した。あるいはいくつかの集落を一カ所にまとめ、囲ってしまったり、広範囲にわたって耕作や居住を禁じる無人区を作り上げた。三光や無人区の実態については後述しよう（一六二頁参照）。

中国の日本軍、やっと一〇万名削減

一九四〇年も前年の秋同様、参謀本部作戦課により中国からの撤退案が出された。作戦課が作成した「建議書」では、一九四一年初夏に武漢地区（配置兵力二十数万）から撤退し

重慶大爆撃・101号作戦。重慶市の救援隊が日本軍機の空襲で出動。

て態勢を収縮させ、その後も数万ずつ減らし、最終的には中国駐屯の日本軍を二〇万程度（五年後）にしようというのだ。その理由に、驚くべし！　日本の戦争目的が不明であり、一方、中国からの停戦和平申し入れはあり得ないとしているのだ。ただならぬ事態にようやく目覚めたのであろうか。建議書は言う。

「事変は武力戦より政治経済戦に移行しており、国家の財政経済を度外視した統帥《とうすい》（軍隊を維持し動かすこと＝引用者）は存在しない。ここで最も重要な問題は、国民に戦争目的を具体的に明示することであって、現状のように事変の目的が不明なままでは多額の負担（国債既発行百億円、民間消費九・二パーセント）を国民に甘受させせられるものではない」

「事変の終了しない最大の癌は、重慶政府の態度と英米蘇《ソ》（蘇はソ連＝引用者）の援蒋《えんしょう》行為（援蒋は蒋介石援助＝引用者）であり、かれらを相手の事変終了は当分期待すべくもないから、自主解決に徹する要がある」

「第三国の援蒋行為は絶対に中絶することはない」（戦史叢書『支那事変　陸軍作戦3』から引用。傍点は引用者）。

肝心要《かなめ》の参謀本部作戦課がすでに戦争の目的そのものがわからなくなっていたのだ。

じつはこの年（一九四〇年）二月、衆議院で斎藤隆夫議員が、「この事変の目的は何処《どこ》にあるかと云うことすら普《あまね》く国民の間に徹底して居らないようである」「此の戦争の目的である所の東亜新秩序建設が、事変以来一年半の後に於いて初めて現れ、更に一年の後に於いて特に委員会まで設けて其の原理、原則、精神的基盤を研究しなくてはならぬと云うことは、私共に於いてはどうも受け取れないのであります（理解できない、わからないという意味であろう＝引用者）」と述べたが（二月二日）、畏れ多くも聖戦にケチをつけるとはなにごとかと、あっさり衆議院を除名されている（三月七日）。いわゆる〝反軍演説〟として知られているものだ。

斎藤議員除名を聞いた参謀本部は寝覚めが悪かったことだろう。実際に斎藤が演説したように、いつの間にか八五万もの軍隊を中国に派遣していながら「ナニやってんだか」わからなくなっていたのは、軍そのものだったからだ。参謀本部の建議書は斎藤が除名されて一カ月後の四月初頭である。

東亜新秩序建設なるスローガンが、いかにとってつけた空疎なものであったか、戦う軍隊そのものがよく承知していたのである。しかし、戦いつづけなければ、軍そのものが一挙に批判の矢面《やおもて》に立たされるところまで、事態はすすんでいた。どんな理屈をつけて戦いつづけようとしたのだろうか。

軍隊撤収の建議書を作成したのは主任クラス（階級は中佐。自衛隊の二佐に相当）だったが、提案は陸軍省の課長クラス（大佐。一佐に相当）あたりで簡単に拒否された。理由は「東亜新秩序建設こそ日本の使命であり、そのために戦っているのだ。それを忘れたのか」というような〝立派な〟ものではなかった。

提案側の参謀本部第二課長（編制）那須義雄大佐の、次のような回想が残っている。

「この提案に対して、岩畔《いわぐろ》（豪雄、陸軍省）軍事課長から後刻もたらされた回答は『皇軍（天皇の軍隊）将兵の血を流した土地を手離せるか』の一言であって、次いで岩畔大佐から『シンガポール（当時はイギリス領＝引用者）を攻略すべし』と大いにどなられて我々はあっけにとられたのであった」（引用は戦史叢書『支那事変　陸軍作戦3』による）。

そんな、次元のまったく違う反対にあったとき、撤退の建議書を書き、支持した人たちは、それとこれとは話が違うと筋道をたてて説得する論理や情熱を持ち合わせていなかったわけである。

しかし、軍を信じてついて来いと言ったのはだれか。経済・財界、新聞、放送、学校、町内会、婦人会、在郷軍人会（予備・後備・退役軍人の組織）などを通じて、〝聖戦〟の正当性を鼓吹し、少しでも批判したり疑問を出す者を切り捨て、脅し、逮捕してきたのだ。国家総動員法は、戦争に疑問を出したり、批判したり、大本営発表に批評を加えたりする自由を一切封じる法律でもあり、〝思想と良心の総動員〟でもあったのだ。ここに批判の自由を少しでも残しておけば、参謀本部の作戦課が感じたような「ちょっとおかしくなってきた」という疑問は、当然、いろいろな方面から起こっていただろう。

あまりにも戦争賛美の思想・言論しか許さなかったから、戦争が拡大しきって収縮させる必要がある段階になっても、支持者がいないことに初めて気づいたのである。完全な世論のミスリードだった。

陸軍は、すでに戦争のために戦っているにすぎなかった。〝英霊のために〟を根拠に戦いをつづけようとしていた。いや、戦わざるをえなかった。

1940年7月22日、第2次近衛内閣が成立。一番手前が近衛文麿首相、2列目右端が松岡洋右外相、同左から2人目が東条英機陸相。陸軍が米内内閣を強引に倒して成立させた。

しかし、財源不足という事態に直面して、背に腹は代えられない。精鋭二個師団（内地から近衛師団、満州から第四師団。兵力約三万超か）を補充する代わりに、中国の日本軍（支那派遣軍）を十数万削減した。八五万の兵力は七二万八〇〇〇名と軍馬約一四万頭、それと航空部隊二〇個中隊になった。

しかし、全体としての兵力増強がストップしたわけではない。一九三九年末から四〇年にかけて、年配者ばかりの特設師団四個を廃止する一方で、一九四〇年には九個の師団を新しく編成した。一個は中国へ（もともと中国に行っていた部隊を少し増強して作ったが）、二個は満州へ、残りはすっかり手薄になった内地へ配置した。これだけ師団を増やしたのだから、日本陸軍の総兵力は前年より一一万増えて一三五万となった。おかげで関東軍（植民地・満州国の日本軍）は三個師団増強され、さらに国境守備隊という独特の部隊も増やしたから、前年より一三万増の約四〇万近くとなった。

フランス領北部インドシナへの進駐と日独伊三国同盟

中国で目的がはっきりしないまま戦ってい

るうちに、内外の状況がしだいに変化していった。ナチス・ドイツが西ヨーロッパを席巻したからだ。

六月（一九四〇年）、フランスがナチス・ドイツに降伏し、西ヨーロッパはヒトラーの支配下に入った。航空攻撃と戦車部隊を先頭とする電撃戦の勝利は日本の軍部を幻惑させ、魅了させた。陸軍はああいう感じで中国を攻撃し、フランスがアッというまに降伏したように（五月一〇日侵攻、六月二二日休戦協定）中国をやっつけたかったに違いない。最初のもくろみではそうなるはずだったが、いまや、そういう甘い見通しは完全に間違っていたことがはっきりしてきた。

すでに見たように、中国から自主的に大部分の軍隊を撤収する案は完全に否定された。しかし、大軍を中国に張り付けていても、いつまでたっても蒋介石は降伏しないだろうということもはっきりしてきた。ナチス・ドイツの西ヨーロッパ制覇は、こうした八方ふさがりの状況を打開するカギになるのではないかと考え始めた。相当に苦しまぎれの思いつきではある。が、そう考え始めた瞬間から、日中戦争は激しくその性格を変えていった。

すなわち、フランスとオランダの降伏によって、両国が支配しているフランス領インドシナ（当時は仏印と呼称。現ヴェトナム、ラオス、カンボジア）とオランダ領東インド（当時は蘭印と呼称。現インドネシア）が一種の空白地帯となった。本国が占領下にあっても植民地は植民地として自立していたが、母国の支えを失ってはやはり威厳と力の衰えは争えない。日本はそういう状況へ恐る恐る介入しようとした。南方進出というのがそれである。

恐る恐るの意味は、すでにドイツとの戦争に忙しいイギリスはともかく、中立国のアメリカがどう出てくるか判断しかねたからだ。アメリカはグアム島とフィリッピンを支配し、軍隊も派遣していたが、日本海軍はアメリカ本国の海軍力に太刀打ちできないと考えていた。一年や二年は戦えるだろうが、長期戦になるとアメリカの潜在生産力が底力を発揮するようになり、結局は負けると踏んでいた。イギリスはドイツの攻撃（航空攻撃）を受けつつあり、やがてはドイツ軍が上陸して占領するのではないかと思われた。これが一九四〇年七～九月ごろの状況だった。

そんな状況をにらみながら、陸軍は南方進出のために、とりあえず三つの手を打った。

一つはフランスの植民地・フランス領北部インドシナ（現ヴェトナムのハノイ付近）に軍隊を進駐させたこと（八月二三日）。援蒋ルートの一つ、ハノイ・ルートを完全に遮断するためと、将来の南方武力進出の布石のためである。フランス領インドシナ総督府と協定を結び、表面的には平和進駐だった。進駐したのは南寧（広西省、現広西チワン自治区）にいた第五師団（広島）。南寧の第五師団はハノイ・ルート遮断のために駐屯していたのだから、その物資揚陸地であるハノイに進出して監視するほうが効率的である。

一つは日独伊三国同盟を締結したこと（九月二七日）。アメリカがドイツに宣戦布告したら、日本もアメリカに宣戦布告する（逆も同じ）という攻守同盟だ。これによって日本はイギリスをはっきりと敵に回し、その援助国であるアメリカをも明確に敵側に追いやった。

一つはオランダの植民地・オランダ領東インドと経済交渉を始めたこと（八月二八日から）。石油をはじめゴムやアルミニウムなど資源の対日貿易量を大幅に増やせとかけ合ったのだ。

この三つを実行するために、陸軍はきわめてあこぎな手段を使った。むりやり内閣を倒して陸軍完全支配の内閣を作ったのである。

すなわち、この年（一九四〇年）一月に成立したばかりの海軍大将・米内光政内閣（米内は予備役になっていたが）を倒した。倒閣はじつに簡単だった。陸軍大臣（畑駿六大将）を辞めさせただけである。当時は軍部大臣現役制度といって、現役の軍人でないと陸海軍大臣になれなかった。陸相を辞めさせるということは後任陸相を推薦しないという意思表示だ。陸相が欠けたままでは内閣は機能しない。なぜ米内内閣ではいけなかったのか。

米内首相は、一九三七年二月から三九年八月にかけて海軍大臣をつとめた。盧溝橋事件が勃発したときすでに海相だった。したがって、戦争を拡大させてきた内閣の重要な一員をつとめてきた。九六頁でふれたように、南京占領後の「蒋介石を対手《あいて》とせず」の政府声明を急がせた当事者のひとりでもあった。中国大陸沿岸の完全封鎖、海南島の占領、重慶など中国奥地の重要都市に対する（結果としてそうであったにしろ）無差別爆撃等々、積極的に海軍の作戦を容認してきたのだ。

しかし、日中戦争一年が過ぎたあたりで陸軍が持ちかけた日独伊三国同盟案には徹底して反対した。同盟案は、ソ連をはじめアメリカ・イギリス・フランスなど共産主義国家や自由主義国家に対抗するために、全体主義国家の軍事結束を図るためであったが、米内海相はソ連はともかく、アメリカやイギリスを敵に回すような軍事同盟には賛成できない、アメリカ・イギリス海軍と戦うことになったら、日本海軍には勝つ見込みはないと明言していた（一九三九年八月八日。もちろん、大臣だけの会談の席でのことで、国民は知らない）。

この最初の三国同盟案は先にもふれたように、ドイツが突然、ソ連と不可侵条約を結んだので流れてしまった。ドイツとソ連がポーランド侵攻を始め、対抗してイギリス・フランスがドイツに宣戦したのはその二日後である。

首相になってからの米内は日中戦争に関して格別の政策は打ち出さなかったが、ヨーロッパの戦争には不介入を鮮明にしていた。つまり、米内内閣であるかぎり、フランスやオランダが降伏した弱みにつけこんで、フランス領インドシナにもオランダ領東インドにも干渉できない。いわんや、フランスのみかイギリスさえも屈服させようとしているヒトラーのドイツと軍事同盟は結べない。陸軍は陸軍の言いなりになる内閣を望んだのである。

南方進出、イギリス・アメリカとの戦争を想定

後任首相は近衛文麿だった。国民にも人気が高く、何と言っても日中戦争のきっかけとなった盧溝橋事件以来、首相として日中戦争を陸軍と手に手を取り合って拡大させてきた当事者だ（武漢三鎮占領後、すなわち中国に対する主要な進攻作戦が終わったあとに辞職）。陸軍の言うことを聞かないはずがない。

外相は松岡洋右。当時、満鉄総裁（当時の満鉄は植民地・満州国の全鉄道を総合経営していた）。松岡は、満州事変・満州国誕生をきっかけにして派遣された国際連盟リットン調査団の報告書（不戦条約違反、中国主権の侵害を強調）が国際連盟総会で採択されたとき、反論の演説のあと国際連盟脱退を表明した（のち正式脱退）。早くから「満蒙は日本の生命線」（満は満州、蒙は蒙古だが、具体的には中国のチャハル省や綏遠省を指す）と唱え、国際連盟脱退直後から、ドイツ・イタリアと提携しての世界新秩序建設を提唱していた。日中戦争を自ら停戦に持ち込むことができなくなった陸軍が、さらなる大きな戦争で解決しようとした、いうなれば〝空想的政治・戦略〟を推進するにはうってつけの外相だった。

陸軍大臣は東条英機中将。日中戦争勃発時は関東軍参謀長で、五一頁でふれたように「異常な熱意を」をもってチャハル侵攻作戦の指揮官をつとめ、そのあと陸軍次官を半年、陸相就任直前のポストは航空本部長だった。飛び抜けたエリートではないが、まあまあの出世組の一人である。

こうして、第二次近衛内閣は発足五日目（七月二六日）には「大東亜新秩序の確立、国防国家の建設」を基本国策と定めた。近衛首相が一年半前に使った「東亜新秩序」に「大」の文字をくっつけ装いを新たにしただけだが、松岡外相はそれを「大東亜共栄圏」と表現した。以後、この言葉がよく使われるようになった。

内閣発足六日目（七月二七日）には大本営

政府連絡会議で「世界情勢の推移に伴う時局処理要綱」を定め、その中で武力行使を含む南進政策を決定した。すなわち、日中戦争がめでたく終わったらもちろんのこと「好機を捕捉し武力を行使」するが、たとえ終わらなくても「情勢特に有利に進展するに至らば対南方問題解決のため武力を行使することあり」としたのである。力点は後者、すなわち「終わらなくても南進のために武力行使」にあったことはもちろんだ。石油、ゴム、錫などアメリカに頼らずに資源を獲得するためだ。土地がほしいわけではなかった。

　とはいえ、なるべくならイギリスだけと戦争するつもりだった。しかしながら、ひょっとするとアメリカとの戦争にもなるかも知れないから、その準備もしておこうと決めたのだ（原文は以下。「武力行使ニ当リテハ戦争対手《あいて》ヲ極力英国ノミニ極限スルニ努ム　但シ此場合ニ於テモ対米開戦ハ之ヲ避ケ得ザルコトアルベキヲ以テ之ガ準備ニ遺漏ナキヲ期ス」）。

　中国一国だけでも攻めあぐね、植民地・満州国ではソ連がいつ攻めてくるかビクビクしている日本が、イギリスとも、場合によってはアメリカとも戦争する覚悟を固めてしまった。それも、日中戦争が終わらなくてもやるというのだ。〝英霊のために〟引くに引けなくなった日中戦争を、〝世界情勢の推移〟に引っかけて解決しようというわけだった。「日中戦争が終わらなくても」ではなく、「終わらせようがなくなったから」やろうというわけだった。そのために「国防国家の建設」をことさらに基本国策の重要な柱とした。もうすでに持ちこたえられないほどに軍隊を膨張させていたにもかかわらず、だ。

　こうして、前記三つの施策が同時並行的に進められたのだが、〝情勢特に有利に進展する〟とは何か。ドイツがイギリスを負かすか、負かしそうになったときである。そして八月半ばから始まったドイツ空軍によるイギリスへの猛烈な空襲は、ひょっとしたらイギリスは負けるとの期待を（そしてアメリカにとっては懸念を）抱かせた。だが、このバトル・オブ・ブリテンは、イギリスが守りきった（一一月末）。ドイツは目的としたイギリスへの上陸作戦を断念した。

　イギリスはドイツ空軍の攻撃を跳ね返せるとのめどがついたころ、日本の圧力を受けて三カ月間閉鎖していた援蒋ルートの一つ、ビルマ・ルートを再開した（一〇月）。ラングーン（現ヤンゴン）揚陸、鉄道でビルマ（現ミャンマー）北部・ラシオまで運ばれ、あとはトラックで雲南省・昆明《こんめい》に達するルートだ。途中にサルウィン河（怒江《どこう》）があるが、幅がせまいので丈夫な吊り橋をかけた。もっとも有名なのが恵通橋。日本の航空隊は何回も爆撃しようと試みたが成功しなかった。

　アメリカも日本のフランス領北部インドシナへの進駐のあと、屑鉄の対日輸出を禁止したほか、二五〇〇万ドルの借款を蒋介石政府に与えた。すでに日米通商航海条約は失効しており（一九四〇年一月二六日）、アメリカは自由に品目を指定して輸出規制できるようになっていた。

　実をいうと、重慶にいたイギリス・アメリカ・フランス各国大使はこの年（一九四〇年）の四月一二日（ドイツによるフランス侵攻の約一カ月前にあたる）、そろって蒋介石と会見し、日本との和平を強く勧告したことがあった。ドイツとの戦争で援助が難しくなるかもしれないし、三国が支援するから日本も過酷な条

1940年9月27日、日独伊3国同盟がベルリンで調印され、東京でも祝賀会が開かれた。立っているのが松岡外相。

件は持ち出さないだろうというのだった。だが、蒋介石は日本が撤兵しないかぎり不可能と拒絶した。イギリスは日本にも和平を勧告、アメリカとの共同仲裁を申し出たが（七月）、日本は当時進めていた桐工作（後述）という重慶政府との和平工作に賭けていたから、ほとんど関心を示さなかった。

そういう動きから約半年、あまりにも状況が変わってしまった。日独伊三国同盟・フランス領北部インドシナ進駐、オランダ領東インドに対する日本の強硬な経済交渉等々の動きを見て、日本がこれ以上南進して、アメリカ・イギリス・オランダの植民地に攻撃をしかける余裕を与えないために、アメリカ・イギリスは蒋介石政府を援助するようになった。中国軍が反撃に出れば出るほど日本軍はいつまでも中国に大軍を張り付けておかねばならず、南方の自国植民地を攻略する余裕は生まれないと判断したのである。中国はイギリス・アメリカの代理戦争として日本と戦う〝資格〟を得た。それこそ蒋介石が待ち望んでいた国際環境の変化だったのだ。

蒋介石ばかりではない。中国共産党もそうだった。周恩来（当時、八路軍重慶弁事処代表。八路軍は最初は国民政府軍下の正式名称。のち、中共軍の通称となった）はこの年（一九四〇年）八月、空襲下の重慶で約三〇〇〇名の聴衆を前にして講演し、「英米の対中国援助はわれわれを満腹させるものでは決してないが、かと言って飢え死にさせるほどでもない」と述べ、次のように説き明かした。

「フランスがドイツに屈服し、日本に近衛内閣が登場すると、アメリカは積極的にイギリスを支援するようになった。ドイツが日本を利用して極東におけるイギリス・アメリカの行動を牽制したので、英米両国はさらに団結する必要が生じた。このようなわけで、現在の独・伊・日と英・米二大帝国主義陣営の対立を形成したのである。これらは帝国主義戦争は必ず拡大することを示し、またそれは全世界人民の受ける損害がますますひどくなるということ、人類文明の損害が必ず増大することをも意味している」

「日本は中国での混迷の末、国内矛盾解消と国防資源を求め南進せずにはいられなくなっている。一方、ドイツもまた時局の要請により独伊日三国同盟を締結した。日本を南洋に引き出すことで米国に当て、米国の力を防ぎ牽制することが目的である。日米間における矛盾の先鋭化並びに情勢の急転は、まもなく大衝突となって発生するだろう。この種の矛盾発展の前途には、結局衝突する以外にない」

（引用は前田哲男『戦略爆撃の思想』による）

日独伊3国同盟が締結されたころ、ドイツはイギリス全土への大空襲を行っていた。写真は空爆で燃えるロンドンのセントポール寺院。

桐工作の失敗と汪兆銘政府の承認

桐工作とは一九四〇年はじめから、支那派

遣軍が始めた和平工作だった。桐に格別の意味はない。陸軍は一九三八年半ばから中国軍の切り崩しや和平のための十指にあまるさまざまな謀略を始めた（対支特別委員会という謀略機関まで設置した）。その際、一つひとつの工作に鷹、鳶、狐、狸、猫、牛などと符丁をつけた。桐工作は最初はなかったが、具体的にスタートしてから命名されたのだ。

宋子文《そうしぶん》の弟と名乗る宋子良《そうしりょう》を窓口にして支那派遣軍が交渉を始めたのが一九四〇年二月だった。兄の宋子文といえば、蔣介石の夫人・宋美齢《そうびれい》の兄にあたり、行政院長である。その弟というのだから蔣介石とは義理の兄弟だ。宋子文は当時よく知られていたし、交渉を始めてみると日本側でも容易に身元が確認できた元駐ドイツ大使館参事とか、陸軍中将で重慶軍の参謀副長とかいう肩書きの人物が出席したたし、会談のあと重慶との連絡をとっているようだし、等々で日本側はすっかり信用した。

この桐工作と、重慶を脱出した汪兆銘《わうちょうめい》を首班とする新中華民国政府を成立させ（三月三〇日、首都南京）、さらにはその承認という問題が並行して進められた。桐工作が成功すれば汪兆銘政府を作る必要はないし、成立させたとしても承認する必要はない。当初は汪兆銘に大きな期待をかけた日本は、汪兆銘に呼応する大物政治家・軍人が一人も名乗り出なかったことで、失望していたのだ。

一度は「蔣介石を相手とせず」と声明した日本だったが、結局は蔣介石を相手にしないと停戦も和平もできないと悟り、その義弟と名乗る人物と交渉したわけだった。日本からは蔣介石下野を持ち出さず、蔣汪合作を提案した。これをふくんでいったんは合意したとされる内容を一瞥すれば、最終的に日本が何を望んでいたかが察せられる。

すなわち、中国が満州国を原則的に承認すること、秘密協定による内蒙《ないもう》（チャハル省・綏遠省）と華北（山西・河北・山東の各省）への日本軍駐兵、日中の経済合作、軍事・経済顧問の招聘、（内蒙・華北を除く）全中国からの日本軍早期撤兵などである。このほかにもいろいろあるが、要するに内蒙・華北における軍の直接支配と他の地域の間接支配を突きつけたわけである。

宋子良は、重慶に持ち帰り蔣介石の承認を得たいとして交渉は中断した。長い連絡不通のあと再開された交渉では、日本軍の駐兵とが満州国承認が停戦和平の最大の障害であることがわかった。それでも蔣介石・汪兆銘・板垣征四郎（支那派遣軍総参謀長）の三者会談を開くことになった（六月初旬）。しかし、会談は行われなかった。それでもあきらめきれなかった工作担当者は、近衛首相の蔣介石総統宛の親書（本文一一一文字、新提案は何もない）を携えてねばったが、交渉そのものは下火となった。

九月末、支那派遣軍は桐工作の失敗を認めた（数年後、宋子良は日本軍の憲兵隊に逮捕され、偽者ということが判明した。証拠はないが、蔣介石政府による汪兆銘政権成立の妨害謀略だったろうといわれている）。

もう頼る相手は汪兆銘しかいない。日本は汪兆銘政権を新中国政府として形ばかりの条約を結んだ（日華基本条約。一一月三〇日）。形ばかりというのは、自由な外交活動は禁止されたし、日本軍は全然撤退など約束しなかったからであるし、駐兵地域（占領地域と同義語）では軍事上の要求が無制限にできるようになっていたからだ。産業・財政・経済政策、その他あらゆる施策に関して、日本が援助をしたり、協力することが謳われたが、植民地・満州国政府に対する関東軍（同国駐屯の日本軍）の内面指導が「言いなり」を意味していたと同様に、それは要するに汪兆銘が「断ることのできない援助や協力」であったからだ。こんなやっかいな援助や協力もなかろう。汪兆銘の新中華民国政府は満州国政府と同様の、完全な傀儡《かいらい》政府でしかなかった。

第9章 一九四一年の戦い

華北における粛正討伐戦

一九四〇年度（昭和一五年度。四一年三月まで）における北支那方面軍（司令部・北京）が行った討伐粛正作戦は、共産軍による百団大戦の挑戦を受けたこともあって、二万一二三回、相手にした中国兵は三七四万一二二三名にのぼった。一桁までなぜわかる？ という気もするが、「北支那方面軍兵団長合同書類綴」という資料にはそう出ているそうだ。ともかくこれだけ交戦して、二〇万名を超える遺棄死体を確認した。捕虜は三万二六〇〇名という。

一九四〇年度の北支那方面軍の交戦回数、戦果、損害の数字には、同方面軍に所属する第一一〇師団（司令部・河北省石家荘《せっかそう》。姫路の部隊）の記録も残っている。それによると、二万七五二二回交戦して、一八万九八三三名の遺棄死体を確認したという。日本軍の戦死は四三六名、同戦傷は一万二一七九名という。単純計算では一回の交戦で九名強の中国兵遺棄死体確認だ。

大本営陸軍報道部が、戦争開始以来、一九四〇年の九月までの累計として発表した中国軍兵士の遺棄死体は一一二万二八九名だったという。日本軍の戦死者は六万六七五八名だったという。一九三八年末の戦死者累計が四万七一三二名だったから（一三一頁参照）、一年九カ月で二万名近い新たな戦死者が生まれたのだった。前半（一九三七年七月～三八年一二月）は一日平均八五、六名の戦死者だったが、その後の四〇年（九月までは）は一日平均三四、五名の戦死者が出ていた勘定だ。

中原会戦で四万二〇〇〇名殲滅《せんめつ》

中原《ちゅうげん》とは広っぱの真ん中という意味である。歴史的には中国そのものを指すこともあるし、狭い意味では黄河以北の平原を指す。ここでいう中原会戦は、黄河のすぐ北ではあったが、山岳地帯を戦場として行われた粛正戦だった。すなわち、山西省の最南端・太行《たいこう》山脈（山西省と河北省の境をなしている）が切れるあたりと中条《ちゅうじょう》山脈（長さ一六〇キロ、幅一〇～一五キロ、最高峰一九九四メートル）が合したあたりだ。

中国軍は二六個師、約一八万。対する日本軍（北支那方面軍）は六個師団・二個独立混成旅団・一個騎兵旅団の主力。兵力は詳細を欠くが、各兵団から五～六割、一個師団六〇〇〇名、一個独混三〇〇〇名が参加したと推定すると、四万に近かったのではあるまいか。金沢、東京、宇都宮、弘前、熊本とその周辺各県出身者で編成された部隊が参加している。とにかく、大がかりな粛正戦だった。

「すなわち中原会戦は、九月武漢地区で行われた長沙作戦（後述＝引用者）とともに、夏秋の候、重慶勢力に一大鉄槌を加えんとする大本営の対支戦略の一翼を担うものであった」

（戦史叢書『北支の治安戦1』）

本格攻撃は五月（一九四一年）初めに始まり、六月中旬までつづいた。日本軍は中国軍を包囲し、包囲網を突破して黄河めがけて退却する中国軍を黄河の各渡河点で待ち伏せした。そのため、死傷する者、捕虜となる者が続出し、遺棄死体四万二〇〇〇名、捕虜三万五〇〇〇名という大損害を与えたのだった。そこに集まっていた中国軍の四割以上を殺すか捕虜にしたわけで、負傷者を加えるとその損害は全滅に近いダメージだったろう。

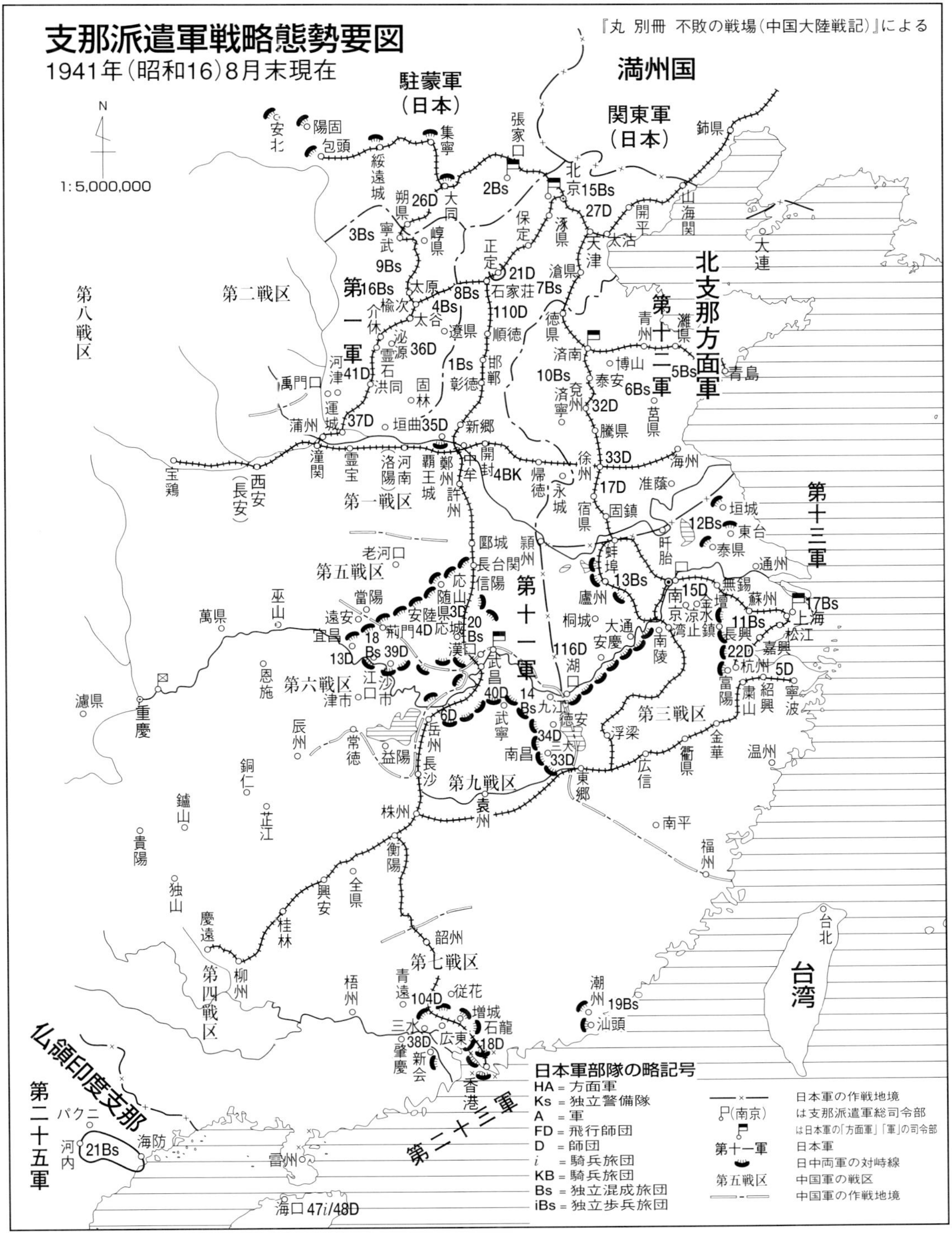
支那派遣軍戦略態勢要図
1941年（昭和16）8月末現在
『丸 別冊 不敗の戦場（中国大陸戦記）』による
N
1:5,000,000
満州国
関東軍（日本）
駐蒙軍（日本）
北支那方面軍
第一軍
第十二軍
第十一軍
第十三軍
第二十三軍
第二十五軍
仏領印度支那
台湾
第一戦区
第二戦区
第三戦区
第四戦区
第五戦区
第六戦区
第七戦区
第八戦区
第九戦区
北京 15Bs
27D
2Bs
26D
3Bs
9Bs
16Bs
8Bs
4Bs
21D
7Bs
110D
36D
1Bs
41D
10Bs
5Bs
6Bs
32D
37D
35D
33D
4BK
17D
12Bs
13Bs
15D
17Bs
11Bs
22D
5D
3D
4D
20Bs
18Bs
39D
13D
116D
40D
14Bs
6D
34D
33D
104D
38D
18D
19Bs
21Bs
海口 47i/48D
張家口
安北
陽固
包頭
集寧
綏遠城
大同
朔県
寧武
崞県
保定
涿県
正定
石家荘
太原
楡次
介休
太谷
遼県
順徳
邯鄲
彰徳
沁源
霊石
洪同
固林
河津
禹門口
運城
蒲州
垣曲
新郷
開封
鄭州
中牟
許州
覇王城
河南
洛陽
霊宝
潼関
西安（長安）
宝鶏
天津
大沽
開平
山海関
錦県
大連
滄県
徳県
済南
青州
濰県
青島
博山
泰安
済寧
兗州
莒県
滕県
徐州
海州
帰徳
永城
宿県
固鎮
准陰
垣城
東台
泰県
盱眙
通州
蚌埠
潁州
郾城
長台関
信陽
老河口
応山
随県
安陸
応城
当陽
遠安
荊門
宜昌
漢口
武昌
萬県
巫山
恩施
沙市
江口
津市
廬州
桐城
安慶
大通
湖口
九江
徳安
南陵
南京
金壇
溧水
涼水
湾止鎮
無錫
蘇州
上海
松江
長興
嘉興
杭州
富陽
紹興
寧波
蕭山
金華
衢県
温州
浮梁
広信
南昌
武寧
岳州
常徳
益陽
長沙
辰州
東郷
袁州
株州
衡陽
南平
福州
瀘県
重慶
銅仁
芷江
鑪山
貴陽
独山
全県
興安
桂林
慶遠
柳州
韶州
梧州
青遠
従花
増城
石龍
三水
肇慶
新会
広東
香港
潮州
汕頭
台北
パクニ
河内
海防
雷州
日本軍部隊の略記号
HA ＝ 方面軍
Ks ＝ 独立警備隊
A ＝ 軍
FD ＝ 飛行師団
D ＝ 師団
i ＝ 騎兵旅団
KB ＝ 騎兵旅団
Bs ＝ 独立混成旅団
iBs ＝ 独立歩兵旅団
日本軍の作戦地境
（南京） は支那派遣軍総司令部
は日本軍の「方面軍」「軍」の司令部
第十一軍 日本軍
日中両軍の対峙線
第五戦区 中国軍の戦区
中国軍の作戦地境

八路軍（中国共産党軍の通称）、延安（陝西省北部）で。左端が最高指導者・毛沢東。その右がアメリカ人記者リーフ。

従来、この中国軍に北支那方面軍は三個師団が警戒のため張り付かされていたというから、「我ガ軍ハ赫々《かくかく》タル戦果ノ下ニ晋南《しんなん》（山西省南部の意味。晋は同省の別称）、豫北《よほく》（河南省北部の意味。豫は同省の別称）ノ敵中央軍ヲ一掃シテ初期ノ目的ヲ達成セリ」と参謀本部は誇り（引用は前掲『北支の治安戦1』から）、これで本来の「中共党軍（共産軍）の剿滅《そうめつ》戦」に専念できると喜んだのだった。前年八月の共産軍による百団大戦で痛めつけられて以来、北支那方面軍の治安戦はもっぱら〝共産軍の剿滅《そうめつ》（剿共《そうきょう》）〟におかれていたのだ。殺してその根拠地を破壊しかつ焼き払い、以後も浸透させないために、連絡路を絶つ方策を講じる戦いだ。単なる〝撃滅〟ではない。より凄惨に、過酷に、徹底して〝根絶やし〟するという気持が〝剿〟に込められている。

なぜそうしたか。

共産軍は地主から土地を取り上げ分配することで（農地解放）、農民を主とする民衆を味方に引き入れ、連絡・通報・陣地や坑道の構築・食糧の提供・衣服や武器の修理、製造、運搬等々、軍と一体となって戦っていたからだ。剿共戦はしたがって、必然的に解放地区の民衆と集落そのもの、解放地域そのものを直接の敵として〝剿滅〟の対象とした。

代表的な剿共戦

では一九四一年後半の大がかりな剿共作戦を四つあげてみよう。

一、晋察冀辺区《しんさつきへんく》粛正作戦（八月〜一〇月）

晋は山西省の別称、察は察哈爾《チャハル》省の略称、冀は河北省の別称で、この三省にまたがる山岳地域、いわゆる辺地（辺区）が戦場だった。どこからどこまでとははっきりしないし、今日、その地図をながめても、日本人にはまったくなじみのない地名しか出てこない。とにかく晋察冀辺区の南北三〇〇キロ、東西一〇〇キロ、台湾にも匹敵するほどの広い地域だ。そこに根拠地を持っていた共産軍約四万を相手に、北支那方面軍（司令部・北京。作戦地域は北京に比較的近い）は三個師団・二個独混（他の三個師団から兵力を増強）で二カ月間戦った。

方面軍の総合戦果の記録は残っていないそうだ。が、参加した第一一〇師団（姫路）の記録では、遺棄死体五六一六名、捕虜三七六九名のほか多くの兵器を捕獲し、戦死八四名、戦傷二二四名の損害を出したという。

二、博西《はくせい》作戦（九月一九日〜一〇月一日）

山東省の省都・済南《さいなん》の東南七五キロに博山《はくさん》があり、その西方の共産軍根拠地を攻撃した。博山は明代からガラス、磁器の産地で有名。付近に省内最大の炭田がありその獲得もめざしたという。第一二軍（司令部・済南。戦場も済南に近い）の一個師団・三個独混の各一部を派遣して、約四〇〇〇名といわれた共産軍を剿滅しようとした。しかし、遺棄死体二八二名、捕虜六四二名というから、三分の一は離脱できたのだろうか。日本軍の損害は戦死二名、戦傷七名という。

三、沁河《しんか》作戦（九月二〇日〜一〇月二〇日）

沁河は山西省南東部を流れ、黄河に注ぐ四五〇キロほどの河。その源あたりを沁源《しんげん》とい

八路軍の行軍。

い、その付近の共産軍に戦いを挑んだ。第一軍（司令部・山西省省都の太原）の第三六師団（弘前の部隊）があたったが、戦果は少なかったという。

四、第二次魯南《ろなん》作戦
（一一月五日〜一二月二八日）

魯は山東省の別称である。魯南は膠済《こうさい》線（膠州〜済南）以南〜津浦《しんぽ》線（天津〜浦口＝南京の揚子江対岸）以東の広い地域をさし、すでに一九三九年六月に最初の粛正戦が実施された。当時はまだ蒋介石軍と共産軍が混在しており、兵力五、六万と推定されていた。

今回は沂蒙《ぎもう》地区、すなわち沂水《ぎすい》と蒙陰《もういん》（ともに漢代からの町で両方とも薬材〈漢方薬〉の産地で有名）。一〇三二メートルの沂山《ぎざん》、一一五六メートルの蒙山《もうざん》に囲まれた山間部は、農業と牧畜が盛んな豊かな地域である。そこに共産軍約三万がいるという。

第一二軍は三個師団・五個独混の主力と第一軍からの応援部隊を得て、同地域を包囲した。ただ包囲しただけではなく、対敵遮断壕《しゃだんごう》を周囲に掘った。掘らされたのは周囲の中国人農民約三万名だったが、深さ二メートル、幅四メートルの壕を延々八〇キロにわたって掘り、とこどころに望楼《ぼうろう》（見張所）を建てた。

日本軍は分隊（一〇名前後）単位が五〇〇メートル間隔で大きな円を作って並び、中心点をめざして圧縮していったのだ。

結果はどうだったか。遺棄死体一六五四名。ほとんどが包囲鉄環《てつかん》（共産軍の命名）から脱出した。日本軍は多数の武器を捕獲し、兵器など散在する軍事〝諸施設を覆滅〟、すなわち焼いたり破壊したりしたのだった。多数が殺されたであろうと思われる共産軍の協力者・農民の数については、つまびらかでない。

第二次魯南作戦が終了したとき、日本はすでにアメリカ・イギリスに宣戦し、海軍は真珠湾の米海軍基地を奇襲、陸軍はマレー半島に上陸してシンガポールをめざしていた。

「皇軍将兵の血を流した土地は手離せない」という理屈で自らの手をしばり（一三九頁、一四五頁参照）、引くに引けなくした日中戦争を、より大きな戦争で解決するという、空想的ともヤケクソともいうべき政治・戦略が、現実のものとなってしまった。ここに至るまでの一九四一年の経緯を簡単に振り返っておきたいが、その前に対アメリカ・イギリス戦に突入する直前に行われた陸海空軍の奥地進攻攻撃と長沙《ちょうさ》作戦とについてふれておこう。

奥地航空進攻、一〇二号作戦

陸海軍航空部隊は前年の一〇一号作戦（一四三頁参照）に引きつづき、一九四一年も大規模な奥地進攻作戦を行った。海軍航空隊は五月三日から七月中旬まで二二回にわたって重慶を空襲した。

それが一段落して、七月二八日からふたたび重慶や成都（四川省）の大空襲を実施した。これが一〇二号作戦と呼ばれるものだ。それは、「日米間の国交が険悪化しつつある折から、兵力に余裕のあるうちに後顧の憂いを絶っておこうとするのが目的であった」（戦史叢書『中国方面海軍作戦2』）。

海軍はこのとき、一式陸攻《りっこう》という新しい爆撃機を登場させた。皇紀二六〇一年（西暦一九四一年、昭和一六年）に採用した陸上攻撃機（陸上基地から発進、大きすぎて空母には積めない）という意味だ。独自に奥地空襲をやっていた陸軍航空隊も重慶空爆に加わり、重慶だけで一四回空襲した。

重慶の被害は大きく、前段の空襲では較場口隧道と呼ばれた防空壕に避難した市民約四〇〇〇名が窒息死した（六月五日）。死者三万とも語り伝えられているこの大惨事を、当地の体験者は、当時常用していた中華民国年号と旧暦に従って「民国三〇年五月一一日」と記憶しているという（前掲、前田哲男『戦略爆撃の思想』）。

「重慶一九四一年八月一三日午後一時。八月八日午後二時より本電時刻まで、重慶は日本海軍機による合計三〇波以上の連続的空襲にさらされています。うち八波は夜間攻撃でした。爆撃機の延べ機数は個人的観察によれば五〇〇機ですが、公式発表ではもっと多くなると思われます……」は、重慶駐在のアメリカ大使クラレンス・ガウスが本国に打った電報だ。連続空襲は実際は翌一四日までつづいた（引用は前掲、前田哲男『戦略爆撃の思想』）。

そして、この重慶大爆撃のさなか、爆撃機が落とした一発は、揚子江に星条旗を掲げて浮かんでいたアメリカの砲艦「ツツイラ号」の八ヤード近くに落下した（七月三〇日）。「この爆撃が（編隊を解いた一機がコースを変えたので）ツツイラと大使館を故意に目標としたもので、僅かの差で目標に爆弾があたらなかったのだということは、米国人の官吏が口をそろえて述べている」（ジョセフ・クラーク・グルー『滞日十年』）という状況が生まれていた。

日米戦必至と見極めた海軍が、奥地進攻航空作戦を打ち切ったのは八月三十一日だった。空母部隊はすでに鹿児島の錦江湾で真珠湾基地を想定した奇襲攻撃の訓練に入っていた。

長沙作戦（九月五日～一一月六日）

湖南省省都・長沙《ちょうさ》は、薛岳《せつがく》という名将に率いられた蒋介石軍三〇余万の根拠地であった。二年前の贛湘作戦（一三三頁参照）で、同軍に相当の打撃を与えたが、もう一回攻撃するという。

第一一軍（司令部・漢口）は四個師団から四五個の歩兵大隊・二六個の砲兵大隊を抽出して、日本の占領地である岳州《がくしゅう》（洞庭湖《どうていこ》の北東端）付近から南下しながら、途中の薛岳軍を次々に撃破し、約一五〇キロの長沙まで攻め入り、さらに一部は長沙南方四〇キロの株州《しゅしゅう》まで進撃、おおかた蹴散らしたあとは反転して武漢地区にもどった。

もっとも作戦は順調ばかりとはかぎらず、ある歩兵連隊（第六師団歩兵第一三連隊〈熊本〉）は軍旗が奪われそうになるほどの猛攻を受けた。軍旗とは、天皇陛下がその連隊創設時にあたって授けたもので、これを奪われることは恥辱・不名誉以外のなにものでもなく、連隊長の自決はまず免れない。

長沙作戦そのものでは中国軍に与えた損害は遺棄死体三万一三〇〇名・捕虜二七〇〇名、日本軍の損害は戦死九九八名・戦傷三〇七九名だった。しかし、長沙作戦の支援も兼ねて第一二軍（司令部・済南）は鄭州《ていしゅう》（現河南省省都）付近の黄河南岸を攻略したし、第一一軍は宜昌《ぎしょう》（宜昌は漢口の西方直線で三五〇キロ）奪還をめざす中国軍を撃退した。これらの一連の作戦で（長沙作戦もふくめ）、中国軍に与えた損害は遺棄死体五万四〇〇〇名、捕虜四

日中戦争も年を経るにしたがい、日本軍の小部隊が中国軍に襲われ、武器などを奪われることもあった。写真はその展示。

東条内閣。中国からの撤退を断固拒否して、中国を援助するアメリカ、イギリスと開戦した。前列右から2人目が東条首相。

三〇〇名であり、日本軍の損害は戦死一六七〇名、戦傷五一八四名だったという。

　長沙作戦に参加した第四〇師団の佐々木春隆少尉（当時。戦後、防衛大学校教授）は、戦場の実相の一端を次のように書いている。

「当時は聖戦と言われた。兵隊さんもそう言っていた。だが兵隊さんの動作は、どこに何をしに行くのか皆目分からぬままに、三〇キロもある装具と兵器を担いで夜となく昼となく必死に前の者に付いて歩く。落伍は死を意味するからだ。休憩になればゴロンと路上に寝る。大休止になれば民家に走って米、塩、副食（豚、鶏、野菜）を探し、炊事して食事をし、二食分の弁当を用意する。また歩く。

　敵がいれば分隊長の命のままに戦う。しかし、総じて分隊長は機敏で勇敢だから、これに従うのは容易ではない。だが従わねば行方不明になってしまう。これが兵隊さんたちにとっての聖戦の内容である。

　また進攻命令は、略奪命令にほかならなかった。攻勢発起時には七～一〇日間分の食糧を背負って発進するが、以後、帰還まで補給する国力がなかったのだから、やむを得ない。

　また敵地の富裕さには驚いた。（赴任の途中）上海や漢口で見た『占領地は極楽、敵地は地獄』のポスターは、まったく逆であった。住民は避難して見なかったが、残した食糧はすべて略奪されたのだから、さぞ恨んだであろう」（『体験的　日中戦争管見』『丸　別冊　不敗の戦場』所収）

日本、アメリカ・イギリスに宣戦

　一九四一年一二月八日に日本海軍が真珠湾を奇襲し、日本陸軍がマレー半島に上陸するまでさまざまな動きがあった。一言でいえば、北進して日本はソ連を攻めるか、南進してイギリス・アメリカ・オランダの植民地を攻めるか、あるいは両方攻めるか、決しかねていた。前年七月、イギリス・アメリカとの戦争を覚悟しても南進すると決めてはいたが、苦し紛れの糊塗策だから、日中戦争を抱えたまま、どちらを攻めるにしてもまったく自信はなかったはずだ。いわんや、両方攻めてうまくいくなどとは思わなかったであろう。

　武力で自信がなければ外交でいくしかない。事実、一九四一年の初めは外交でいこうとした。日ソ中立条約を結んだ（四月一三日調印）のはその第一弾だ。相互不可侵と、一方が第三国と（例えば日本がアメリカ・イギリスと、あるいはソ連がアメリカ・イギリスやドイツと。当時ソ連はドイツと組んでいたが、イギリスは宣戦していなかった。アメリカはまだ完全中立）開戦しても中立を守るという取り決めだ。一方では、「二兎（三国同盟と対米調整）を追っても成果はない」として固辞する海軍大将・野村吉三郎をむりやりアメリカ大使に任命して交渉を始めた。主眼はもちろん日米通商航海条約の復活だ。日米交渉は日ソ中立条約調印の前後から本格化した。

　しかし、結果的には日本はこの二つの外交を結実させなかった。ナチス・ドイツのさらなる〝快進撃〟に幻惑されたのだ。

　すなわち、六月二二日、ドイツはバルバロッサ作戦を開始、怒濤のごとくソ連領に侵攻した。ソ連軍は後退に後退を重ねた。日本はこの急変を受けて、フランス領南部インドシナへの進駐（その主要都市はサイゴン＝現ホーチミン）と対ソ開戦を強く想定した（七月二日、御前会議）。

　まず対ソ戦準備のため関東軍を大増強した。極東のソ連軍がモスクワ前面の戦線に移されるはずだから、それに乗じてソ連領に攻め込む準備をした。関特演《かんとくえん》（関東軍特種演習）がそれだ。兵員約五〇万名、軍馬約一五万頭をこっそり（出征兵士の見送り禁止、宇品港など出港地付近の外国人立ち入り禁止など）満州に送り込み、関東軍を強化した。関東軍は総兵力八五万名前後にふくれあがり、支那派遣軍より大きくなった。

　しかし、極東のソ連軍はほとんど減らず、対ソ開戦は見送られた（八月九日）。陸軍は全体としてソ連を攻めても日中戦争に大きな展望が開けるとの期待はほとんど持たなかったし、無理をしてまで開戦するとの気持もなかったようだ。東条陸相が、北進論を強く主張する松岡外相に「対ソ開戦と支那事変との関係如何《いかん》」と尋ね、外相が「イルクーツクまで行けば、あるいはその半分まででも行けば、蒋介石にも影響を及ぼし全面和平になるかもしれぬ」とか、「ソ連を撃つと決めよ」と迫る外相に杉山参謀総長が「イカン」と答えたという問答記録が残っている（六月二六日、大本営政府連絡会議）。何よりも対ソ開戦中止が決まっても、陸軍全体に何の不満もあがらなかったことが興味のあるところで、陸軍は外相の対ソ開戦論を奇貨として、関東軍を強化する方便にしたということではあるまいか。関東軍を強化すれば、中国の支那派遣軍もより安心して、治安粛正戦に専念できるからだ。

　一方、フランス領南部インドシナへの進駐（七月二八日）は、イギリス・アメリカから強烈な致命的ともいえる反応が返ってきた。フランス領インドシナへの進駐が決まった時点で、アメリカ・イギリス、次いでオランダ領東インドが日本資産の凍結を決めた。実際に進駐した時点で、アメリカは日本への石油輸出を禁止した。オランダ領東インドもこれにつづいた。数日後、日本のタンカー六隻が相次いでアメリカ西海岸の積出港に着いたが、一滴も渡してもらえなかった。

　アメリカは日本との交渉で、満州国の中国返還や、中国からの撤兵や、日独伊三国同盟の解消などをさまざまな表現で要求した。さらには強硬派の松岡外相の更迭さえ要求した（六月二一日、米国ハル国務長官の、いわゆるオーラルステーメント）。日本はこのうち松岡外相の更迭だけには応じて（七月一六日内閣総辞職、一八日、外相豊田貞次郎で第三次近衛内閣発足）、対ソ開戦準備（関特演）、フランス領南部インドシナ進駐前にコトを荒立てないよう配慮したが、日本の南方進出に対するアメリカ・イギリスの強硬な反対姿勢を変えることはできなかった。

　こうした情勢のなかで、日本が具体的に「一〇月下旬を」をめどにアメリカ・イギリスとの戦争準備を完成させると決定したのが九月六日だ。当時の指導者の考え方を、松岡外相の表現でみてみたい。松岡は善悪は別としてはっきり意見を言う人で、そういう意味では当時の指導層の考え方をみるうえで、非常に参考になる。

「不愉快なのは、国民中にも日清日露講和談判のとき、アメリカはじめ第三国の世話になったことを例にして、三〇年後の（日本）帝国の地位を忘れ、東亜の指導権を確立せんとして戦い抜いて来た今日この際、なおかつ第三国の世話により講和をしたほうがよいと考えているものがある。俗に言えば、支那事変を持て余して自分の理想を打ち忘れ、『花より団子』という考えを抱くものが相当あるのが不愉快に思う」（七月一〇日、大本営政府連絡懇談会。松岡はこの一週間後に更迭となった）。

　よく知られているように、いったんは対アメリカ・イギリス戦を決定したが、その後、近衛内閣の総辞職、つづいて陸軍中将・東条英機内閣の成立となった。近衛内閣総辞職の前（一〇月一四日の閣議）、東条陸軍大臣が述べたことは、戦死・戦傷者に対する思いが強く出ている一方、アメリカ観は松岡外相が述べた考え方とも一致している。すなわち、「米国の主張にそのまま服従したならば、支那事変の成果は壊滅に帰する、ひいては満州国の存立を危うくしさらに朝鮮統治も動揺する。

　日本は事変開始以来、数十万の戦死戦傷病者を出し、これに数倍する遺家族を擁しており、数百万の軍隊と一億国民は戦場戦後において辛苦と戦い、また数百億の国帑《こくど》（国費）を費やした。しかるに、日本は列国の例にならわず寛容なる態度で臨み、非併合無賠償を方針としている。ただ駐兵により事変の成果を結果づけることであり、世界に対し何ら遠慮する必要はない。巧妙なる米国の圧迫に服する必要はない。

　駐兵は心臓である。主張すべきは主張しなければならない。譲歩に譲歩を重ね、このうえ心臓まで譲る必要がありますか。これまでゆずりそれが外交とは何か、服従です」

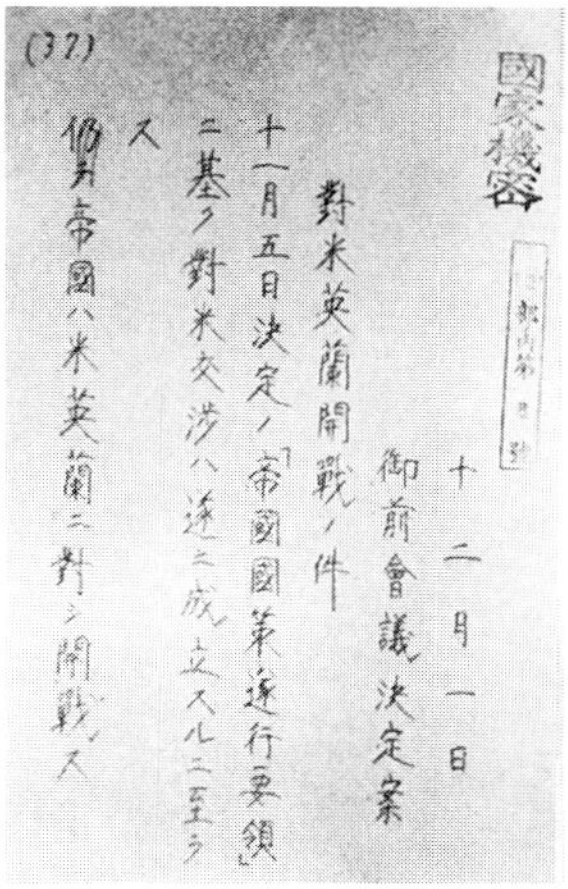

アメリカ・イギリス・オランダとの開戦を決めた御前会議の記録。1941年（昭和16年）12月1日。

　と述べた。首相も各大臣もこれに反論するだけの論理を持っておらず、日本の別の将来像を描く能力もなかったのだ。

　東条内閣は天皇の意思により開戦決意の見直しをはかる。野村大使を補佐させるため、アメリカにベテランの外交官・来栖三郎を派遣して交渉継続の意図を伝えた。が、もちろん右の意見を撤回してまで見直しを図ったわけではない。日米交渉はいわゆる「ハルノート」（一一月二六日）を、対日最後通牒と受け取り、ついに一二月八日を開戦と決めたのだった。アメリカ海軍に最終的には勝てないとしていた海軍が、軍艦や飛行機を動かす石油・ガソリン備蓄のあるうちに開戦してほしいと迫ったことが一番大きな直接動機だ。すでにアメリカは、最初の一発を日本に撃たせたがってもいた。ドイツのソ連攻略も最初の勢いは失われていたし、太平洋での戦いにも応じられるほど準備は整いつつあった。

　アメリカは「ハルノート」作成の直前、ハル国務長官が日本への妥協案を中国大使・胡適をはじめ、イギリス・オーストラリア・オランダの大使を集めて見せ、各本国の意見を求めた。それは、具体的な日本に対する要求はフランス領南部インドシナからの撤兵だけで、それによって毎月六〇万ドル相当の食糧・医薬品・綿花などを輸出をし、石油も民間需要量を輸出するとなっていた。

　これは、日本が最後の交渉で用意した甲案・乙案のうちの乙案に沿った内容である。

　「（一一月）二四日の月曜日になっていわゆるＡＢＣＤ（オーストラリア・イギリス・中国・オランダ）の大使が再度ハルのもとに集合したが、このとき賛成の意を表明したのはオランダ大使のみであり、その他の国の大使たちは本国からの訓令をまだ受け取っていなかった。このとき重慶は極度の動揺のなかにあった。蒋介石は自らの憂憤が『家族と属僚にまで及んだ』と書いている」（前掲、黄仁宇『蒋介石』）

　こうしたアメリカの妥協案が撤回され、最も厳しいハルノートが日本に手渡されたことを知った蒋介石は「幸いにして上帝の助けにより」アメリカの妥協案が撤回されたことを喜んだ。そして日本海軍の真珠湾奇襲を知った一二月八日の日記には次のように簡潔につづっている。

　「抗戦の政策の成功はここに極まった。ものごとは極点に達すれば必ず逆の方向に転化する。恐れ警戒しないでいられようか」と（引用は前掲、黄仁宇『蒋介石』から）

第10章 太平洋戦争下の日中戦争

香港を占領

日本は一九四一年（昭和一六年）一二月八日、アメリカ・イギリスに対して宣戦布告した。海軍の最初の攻撃目標はハワイ・オアフ島の真珠湾基地であり、アメリカ領フィリピンのクラーク基地とマニラ湾、グアム島、ウェーキ島だった。次いでオーストラリアの信託委任統治領ニューブリテン島ラバウル（現パプアニューギニア領）を占領し、最前線基地を築いた（一九四二年一月）。

陸軍の最初の上陸地はマレー半島のコタバルだった。その上陸部隊と、前年、フランス領南部インドシナ進駐でサイゴンまで進出していた部隊が一緒になって、イギリス・インド軍（当時の呼称は英印軍。イギリス軍に指揮されているインド軍）を撃ち破りながらマレー半島を南下、ジョホール水道を渡って背後からシンガポールを攻略し、占領した（四二年二月）。

支那派遣軍（中国駐屯の日本軍）に属し、広《カン》東《トン》（現広州）にあった第二三軍（南支方面軍を廃止して、四一年七月創設）は、イギリス領香港を占領した（一二月二五日）。同時に、支那派遣軍は中国の日本占領地域（北京、南京、天津、上海など）にあるアメリカ、イギリスの租界を接収した。

もう一つ中国にあった日本の大軍団、植民地・満州国の関東軍は、ソ連を刺激しないよう「静謐確保《せいひつかくほ》」（国境でコトを起こさず、静穏にして満州国を統治する）の態勢に入った。

シンガポールは香港とともにイギリスの東南アジア最大の根拠地で、そこを押さえられたイギリス軍はビルマ、インド（ともにイギリスの植民地）の防衛を固めた。そのビルマにも日本軍は進攻して、同地のイギリス・インド軍、アメリカ・中国軍（アメリカ陸軍スティルウェル将軍に指揮されていた中国軍）を攻撃した。開戦六カ月後（一九四二年五月）には全ビルマを占領、援蒋ルートの一つビルマ・ルートを完全遮断した。同じころ、陸軍の上陸部隊もほぼフィリピン全域を占領した。

日本が最も欲しかったスマトラ島・ボルネオ島（日本の全需要量をまかなう以上の石油がでる）などオランダ領東インド（現在のインドネシア全域）の占領は四二年三月だ。

こうして日本は開戦半年で、ほぼ欲する地域を押さえた。総称して南方作戦という。

アメリカ・イギリス・オランダ（オランダは日本の対米戦開始直後に日本に宣戦）との戦争は大東亜《だいとうあ》共栄圏を建設するという意味を込めて大東亜戦争と名づけられた。日本は日中戦争を依然として〝事変〟と呼んだが、大東亜戦争はその〝支那事変〟もふくめた呼び名とされた。日本はあらためて中国に宣戦布告しなかったが、蒋介石の国民政府は日本、ドイツ、イタリアに宣戦布告した（一二月九日）。

ドゥリットル空襲と浙贛《せっかん》作戦

大東亜戦争の主な戦争相手はアメリカだった。戦場は太平洋のあらゆる地域にわたったので、アメリカは太平洋戦争と呼んだ。戦後は日本でも太平洋戦争と呼ぶようになった。

アメリカの本格反攻は、日本がミッドウェー海戦に敗れたあと（四二年六月五日、主要空母六隻のうち四隻沈没）、一九四二年半ばから始まるが、そのミッドウェー海戦の前に米海軍は東京を初空襲した（四月一八日）。指揮官の名をとってドゥリットル空襲という。少しおどかしてやれという程度の攻撃で、一二隻の

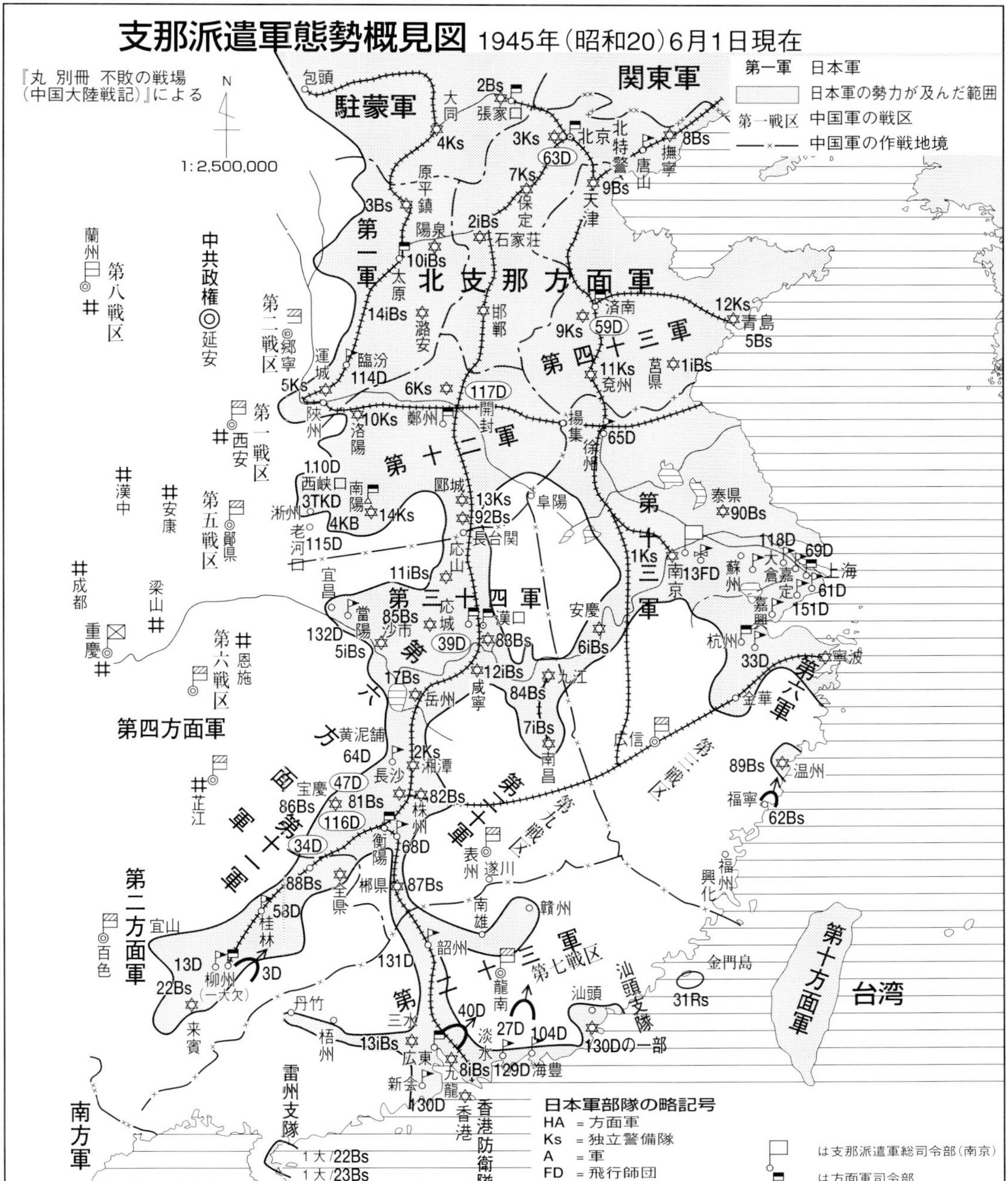
支那派遣軍態勢概見図 1945年(昭和20)6月1日現在
『丸 別冊 不敗の戦場
(中国大陸戦記)』による
N
1:2,500,000
第一軍 日本軍
日本軍の勢力が及んだ範囲
第一戦区 中国軍の戦区
中国軍の作戦地境
関東軍
駐蒙軍
北支那方面軍
第一軍
第四十三軍
第十二軍
第十三軍
第三十四軍
第六方面軍
第十一軍
第二十軍
第二十三軍
第六軍
第二方面軍
第四方面軍
第十方面軍
南方軍
中共政権
延安
蘭州
第八戦区
第二戦区
第一戦区
第五戦区
第六戦区
第三戦区
第九戦区
第七戦区
包頭
大同
張家口
北京
北特警
唐山
撫寧
天津
保定
原平鎮
陽泉
石家荘
太原
潞安
邯鄲
済南
青島
莒県
兗州
臨汾
運城
郷寧
陝州
洛陽
鄭州
開封
揚集
徐州
西安
漢中
安康
鄖県
南陽
西峡口
淅州
老河口
郾城
長台関
阜陽
泰県
南京
蘇州
上海
大倉
嘉定
嘉興
杭州
寧波
金華
応山
宜昌
当陽
沙市
応城
漢口
安慶
九江
岳州
咸寧
南昌
広信
黄泥舗
長沙
湘潭
株州
衡陽
宝慶
全県
郴県
表州
遂川
贛州
南雄
韶州
桂林
宜山
柳州
百色
来賓
丹竹
梧州
三水
広東
淡水
海豊
汕頭
新会
九龍
香港
温州
福寧
福州
興化
金門島
台湾
海南島
海口
重慶
成都
梁山
恩施
芷江
2Bs
4Ks
3Ks
63D
8Bs
7Ks
9Bs
3Bs
2iBs
10iBs
14iBs
12Ks
5Bs
9Ks
59D
11Ks
1iBs
5Ks
114D
6Ks
117D
10Ks
65D
110D
3TKD
4KB
14Ks
13Ks
92Bs
115D
90Bs
118D
69D
1Ks
13FD
61D
151D
11iBs
85Bs
132D
5iBs
39D
83Bs
6iBs
33D
17Bs
12iBs
84Bs
7iBs
64D
2Ks
47D
81Bs
82Bs
86Bs
116D
34D
68D
88Bs
87Bs
58D
13D
22Bs
3D
(一大欠)
131D
40D
27D
104D
13iBs
8iBs
129D
130D
130Dの一部
31Rs
89Bs
62Bs
汕頭支隊
雷州支隊
香港防衛隊
1大/22Bs
1大/23Bs
23Bs(一大欠)
日本軍部隊の略記号
HA = 方面軍
Ks = 独立警備隊
A = 軍
FD = 飛行師団
D = 師団
KB = 騎兵旅団
TKD = 戦車師団
TKB = 戦車旅団
Bs = 独立混成旅団
iBs = 独立歩兵旅団
Rs = 独立連隊
は支那派遣軍総司令部(南京)
は方面軍司令部
は軍司令部
は師団司令部
は歩兵旅団、独立混成旅団、歩兵団などの司令部

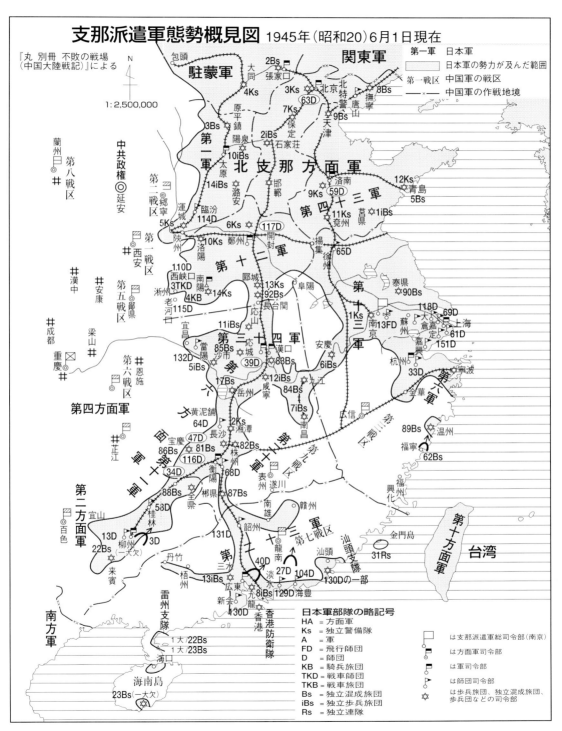

浙贛作戦（1941年5月〜8月）で大砲を押して行く日本軍。

空母が東京のはるか東方の洋上に迫り、陸軍航空の爆撃機を発進させたのだ。たいした被害はなかったが、爆撃機は母艦にはもどらず中国浙江《せっこう》省の飛行場に着陸した。陸軍の爆撃機は大きすぎて、母艦から発進はできても着艦ができなかったからだ。パイロットが中国人から大歓迎されたのは言うまでもない。

引きつづきその飛行場を米空軍に利用されたらかなわない。そこで、飛行場を破壊することになった。こうして始められたのが浙贛作戦だった。浙は浙江省の略称、贛は江西省の別称で、作戦地域が江西省にも一部かかっていたのでそう命名された。

第一三軍（司令部・上海）六個師団が東から南西に進み、第一一軍（司令部・漢口）二個師団が西から北東に進んだ。進撃路はほぼ浙贛線（浙江省杭州〜湖南省株州《しゅしゅう》）に沿っていた。五月中旬から八月中旬まで、降りつづく雨で泥水と化した道なき道を、水虫と股ずれに悩まされながら、立ちはだかる途中の中国軍を撃破しつつ進んだ。そうやって衢州《くしゅう》や玉山《ぎょくさん》（ともに浙贛線沿線）、麗水《れいすい》（浙贛線から離れており、温州から北西約八〇キロ）などの飛行場を占領すると、飛行場内には壕を掘り巡らし、周囲数キロにわたって民家、立木、橋などを焼いたり破壊したりした。作戦期間中の中国軍の損害は遺棄死体二万四四三〇名、捕虜八五六四名、日本軍の損害は戦死一一八四名、戦傷二七六七名、戦病一万一八一二名だったという。

浙贛作戦。飛行場の設備を破壊しているのか？

太平洋戦争に入ってからは、主戦場は中国から離れたが、全般の戦局とのからみでこんな大作戦も行ったのだ。

しかし、華北、すなわち山西・河北・山東の各省では徹底した剿共戦《そうきょう》（共産軍を覆滅《ふくめつ》する討伐戦）が休みなく行われた。一九四一年度に北支那方面軍（司令部・北京。担任地域は前記三省のほか、北のチャハル・綏遠《すいえん》各省、華中の江蘇《こうそ》省、安徽《あんき》省まで）が実施した粛正戦（大部分が剿共戦）は、二万回を超えた。中国軍に与えた損害は遺棄死体約一一万八〇〇〇名・捕虜約四万五〇〇〇名、日本軍の損害は戦死五六〇〇名以上という。

三光と労工狩りを伴った剿共戦

当時の北支那方面軍司令官・岡村寧次大将（一九四一年六月就任）は、四一年一一月、三戒標語「焼くな、殺すな、犯すな」を示して部下に徹底させようとした。「滅共愛民」すなわち共産軍将兵や協力者としての農民や民衆、その軍事施設を剿滅《そうめつ》するのは当然だが、普通の農民や民衆を殺したり、彼らの食物や金目のものを略奪したり、家を壊したり焼いたりするな、女性を強姦するなと訓示したのである。

岡村軍司令官は、清《しん》の軍勢が中国を侵したときの禁令「不焚、不犯、不殺」を例に引き、それにならって三戒を訓示したという。当時の剿共戦がすでに見境のない三光《さんこう》（殺光、焼

浙贛作戦の戦況を聞く当時の支那派遣軍総司令官・畑駿六大将（右）。

光、搶光《そうこう》）に陥っていたからこそ、ひらめいた三戒標語であったろう。

とはいえ、生々しい三光の実態は日本側の公式の戦闘記録からはほとんどうかがえない。共匪《きょうひ》殲滅《せんめつ》、壊滅《かいめつ》、燼滅《じんめつ》、殲滅《せんめつ》、覆滅《ふくめつ》、剿滅《そうめつ》、剔抉《てつけつ》、掃蕩《そうとう》、掃討《そうとう》、蕩儘《とうじん》等々の言葉でしか記録されていないからだ。実態は、実際の三光を実施した日本軍将兵の証言、被害にあった中国側の証拠と証言でしかわからない。

「（そこは）三〇戸ほどの集落でしたが、この戦闘のあと一軒一軒掃討したところ、たまたま手榴弾二発を発見し、これによってこの集落は通敵集落と判断されたわけです。そのあとはニワトリ、タマゴ、米、コウリャンなどありとあらゆる食物を一カ所に集め、ナベ、カマなどはすべてたたきこわし、最後にコウリャン殻に火をつけて一軒一軒、軒下に点火して、一戸残らず焼きつくしたのです」（菊池義邦の話。森山康平『証言記録　三光作戦』による）

これは、第五九師団（第一〇独混に少し兵力を増加して編成した部隊・補充地は千葉県柏）が一九四二年六月に行った剿共戦のほんの一コマだ。山東省泰安《たいあん》（済南の南六〇キロ）から四〇キロほど入ったところの鉄車集落という。こんな剿共戦が華北の随所で行われていた。菊池にとっては初めての剿共戦だった。

剿共戦は人さらいも行った。いわゆる労工《ろうこう》狩りだ。戦争が拡大されて男はほとんど兵隊となり、肉体を酷使する作業現場の男手が不足してきたからだ。

その大がかりな一例として第三次魯東《ろとう》作戦（一九四二年一一月～一二月）をあげよう。魯は山東省で、山東半島一帯を魯東と呼ぶ。そこの共産軍・山東縦隊《じゅうたい》をウサギ狩り方式で囲い込み、中心点に向かって囲い込みの環を圧縮しながら掃滅した。戦史叢書『北支の治安戦2』によると、遺棄死体一一八三名以上、捕虜八六七五名以上となっている。この作戦にも参加した前記菊池の記憶では、「一八歳以上の男子は殺すな」と厳命されたという。捕まったのは大半が農民だった。作戦参加者はその作戦が単純な剿共戦ではなく、人狩り作戦、労工狩り作戦であるということを知っていた。

作戦に参加した将兵たちはそのとき、〝捕虜〟の行方を具体的には知らなかったが、満州国と日本に送られた。その後も行われた大小の労工狩り作戦で集められた約四万名の男たちのうち、「人狩り作戦中に少なくとも一、八二三人が死亡などで減じ、残った三八、九八九人を乗船させたが、ひきつづいて船中で五八四人が、日本上陸後の事業所到着までに二三八人が死亡」した（引用は石飛仁『中国人強制連行の記録』から）。生き残った中国人は日本の五四の株式会社（事業所は一三五）に分配され、厳重な監視付で石炭・銅採掘、港湾荷役などに従事させられた。

東条内閣はそれが強制連行ではないという形式を整えるため「華人労務者内地移入ニ関スル件」とする閣議決定（一九四二年一一月二七日）で、中国人と契約を結んだことにして実行した（詳しくは中国人強制連行資料編纂委員会編『草の墓標　中国人強制連行の記録』を参照）。

遮断壕、小型万里の長城、無人区

剿共戦で形式の変わったもののなかに遮断壕、小型万里の長城、無人区があった。

遮断壕《しゃだんごう》（治安壕、恵民壕とも）は準治安地区と未治安地区を分け、共産軍の浸透を阻止するもので、京漢《けいかん》線（北京～漢口）沿いの各所

右／中国における歩兵士官養成所。下級指揮官の訓練をアメリカ軍人が担当した。1944年5月26日。

左頁／激戦の末、日本軍陣地を占拠した中国軍。空からはアメリカ第14空軍が援護した。1944年7月28日。

に掘られ、一九四二年九月までに一万一八六〇キロ、遮断壕に沿うトーチカ陣地は七七〇〇個に達した。

小型万里の長城は経済封鎖線で、高さ約二メートル・下幅約一メートルの石垣。「京漢線西方山地の山麓に沿い数百キロ」にわたり建設された。もちろん作ったのは駆り出された付近の農民で、「井陘《せいけい》地区」（石太《せきたい》線〈河北省石家荘《せっかそう》～山西省太原《たいげん》〉沿線の山西省に隣接する。石炭の産地）中隊担任正面の約九〇キロに対して、実働約七〇日、延べ一〇万人を要した」という（引用は戦史叢書『北支の治安戦2』による）。

無人区は河北省と満州国熱河《ねっか》省の境となっていた万里の長城に沿う両側に作られた。長城の南側では、北支那方面軍第一二軍所属の第二七師団（佐倉、東京、甲府の部隊）が遷安《せんあん》県や遵化《じゅんか》県（ともに河北省）に作ったのが最初で（一九四二年一一月）、″永久に″のつもりで住民を立ち退かせた集落が七六カ所（一一三五戸・六四五四名）、一時的に無人化した集落が二八カ所（二三四二戸・一万二〇三九名。大集落が多かったのだろうか＝引用者）という。周囲には遮断壕を二四五キロにわたって掘り、遮断線七四キロを巡らし、それらの工事に多数の農民が使役された。住み慣れた土地を追い払われた農民は「集団部落」に移された（数字の引用は戦史叢書『北支の治安戦2』）。

長城線の北側は関東軍《かんとうぐん》（満州国駐屯の日本軍）の担任で、むしろ河北省側より早く、大規模かつ広範囲に無人区が作られた。一〇代で八《はち》路軍《ろぐん》兵士（八路軍は戦争初期には国民政府軍下の正式名称、その後は共産軍の通称）として抗日戦に従事した河北省出身の陳平《チェン・ピン》は、長城線北側のたとえば興隆《こうりゅう》県（当時熱河省、現在は河北省）などでは一九三九年冬から無人区の設置が始まったと指摘している。そして最終的に無人区が作られた範囲は、

「東は山海関西側の九門口から、西は赤城県独石口（当時はチャハル省＝引用者）東側の老杖坝までの長さ約八五〇キロメートル、北は寧城、囲城（ともに当時熱河省＝引用者）から南は遷安、遵化（ともに河北省＝引用者）等までの、最も広いところで約二五〇キロメートル、その範囲は二五県に及び、総面積は約五万平方キロメートルであった」

とする。その五万平方キロのなかで、

「初歩的な統計によれば……『無住禁作地帯』が約八五〇〇平方キロメートル、集家された自然村は一万七〇〇〇あまり、建設された『人囲い』が全部で二五〇六か所（他に平泉〈承徳の東六五キロ、当時熱河省・現河北省＝引用者〉、寧城等の地に一〇〇あまりの、囲いを作らなかった集家地点があるが、計算に入れていない＝原注）、追いたてられて集家併村（いわゆる集団部落のこと＝引用者）された民衆は約一四〇

万人である」

と述べている（引用は姫田光義・陳平（チェン・ピン）著　丸田孝志訳『もう一つの三光作戦』から）。

　このような無人区の設置が尋常な手段で進んだとはとうてい想像できず、事実、各所で村ごと焼き払い、少しでも抵抗のそぶりを見せる者は容赦なく殺したのだった。姫田光義は『「三光作戦」とは何だったか』のなかで、三光による「華北全体の被害は将兵の戦死者を除いて『二四七万人以上』ということにしておきたい」と、研究段階におけるとりあえずの数字を示している。

一九四三年の三大殲滅《せんめつ》戦

　一九四三年には蒋介石国民政府の首都・重慶（四川省）を攻略するという構想がたてられたが、その年の後半、ガダルカナル島や東部ニューギニア（ブナ地区）における戦局が敗勢となり、その手当に忙しく、中国における大攻勢は見送られた。戦局を立てなおすためには、支那派遣軍や関東軍から兵力を引き抜いて補充しなければならなかったからだ。

　北支那方面軍（司令部・北京）は相変わらず剿共《そうきょう》戦をつづけていたが、漢口に司令部を置いていた第一一軍も共産軍や重慶軍の討伐に忙しかった。ここでは一九四三年の三大殲滅《せんめつ》戦といわれた三つの戦いに簡単にふれる。

江北殲滅作戦（二月中旬〜三月下旬）

　江北《こうほく》は単純に揚子江の北側をさす。漢口《かんこう》〜岳州《がくしゅう》（現岳陽）〜沙市《さし》（漢口の西二〇〇キロの揚子江沿岸、小漢口とも）の三角地帯にあった共産軍系六個旅団（約三万と予想、実際はもっと多かった）を相手に第一一軍主力が出撃した。中国軍の損害は遺棄死体八六〇四名、帰順兵・捕虜二万三二二四名で、ほぼ壊滅した。日本軍の損害は戦死二五四名、戦傷八九〇名という。

江南殲滅作戦（五月初旬〜六月中旬）

　江南《こうなん》は揚子江の南側だ。戦場は洞庭湖《どうていこ》から北北西の宜昌《ぎしょう》に至る揚子江右岸を中心とした約二五〇キロ、いたるところ網状河川・湖沼・峨々《がが》たる山岳という悪条件が重なっていた。三個師団・一個独混ほかの日本軍は国民政府軍第七三軍の軍勢を各所で撃滅した。五月末の中国軍の損害は遺棄死体二万五五一〇名、捕虜三六四六名で「第七三軍は第一六一師を除き全く壊滅した」（支那派遣軍参謀・三笠宮少佐の大本営報告）。日本軍の損害は戦死五三五名、戦傷二〇六六名だった。

　作戦軍は戦場から元の位置まで下がったが、その過程で中国軍は激しく反撃し、日本軍も応戦した。約一〇日間で中国軍は遺棄死体二五六六名、捕虜六三三名を出し、日本軍は戦死二三六名、戦傷六八〇名を出した。

　宜昌は重慶防備の最前線で、蒋介石は大きな危機感を抱き、新たに約七万の「アメリカ式装備中国軍」を湖南省に配備した。中国の日本軍がこれらアメリカ式装備中国軍と実際に交戦するのは少しあとのことだが、ビルマ（現ミャンマー）北部フーコン谷地では、次に述べる常徳《じょうとく》作戦のころには、このアメリカ式装備中国軍（インドで訓練された新編中国軍）に日本軍は敗退しつつあった。常徳作戦そのものが、遠い北部ビルマの戦局にいくばくかの影響を与えるために思いつかれたものでもあった。

常徳殲滅作戦（一一月初旬～四四年一月初旬）

　湖南省の常徳は洞庭湖《どうていこ》の南西端に近い。漢代からの古い町で、現在は市。湖南平野の中心地で、昔から「湖南実れば四川《しせん》飢えず」と称されたと言い、当時は重慶軍の補給地として重要地点だった。

　したがって常徳とその周辺を固める中国軍は四〇個師を超え、三〇万前後と推定された。対する日本の第一一軍は五個師団他から計約三五個大隊（一個大隊は八〇〇名前後、他の部隊もふくめ三万を超える程度か）の兵力を抽出して進撃した。相変わらず歩兵規模は中国軍の一〇分の一で良しという状況だった。各種の大砲部隊がそれを補うのだ。常徳にたどり着くまでの各部隊の機動距離は一五〇キロから二〇〇キロだ。

　常徳そのものの中国軍は約一万名だったが、市街戦もふくめ中国軍は必死の粘りをみせた。日本軍は城内市街の焼却を図ったが、「家屋はほとんど堅固な煉瓦《れんが》または土壁のため類焼せず、依然一軒ずつ壁を破っては突撃する」（戦史叢書『昭和十七、八年の支那派遣軍』）戦闘がつづいた。中国軍は城内で約一週間抵抗して降伏した。

　日本軍はその後、常徳南方の中国軍を撃破、十一月末には元の駐屯地に帰った。

　中国軍は「十三個師殲滅《せんめつ》、七個師撃滅《げきめつ》、四個師撃破《げきは》」され、遺棄死体二万九五〇三名（師長六名ふくむ）、捕虜一万四〇二四名だったという。日本軍は戦死一二七四名、戦傷二九七七名だった。

　第一一軍はこの三つの殲滅戦で中国軍約一〇万名を減少させたが（遺棄死体約六万六〇〇〇名、捕虜約三万八〇〇〇名）、自身もまた戦死約二三〇〇名、戦傷約六六〇〇名を出したのである。

　もちろん、こうした殲滅戦以外に、大小の剿共戦も続行されたのだが、ここでは簡単に主要な作戦の結果を列記しておきたい。

◎南部太行《たいこう》山脈における粛正戦（四月二〇日～五月二一日）
中国軍の損害　遺棄死体九九一三名、捕虜一万五九〇〇名、帰順五万八〇〇〇名（主として重慶軍）。日本軍の損害　戦死二三七名、戦傷八〇三名。

◎一八夏太行《たいこう》作戦（七月一〇日～七月三一日。一八は昭和一八年の意味）
中国軍の損害　遺棄死体一三七一名、捕虜四八五三名。日本軍の損害　戦死二五名、戦傷八四名。

◎秋・冬季粛正作戦（九月上旬～一一月末、河北省と山西省北部）
中国軍の損害　遺棄死体二万五三九八名、捕虜一万九八六名。日本軍の損害　戦死七三八名、戦傷一一二〇名。

◎北支那特別警備隊による第一期剔抉《てつけつ》作戦（一九四三年九月二〇日～一九四四年六月九日。憲兵、警察をまじえ、内偵をつづけて共産党員や協力者をえぐりだし、捕獲する作戦）
剔抉回数四二一四回、遺棄死体一九八四名、捕虜一万三四三五名。この剔抉作戦は四四年六月から四五年一月にかけて第二期作戦が実施され、剔抉回数四六九九回、遺棄死体（被捕獲者）二万三〇〇名、覆滅《ふくめつ》施設七五〇〇件と記録されている。

五〇万動員の大陸打通作戦（一号作戦）

　大陸打通《だつう》作戦は、アメリカのスーパーフォートレス（空の超要塞）B29爆撃機による日本本土空襲が近いとの予測と密接な関係があった。

　すなわち大本営では一九四三年春ごろから、大型爆撃機が完成しつつあることを外国の新聞報道などでキャッチ（スイス、スウェーデンなど中立国滞在の武官などを通じて）していた。四三年暮れには、「本土空襲のためのB29基地として、太平洋方面ではウェーク島か、中国大陸方面では重慶、成都《せいと》地区及び桂林《けいりん》、柳州地区」を想定した（引用は戦史叢書『本土防空作戦』から）。

一方、太平洋方面の戦局は、一九四四年春ごろまでに日本軍は米軍の大攻勢を支えきれず、ソロモン諸島、トラック諸島、パラオ諸島、ニューギニア全域の各部隊が孤立した。制空権と制海権が完全にアメリカ軍の手にわたり、孤立した部隊への補給はほとんどとだえた。

このように太平洋方面はまったく敗勢一色

アメリカ式装備の中国軍が輸送機で戦場に馳せ参じた。1945年に入ると、中国軍はこういう作戦が出来るようになった。

だったが、そんな戦局にはお構いなく意気軒昂だったのが、中国の支那派遣軍とビルマの第一五軍だった。両軍は大兵力を動員して、四四年三月、大規模な進攻作戦を始めた。ビルマではアラカン山脈を踏破して国境近くのインド領インパール（ビルマに最も近い英軍基地）の占領をめざした。中国では大陸打通《だつう》作戦（一号作戦）が始まった。

もともと一号作戦の当初の目的は、北京〜漢口〜広東の、あるいは漢口〜衡陽《こうよう》〜柳州〜南寧《なんねい》〜フランス領インドシナの、さらには柳州〜貴州《きしゅう》の鉄道や道路を打通（貫通）させてフランス領インドシナ、マレー・シンガポール、さらにはビルマへ鉄路・陸路を確保し、南方物資を日本へ輸送したり、逆に兵員や軍需物資を送るルートを確保することだった。海上輸送が米潜水艦の跳梁《ちょうりょう》で確保しにくくなってきたから構想されたという。あんなに広大な地域を占領していながら、北京と漢口の鉄道（京漢線）も通じていなかったのだ。黄河の鉄橋も破壊されたままだった。

しかし、作戦開始の時期になって、もうそんな悠長な時期ではないことが明らかとなった。東条英機首相兼陸相兼参謀総長は、作戦の目的をB29の発進基地として利用されそうな飛行場の占領破壊に限定せよ、と厳命して作戦を許可した。

とはいえ、重慶や成都は遠すぎてまったく手は出せない。せいぜい衡陽《こうよう》（湖南省南部、長沙から南南西一五〇キロ）やその周辺の遂川《すいせん》（江西省。湖南省に隣接）、その南の南雄《なんゆう》（広東省、江西省に隣接）、零陵《れいりょう》（湖南省南部）や桂林、柳州（ともに広西省、現広西チワン自治区）の飛行場を使わせなくする程度が関の山だった。桂林は例の奇岩が林立する風景が有名で、現在の日本人なら観光地としてよく知っている。これらの基地から九州北部まで二〇〇〇キロ足らずだ。

そうであれば、直接それらの飛行場破壊をめざして一直線に進撃すればいいようなものだが、最初の構想の〝大陸打通〟という考えから完全には抜けきれなかった。

京漢《けいかん》作戦（四月〜五月）

作戦はおもむろに華北（河南省）から始まった。京漢線（北京〜漢口）打通をめざすので京漢作戦という。兵力は一四万八〇〇〇名、軍馬三万三〇〇〇匹、戦車七〇〇両、自動車六〇〇〇両。

黄河を渡り、日本軍にはすっかり馴染みとなっていた湯恩伯《とうおんぱく》（日本の陸軍士官学校卒）軍を登封《とうふう》、臨汝《りんじょ》で包囲して撃滅した。登封は鄭州《ていしゅう》の南西約六〇キロ、臨汝は同約八〇キロだ。次いであの有名な洛陽《らくよう》（鄭州から東へ約一〇〇キロ）を攻略占領して作戦を終えた。

中国軍の損害は遺棄死体三万六七〇〇名、捕虜一万三三七九名（五月二六日、東条参謀総

日本軍迫るの報に柳州（広西省）から貴陽（貴州）へ向け避難しようとしている中国人。1944年11月23日。

長の上奏）、日本軍の損害は参加兵力の戦死〇・一割、戦傷〇・三割、戦病〇・五割（六月一五日、秦彦三郎参謀次長の大本営報告）だった。

湘桂《しょうけい》作戦（五月末〜四五年一月）

湘は湖南省、桂は広西省（現広西チワン自治区）の別称。前記の、占領破壊すべき飛行場が両省に散在するのでそう呼ばれた。参加兵力は三六万二〇〇〇名、軍馬六万七〇〇〇頭、戦車約一〇〇両、自動車九四五〇両。

主力はほぼ粤漢線《えつかん》（漢口〜広東）に沿って南下、長沙を攻略し、衡陽《こうよう》（長沙の南南西一五〇キロ）に達した。衡陽から桂林、柳州に通じる湘桂線と広東に通じる粤漢線が分かれている。中国軍は衡陽城で最大の抵抗を示し、日本軍は六月末から第一六師団（京都の部隊）、第五八師団（熊本の部隊）、第六八師団（大阪の部隊）、第一一六師団（京都の部隊）が中心となって攻撃した。

攻防一カ月余り、八月八日衡陽城の中国軍は降伏した。遺棄死体四一〇〇名以上、捕虜一万三三〇〇名という。

日本軍の損害は、作戦開始から衡陽戦末期（七月二〇日）までの数字が残っている。それによると、参加八個師団で戦死三八六〇名、戦傷八三二七名、戦病一万九二八八名である。この数字から衡陽戦開始直前までの（六月二〇日まで）の損害（戦死一五〇三名、戦傷三六六二名、戦病約四〇〇〇名）を差し引くと、衡陽城と周辺飛行場攻略でこうむった日本軍の損害は戦死二五三七名、戦傷四六六五名、戦病一万五二九八名となる。

日本軍の戦死・戦傷の一割は米軍機の爆撃・機銃掃射だった。すでに中国ではアメリカ第一四空軍保有機七五〇機に対し、在中国の日本陸軍第五航空軍は一六〇機と完全に逆転しており、制空権は米軍が握っていたのである。

そればかりではない。衡陽への攻撃が開始される半月前の六月一五日、成都を発進したB29四七機は、北九州の八幡《やはた》製鉄所（現在は千葉県君津にある新日本製鉄）を空襲した。延々二六〇〇キロの長駆爆撃だ。大本営が懸念していたことが現実となった。

北九州が空襲されたその日、米軍はマリアナ諸島最大の日本軍基地サイパン島に上陸した。同島のアスリート飛行場地区を占領したのは一八日だ。日本のサイパン守備隊は約一週間の戦闘でほぼ壊滅、七月七日玉砕《ぎょくさい》した。ちょうど衡陽戦が始まったばかりのときである。サイパン戦の直後、東条内閣は瓦解した（小磯国昭内閣成立）。

もう飛行場を占領してもB29は成都からは発進するし、サイパンから二三〇〇キロ離れた東京への空襲も時間の問題となった（一一月二四日から東京空襲開始）。

それでも日本軍は衡陽戦のあとも桂林、柳州の飛行場を攻略するためにテクテク歩いて進撃した（八月末）。そのためにわざわざ第六方面軍司令部を創設し（軍司令官は北支那方面軍司令官だった岡村寧次大将）、軍容をあらためて作戦に入った。

湖南省と広西省の境は二〇〇〇メートル級の山々で隔てられている。衡陽付近から退却しつつある中国軍を追撃しつつの不眠不休の行軍だった。落伍者が多かった。衡陽戦ではあれほど頑強だった中国軍は今度は退避戦に徹した。桂林守備軍司令官は全県《ぜんけん》（湘桂線沿い）という陣地から退避するため、一五〇万発もの砲弾と大量の食糧を焼却した。あとで死刑になったそうだ。一一月一〇日、桂林と柳州を同時に占領した。

湘桂作戦はこれでも終わらない。三つの作戦が行われた。

一つは柳州からさらに中国軍を追撃してとうとう貴州に入り独山《どくざん》まで進出した（一二月三日、第一三師団〈仙台の部隊〉）。

一つは柳州から南寧に進み、さらに進撃して南西約七〇キロの綏淥《すいろく》という地点で、一二月一〇日、フランス領インドシナから逆に進んできた部隊と連絡した（一二月一〇日、中国から第二二師団〈仙台の部隊〉の一部、フランス領インドシナから第二一師団〈金沢の部隊〉の一部）。〝中国とフランス領インドシナの打通完成〟であり、これこそが構想段階からの大陸打通作戦であった。

蒋介石総統がアメリカ人将校や中国人将兵に訓示している。1945年3月21日、広東省南部で。

一つは南部粤漢線《えつかん》（衡陽〜広東）沿いに進んで、広東からは第二三軍が攻めあがり、貫通させた（一九四五年一月二六日）。途中、零陵飛行場を、貫通後に遂川などの飛行場を占領破壊した。

これで一号作戦はすべて終わったが、すでにフィリピンはレイテ島もルソン島も米軍の手に落ち、三月一〇日（四五年）にはサイパン発のB29大編隊が東京を大空襲した。粤漢線（漢口〜衡陽〜広東）も終戦まで開通しなかった。いわんや、フランス領インドシナ打通の道路も一度として物資輸送に使用されることはなかった。一年にわたった大作戦は対米戦争に何の役割も果たさなかった。まさに「戦略の誤りは部隊の勇戦敢闘では補えない」（前掲、佐々木春隆「体験的　日中戦争管見」）のだった。

ビルマ方面に対する影響もまったくなかった。一号作戦とほぼ同時にスタート、したインパール作戦は四四年七月には撤退開始、大敗北した。北ビルマ・雲南《うんなん》省の境で、雲南遠征軍という中国軍が米軍援助のもとにサルウィン河を渡った。その部隊がビルマと接する拉《ら》孟《もう》、騰越《とうえつ》の日本軍最前線基地を全滅させたのは九月だ。すでにインドで訓練された新編中国軍と米軍は北ビルマの要衝ミートキナを攻略占領しており（八月三日）、両軍が北ビルマの日本軍を撃破しながら東西から進み握手したのが四五年一月である。

北ビルマを進撃したアメリカ・中国軍の後方からはアメリカ軍工兵部隊が全天候型道路を建設し、石油パイプを敷設しながら進んだ。インド北部のレドから昆明《こんめい》（雲南省の省都）まで約一七〇〇キロの道路が完成し、軍需品を満載した長い長いトラックの列が昆明に到着したのが四五年二月四日だった。レド公路、またの名をスチィルウェル公路（スチィルウェル将軍は米中軍指揮官で蒋介石の軍事最高顧問）という新しい援蒋《えんしょう》ルートの完成だった。それまでアメリカはインドからヒマラヤを越えて飛行機で物資を運び、中国援助をつづけていたが、それが必要なくなった。

老河口《ろうかこう》作戦と芷江《しこう》作戦で敗退

大陸打通作戦にほぼめどがついた一九四四年一一月、支那派遣軍総司令官（三人目）に岡村寧次大将が就任した。いうまでもなく中国本土（万里の長城から南と内蒙古）に駐屯する日本軍全体の最高指揮官である。

岡村大将は大張り切りだった。この日中戦争では六年近くも各軍の司令官として戦っていたからだ。早速、重慶（蒋介石の国民政府がある）と成都（B29の基地がある）を占領しよ

日中戦争は中国の勝利に終わった。蒋介石との会談のため、延安から重慶に到着した中国共産党のトップ、毛沢東（中央）と周恩来（その左）。右は会談の仲介役パトリック・ゼイ・ハーレイアメリカ大使。1945年8月28日。

うという案をたてた。岡村大将は未だに、中国に一大打撃を与えれば蒋介石は和平を申し込んでくると、無邪気に信じていたのだ。それに太平洋戦争の戦局は、もうそんな大がかりの進攻作戦をやるような状況ではなかったが、中国に居ずっぱりの岡村にはそれがわからなかった。

参謀たちは計画にとりかかったが、結局大本営に止められた。米軍が中国大陸に上陸するだろうから広東や上海、あるいは山東半島に部隊を移動させて、迎え撃つ準備をすることと、蒋介石政府との和平工作を命令した。しかし、岡村の顔をたてて、小部隊で老河口《ろうかこう》や芷江《しこう》などを攻撃してもよいとした。

こうしてスタートしたのが老河口作戦と芷江作戦だ。目的は付近の米航空基地となっている飛行場の占領破壊である。

老河口作戦（三月二〇日〜六月）

老河口（湖北省北西部）は洛陽（河南省西部）の南南西二五〇キロ、漢口の北西三〇〇キロ。攻撃したのは第一二軍（司令部・済南）の二個師団、戦車師団、騎兵部隊である。

進撃は、米軍の航空攻撃とこれまでは見られなかったような豊富な火砲（大砲）攻撃を受け難渋したが、それでも騎兵部隊が老河口飛行場を占領し（三月二七日）、第一一五師団が老河口城を占領した（四月八日）。しかし、勢いはそこまでで、中国軍は夜間でも平気でヘッドライトをつけたトラックを走らせ、悠々と兵員や弾薬を輸送し、多くの陣地で激しく日本軍を攻めたてた。これまで見られなかった余裕のある中国軍の姿だった。

日本軍は中国軍の陣地を突破できず、各部隊はなしくずし的に撤退し、作戦の目的は達せられなかった。日本軍の総合的な損害ははっきりしない。

芷江作戦（四月一五日〜五月九日）

芷江作戦の場合はもっとはっきりと敗北した。芷江（湖南省西部、貴州省に隣接）は衡陽《こうよう》の西北西二九〇キロ、漢口の南西六〇〇キロ。芷江の北西三七〇キロに重慶があり、重慶の北西二六五キロに成都がある。岡村大将の最初の構想では、この芷江を足がかりにして重慶、成都を攻略するというものだった。

第六方面軍（司令部・衡陽）に属する第二〇軍の二個師団・一個独混が、衡陽の西一〇〇キロの宝慶《ほうけい》から進撃したが、その西の雪峰山脈は越えたものの、猛烈な反撃を受けて芷江までたどり着くことなく撤退した。豊富な火力（大砲）、空軍と地上軍の密接な連携プレー、アメリカ式装備の地上部隊、スピーディな増援部隊の派遣（トラックや遠隔地のビルマからは飛行機で）などなど、これまでの中国軍からは想像もできないようは攻撃ぶりだったという。

先頭を進んだ第一一六師団第一一九連隊（京都の部隊、三〇〇〇名前後か）は七五五名が戦死し、大部分が負傷した。参加部隊全体の戦死者は約二四〇〇名、戦傷者を加えると損害は二万八〇〇〇名という。

中国、日本との単独講和を拒否

老河口作戦と芷江作戦の最中に、アメリカ軍は沖縄に上陸した（一九四五年四月一日）。日本軍は押しまくられながらも果敢に抵抗し、九州各地からは連日のように特攻機が沖縄をめざした。ヒトラーが愛人と自殺した直後、ナチス・ドイツは降伏した（五月七日）。沖縄日本軍の組織的抵抗が終わったのが六月

日本の支那派遣軍総司令官・岡村寧次大将は中国陸軍総司令官何応欽一級上将に投降した。写真はその会場の南京中央軍官学校講堂。中央手前が日本軍首脳。1945年9月9日。

二三日、日本政府（四月七日、鈴木貫太郎内閣成立）は一方では本土決戦を準備しつつ、ソ連を通じての講和を模索しようとしたが、ソ連は婉曲に断った（七月一三日、近衛元首相の訪ソを断る）。

延安《えんあん》（陝西省）の中国共産党根拠地では一七年ぶりに第七回全国代表会議が開催された（四月〜六月）。毛沢東はそこで「中国共産党は経験豊かな一二一万の党員を擁する強大な政党になった」「中国全土には広大な解放区（中国共産党支配地域）があり、そこには九五五〇万人の人口と、九一万の軍隊、二二一万の民兵がいる」と述べ、「全中国人民を結集して最後の勝利を獲得する大会である」と檄《げき》を飛ばした。解放区の大半が華北に集中していた。

そういう動きの中で、支那派遣軍総参謀副長（総参謀長の次のポスト、いわば、支那派遣軍司令部のナンバー3）今井武夫少将は蒋介石の部下・何柱国《かちゅうこく》上将（大将）と会見した（七月九日、一〇日。河南省周口店《しゅうこうてん》南方）。和平の道を探り続けて、やっと実現したトップ会談だ。今井少将は中国との直接和平を希望すると切りだした。これに対する何柱国将軍の回答は次のようであった。

「日華単独和平は、カイロ宣言がある今日、実現の可能性はない。しかし、日本が敗戦の結果滅亡することは望むところではない。むしろ戦後も東洋の一強国として、中国と連携し、東洋平和の維持に強力されるよう希望する。したがって国力のあるうちに、早く戦争を終結するよう日本政府の賢明な善処を熱望している。このため、中国は日本の要請があれば、日本の和平提案を連合国に取り次ぐことにやぶさかでない。とくに蒋介石総統は日本の天皇制存続に好意的で、すでに各国首脳にもその意向を表明している」

「戦後日本は、満州をはじめ海外の全兵力を撤収することはもとより、朝鮮、台湾、樺太等を譲渡しなければならぬ。このことはすでに連合国として協議済みであるから変更できない」（引用は舩木繁「支那派遣軍の終焉」『丸別冊　不敗の戦場』から）。

聞き入る今井少将にとっては、まことに衝撃的な、信じられない話だった。事態はそこまで進んでいようとは思いもよらぬことだったのだ。日本はすでに蒋介石から憐憫《れんびん》の情をもって遇せられる立場に立たされていたのだ。一九四三年一一月に、ルーズベルト・アメリカ大統領、チャーチル・イギリス首相、蒋介石総統がカイロで会談したことは知られていたが、詳しい内容はわかっていなかったのである。

日本の敗戦と蒋介石の放送

今井・何《か》会談からほどなくポツダムで米英ソ首脳会談が始まった。七月二六日、ポツダム宣言（米英中三国宣言、のちにソ連が参加）が発せられ、日本に対して宣言の無条件受諾を要求した。拒否した場合は「迅速かつ完全なる壊滅あるのみ」とした。

支那派遣軍の各兵団はアメリカとソ連との最後の決戦に備えて、あるものは満州への移動を急ぎ、あるものは中国沿岸に急いでいた。

八月六日、広島に原爆投下。九日、ソ連軍は満州国に侵攻。同日、長崎に原爆投下。原爆の威力が報じられると、重慶はもとより中国各地は喜びにわいた。

九日、ポツダム宣言受諾の最初の聖断（天皇の意思表示）。その放送をサンフランシスコNBC放送で知った岡村支那派遣軍総司令官は、降伏反対の電報を東京の陸軍大臣と参謀総長に送った。参謀本部が「全軍玉砕《ぎょくさい》すとも断じて矛《ほこ》をおさめず」という参謀総長電報を海外の日本軍に発したからである。

一四日（午後三時発信）、岡村大将はふたたび「百万の精鋭健在の儘《まま》敗戦の重慶軍に無条件降伏するが如きは如何《いか》なる場合にも絶対に承服し得ざるところ」と、電報した。同時に岡村大将は参謀長を通じて天皇に対しても上奏し（午後十時二十五分発信）、「外電の伝うるが如き屈辱的平和は光栄輝く帝国を抹殺するものに等しく」「徹底的戦争遂行に邁進《まいしん》すべく御聖断あらんことを伏して祈り上げ奉る」と言上した。

しかし十四日午前、天皇は二回目の聖断を行い、午前十一時には各国へポツダム宣言受諾の電報が発せられていた。

八月十五日、終戦の詔書が天皇自らの放送で伝えられた。南京の支那派遣軍総司令部では岡村大将以下二千余人がいつもの宮城遥拝《きゅうじょうようはい》式のように整列し、放送を聞いた。終わると、岡村総司令官は即座に「承詔必謹《しょうしょうひっきん》」（天皇のお言葉に従う）を言い渡した。ちょうど八年間つづいた日中戦争は日本の敗北に終わった。そして日本が満州事変を起こしてから十三年十一カ月の年月が経っていた。

蒋介石は、天皇の放送に先立つこと一時間前にマイクの前に立ち、十分間放送した。原稿は自ら書いたという。いろいろな訳があるが、ここでは本書で引用もふくめて大変お世話になった黄仁宇の『蒋介石』（北村実・永井英美・細井和彦訳）からの引用をお許しいただきたい。いわゆる「怨《うら》みに報《むく》いるに徳をもってせよ」と呼びかけた有名な部分である。

「ここまで語ってきて、私はキリストの教えに述べられている『自分に対するのと同じように人に接せよ』と、『汝の敵を愛せ』という二つの言葉を思い、無限の感慨を覚えるものであります。

我が中国の同胞は、『旧悪を念《おも》わず』と『人に善を為《な》す』が我が民族の伝統的な気高く尊い徳性であることを知らねばなりません。我々は一貫して、日本の好戦的な軍閥のみを敵と考え、日本人民は敵と見なさないと言明してきました。

今日敵軍は我々連合国が共同して打ち倒しました。我々は無論日本が投降の条項をすべて忠実に実行するよう、厳しく求めなければなりません。しかし、我々は報復を考えてはならず、まして敵国の無辜《むこ》の人民に汚辱《おじょく》を加えてはなりません。彼らがそのナチス的軍閥によって愚弄され、駆りたてられたことに同情し、彼らが自ら誤りと罪悪から脱出できるようにさせるのみであります。もし暴行をもって、かつて敵が行った暴行に報い、奴隷的辱《はずかし》めをもってこれまでの彼らの誤った優越感に報いるなら、報復は報復を呼び、永遠に終わることはありません。これは決して我々仁義の士の目的ではありません」


九月九日、岡村総司令官は南京中央軍官学校講堂で蒋介石総統代理の何応欽《かおうきん》一級上将に投降し、投降文書に調印した。当時の支那派遣軍は一〇五万の大軍団だった。そのほかに約五〇万名の日本人が滞在していた（一九四九年までに日本に帰国した人は一五二万九〇〇〇名）。

日本軍の中国本土での戦死者は陸軍三八万四九〇〇名、海軍七六〇〇名だったが、さまざまな事情で日本への帰還がかなわず終戦後に死亡した者が五万四〇〇〇名にのぼった。総計四四万六五〇〇名である。

関東軍（満州国駐屯の日本軍）はソ連軍に降伏した後、約六〇万名がシベリアなどに強制連行され、強制労働に就かされた。その犠牲者は六万以上である（満州国と関東軍の運命については本書の姉妹編『図説　満州帝国』を御参照いただきたい）。

中国では、中国人の犠牲者は「二一〇〇万人余りが死傷し、一〇〇〇万人余りが虐殺された」としている。

あとがき

この本は日中戦争の全期間にわたって中国大陸で日本軍が行った作戦を中心にたどってみたものである。これまでの日中戦争史の著作は上海戦や南京攻略戦はかなり詳しい。しかし同時に実施された内蒙古や華北一帯の作戦の実態にはあまりふれられてこなかった。また、徐州作戦や武漢攻略戦も徐州や武漢三鎮の占領の事実にはふれるものの、その実態にはあまり関心が払われてこなかった。太平洋戦争と重なってからは、一般書においては、ほとんど中国大陸の戦線は顧みられる機会がない。ときたま大陸打通作戦が取り上げられる程度である。実際は敗戦のとき、中国には日本軍一〇五万が駐屯しており、太平洋戦線の八一万を上回っていた。満州を含めると一七二万で、海外駐屯全兵力三一〇万の五五パーセントを占めていたのである。

日中戦争は二〇世紀の前半に戦われた戦争だが、その残響は半世紀以上を経た現在でも折りに触れ生々しいニュースとなって茶の間に飛び込んでくる。本書を執筆する前に、私は、上海、蘇州、無錫、南京を訪れた。ちょうど「解放五〇周年」にあたっており、上海も南京も大きな看板があちこちに掲げられていた。解放とは、日中戦争が終わったあと、国共内戦で中国共産党軍が蒋介石の中国国民政府軍を破り（国民政府軍は台湾へ移る）、大陸がその統治下に入ったことを指し、一九四九年のことである。

中国側が主張する“犠牲者300000”の大きな文字が何カ所も壁に刻印してある「南京大虐殺記念館」も訪れた。我々を案内した若い女性のガイドが小学校にあがるかあがらないかという時期に、対日戦勝四〇周年を記念して作られたものという。

南京城の城壁は外からはもうほとんど見られず、残存する中華門（ここからも日本軍は突入した）の上に登ると、日本軍の侵入阻止のため詰めていた中国軍の待機所跡には多くの土産物屋が並んでいた。

中華門の屋上から日中両軍が激しく戦った雨花台が見える。そこの烈士記念館は、共産主義革命に斃れた活動家の事跡が写真とともに陳列してある。記念館の広場には、「国際歌（インターナショナル）」の楽符が石の壁に刻まれていたが、若いガイドはこの歌を知らなかった。ソ連、東欧の共産主義国家の崩壊や中国自身の開放政策の推進とともに、激しく変わりつつある中国を垣間見た。

時代は激しく変わっても、歴史的な事実は変えようがない。変えようのない歴史に新しい息吹を与え、二一世紀の日中関係を実りあるものにしたいものである。

最後にお断りを記したい。日本は当時、中国を支那と呼び、書いてきたので、説明上当時の呼称のまま使用した場合があるが、無論、他意はない。また、中国の人名・地名は慣用的に中国読みとなっている以外は、日本語読みのルビをふった。日本の辞典類もそういう読みで編集してあり、調べるのにも便利である。

【主要参考文献】
防衛庁防衛研修所戦史室著の戦史叢書関係『支那事変陸軍作戦』1〜3。『昭和一七、八年の支那派遣軍』『昭和二十年の支那派遣軍』1〜2。『北支の治安戦』1〜2。『一号作戦1　河南の会戦』『一号作戦2　湖南の会戦』『一号作戦3　廣西の会戦』『香港・長沙作戦』『中国方面海軍作戦』1〜2。『関東軍』1〜2。『中国方面陸軍航空作戦』『大本営陸軍部1』『本土防空作戦』『陸海軍年表』○黄仁宇著／北村稔・永井英美・細井和彦訳／竹内稔解説『蒋介石　マクロヒストリー史観から読む蒋介石日記』野村浩一『蒋介石と毛沢東』保坂正康『蒋介石』同台経済懇話会『近代日本戦争史第3編』井本熊男『支那事変作戦日誌』潮書房『丸・別冊　不敗の戦場／中国大陸戦記』秦郁彦『日中戦争史』藤原彰『日中全面戦争』（『昭和の歴史5』）古屋哲夫『日中戦争』大杉一雄『日中十五年戦争史』江口圭一『盧溝橋事件』洞富雄『南京大虐殺の証明』秦郁彦『南京事件』藤原彰『新版　南京大虐殺』笠原十九司『南京事件』笠原十九司『南京難民区の百日』ジョウン・ラーベ著／エルヴィン・ヴィッケルト編／平野卿子訳『南京の真実』姫田光義『「三光作戦」とは何だったか』姫田光義・陳平著／丸田孝志訳『もうひとつの三光作戦』新人物往来社『別冊歴史読本』戦記シリーズのうち『日本陸軍連隊総覧・歩兵編』『太平洋戦争師団戦史』『日本陸軍部隊総覧』

【写真提供】
近現代フォトライブラリー

日中戦争年表

西暦	元号	日本・中国・世界の動き（数字は月日）
一八九四	明治二七	7・25日清戦争（〜九五・4・17）
一九〇〇	三三	6北清事変
一九〇二	三五	1・30日英同盟締結
一九〇四	三七	2・8日露戦争（〜〇五・9・5）
一九一〇	四三	8・22日本、韓国を併合
一九一一	四四	10・10辛亥革命（中国国民党による中華民国成立）
一九一四	大正三	7第一次世界大戦勃発し日本参戦。日本軍、ドイツ租借地である中国の膠州湾・青島を占領。
一九一五	四	日本、中国へ対華二十一カ条要求
一九一七	六	11ロシア革命
一九一九	八	6・28ヴェルサイユ平和条約調印（第一次世界大戦終わる）、この年、中国で五・四運動起こる
一九二一	一〇	中国共産党創設
一九二一	一〇	11ワシントン会議（〜二二・2）
一九二二	一一	孫文、北伐開始
一九二四	一三	第一次国共合作
一九二五	一四	中国で五・三〇運動起こる
一九二六	一五	7・29蒋介石が国民革命軍総司令官に。北伐開始。
一九二七	昭和二	蒋介石が上海で反共クーデター、共産党弾圧へ転じる。 5日本軍、山東出兵（第一次）（第二次出兵、二八・4。第三次出兵、二八・5）。
一九二八	三	6・4関東軍、張作霖を爆殺
一九三〇	五	4・22ロンドン海軍軍縮条約調印
一九三一	六	9・18満州事変
一九三二	七	1〜2第一次上海事件。3・1満州国建国。5・15「五・一五事件」
一九三三	八	2熱河作戦。5・31塘沽協定。
一九三五	一〇	6・10梅津・何応欽協定。6・27土肥原・秦徳純協定。 11・25冀東政権成立。12・18冀察政務委員会成立。
一九三六	一一	2・26「二・二六事件」。この年、中国各地で排日・抗日の日本人襲撃事件多発。8・11第二次北支処理要綱（華北五省に防共親日満地帯設定を企図）11綏遠事件。11・25日独防共協定。12西安事件。
一九三七	一二	4・16第三次北支処理要綱（北支分治を放棄）。6・4第一次近衛内閣成立。 7・7盧溝橋事件（日中戦争始まる）。11事件を北支事変とし、華北へ派兵決定。28支那駐屯軍、華北で総攻撃開始。 8・7チャハル作戦開始。9上海で大山大尉殺害事件。13上海で日中両軍戦闘状態へ。10陸軍、上海派遣軍編成命令（8月末から上海上陸開始）。15海軍航空隊、南京を渡洋爆撃。蒋介石、対日抗戦の総動員令。21中ソ不可侵条約。22中国共産党軍主力が国民革命政府軍（蒋介石の国民政府軍）第八路軍に改編（国共合作成る）。31北支那方面軍とそれに属する第一軍・第二軍の編成、その華北派遣を命令。 9・2北支事変を支那事変と改称。14北支那方面軍、涿州・保定攻略開始。 10・2北支那方面軍、太原攻略の山西作戦開始。10第一軍、石家荘占領。 11・3〜15九カ国条約会議、日本の国際法違反を非難。5第一〇軍、杭州湾上陸。7中支那派遣軍を編成。8太原占領。9蒋介石、上海付近から撤退命令。20大本営開設。 12・13日本軍、南京占領。
一九三八	一三	1・16日本政府「爾後国民政府を対手とせず」声明。2・14中支那方面軍・上海派遣軍を廃止し、中支那派遣軍を編成。4・1国家総動員法公布。4・6日本軍、徐州付近の台児荘で苦戦、一時撤退。4・7〜6月中旬徐州作戦で隴海線沿線・徐州〜開封を占領。7〜11武漢攻略作戦（10・27武漢三鎮を占領）。10広東攻略作戦（21広東占領）。11・3近衛首相、東亜新秩序建設を声明。11援蒋ルートのビルマルート完成。12・20中国政府の汪兆銘、重慶脱出。12・22近衛首相、日中国交調整の根本方針の三原則（善隣友好・共同防共・経済提携）を声明
一九三九	一四	2・10日本軍、海南島上陸。3初め、海州など江蘇省要所を占領。 3・27南昌を占領。 5月初め、襄東作戦。11ノモンハンで日ソ両軍衝突、ノモ

ンハン事件へ発展。6・14日本軍、天津英租界を封鎖。この月、汕頭、潮州攻略作戦。7・26米、日米通商航海条約の廃棄を通告。8・23独ソ不可侵条約。9・1ドイツ軍、ポーランドに侵攻、第二次世界大戦始まる。15ノモンハン事件停戦協定。下旬、贛湘作戦。23支那派遣軍総司令部を設置（南京）。10・24南寧占領。この月、翁英作戦。この年、北支那方面軍は華北の各地で連続不断の粛正作戦を実施。中国軍は、4月、華南で春季反撃作戦12月全戦線で冬季大攻勢を開始。

一九四〇　一五

1月下旬、賓陽作戦。3・7衆議院、反軍演説の斎藤隆夫を除名。3・12汪兆銘、南京に中国国民政府の新中央政府成立（南京還都）を宣言。5・1ドイツ軍、西部戦線攻撃開始。5・13重慶など中国奥地航空爆撃作戦開始（一〇一号作戦。～9・4）。6・22フランス、ドイツに降伏。7・4畑陸相単独辞職で米内内閣総辞職。7・22第二次近衛内閣成立。8・20中国共産軍による百団大戦。9・7ドイツ空軍、ロンドン空襲（本格的なバトル・オブ・ブリテン開始）9・26日本軍、北部仏印進駐。9・27日独伊三国同盟。9月末、陸軍、桐工作を断念。10・12ドイツ軍、イギリス本土上陸作戦を断念。11・13日本政府、汪兆銘政府と日華基本条約調印。この年、北支那方面軍は共産軍根拠地の覆滅作戦を大規模に実施。

一九四一　一六

4・13日ソ中立条約。4・16日米協議本格的に開始。5・7中原会戦開始（～6・15）。5月～8月末、重慶など中国奥地航空爆撃作戦。6・22ドイツ軍、ソ連侵攻開始。7月～8月関特演。7・16松岡洋右外相を豊田禎次郎に代えて、第3次近衛内閣成立。7・23日本軍の南部仏印進駐に関する細目話し合い成立。7・25米国、在米日本資産を凍結（日を追って英国、蘭印も同様決定）。7・28日本軍、南部仏印進駐。8・1米国、対日石油輸出を禁止。9・5～11・6長沙作戦。10・18東条内閣成立。11・5御前会議、対米交渉の甲・乙案決定、同時に12月初旬の武力発動を決意、来栖三郎大使を米国に派遣。11・20野村・来栖両大使、米国ハル国務長官に乙案提示。11・26米国、乙案を拒否、ハル・ノートを提議。11・26日本、ハル・ノートを米国の最後通牒と結論。12・1御前会議、対米英蘭戦を決定。12・8日本海軍、真珠湾を奇襲。日本陸軍、マレー半島に上陸。太平洋戦争始まる。12・10マレー沖海戦。12・18支那派遣軍、香港を占領。

一九四二　一七

4・18ドゥリットル空襲。5月末、日本軍の南方作戦が一段落。5月～7月浙贛作戦。6・5ミッドウェー海戦。8・7米軍、ガダルカナルに上陸。この年、北支那方面軍は連続不断の剿共戦を実施。

一九四三　一八

2・1日本軍、ガダルカナルから撤退開始。2月中旬～3月下旬江北殲滅作戦。5月初旬～6月中旬江南殲滅作戦。11月始め～翌年1月常徳殲滅作戦。11・22カイロ会談。この年、北支那方面軍は連続不断の粛正作戦、剿共戦。

一九四四　一九

3月中旬インパール作戦（～7月）。4月～5月京漢作戦。5・21湘桂作戦開始。6・15米軍、サイパンに上陸。6・16成都発進のB29爆撃機、北九州を空襲。6・19マリアナ沖海戦。7・7サイパンの日本軍玉砕。7・18東条内閣総辞職。7・22小磯内閣成立。8・8衡陽を占領。9・7拉孟の日本軍玉砕。9・14騰越の日本軍玉砕。10・20米軍、レイテ上陸（12月末まで、航空特攻を含むレイテの戦い）。11・24サイパン発B29、東京初空襲。11・10柳州・桂林占領

一九四五　二〇

1・9米軍、ルソン島上陸。2・4ヤルタ会談。3・9B29東京大空襲。3・17硫黄島の日本軍玉砕。3・22老河口作戦。4・1米軍、沖縄に上陸。4月中旬芷江作戦。5・7ドイツ軍降伏。7・26ポツダム宣言。8・6広島に原子爆弾投下。8・9ソ連軍、満州に侵攻。長崎に原子爆弾投下。8・14ポツダム宣言受諾。8・15戦争終結の詔書を放送。9・2日本、降伏文書に調印。9・9支那派遣軍、中華民国に降伏調印。

●編者
太平洋戦争研究会
日中戦争、太平洋戦争取材・執筆・編集グループ。同会の編著による河出書房新社の図説シリーズ「ふくろうの本」で『太平洋戦争』『占領下の日本』『満州帝国』『日本海軍』『第二次世界大戦』『日露戦争』がある。代表は平塚柾緒。

●著者
森山康平（もりやま・こうへい）
一九四二年、奉天（現瀋陽）生まれ。中央大学卒。週刊誌・月刊誌の記者を経て、太平洋戦争研究会／編集プロダクション・文殊社所属。著書に『証言記録　三光作戦』『証言記録　大東亜共栄圏』、編著に『写真集・米軍が記録したニューギニアの戦い』、太平洋戦争写真史『フーコン・雲南の戦い』『硫黄島・玉砕の記録』など。

掲載写真の出典

『支那事変寫眞全輯』（朝日新聞社）p.1, 5, 14, 15, 18, 19, 20, 22, 24, 28, 29, 34, 35, 36中, 42, 55, 59, 61, 63, 64, 67下, 68右, 70左, 72-84, 92-109, 110-125, 136～135
『北支事変画報』（大阪毎日・東京日日新聞社）p.16, 23左上, 25, 26上, 27右・左下, 36下
『支那事変画報』（大阪毎日・東京日日新聞社）p.37, 38, 39, 40, 41, 44右, 46, 48左, 54, 63下, 65, 68左, 70右上下, 136左, 138右
『支那事変と無敵皇軍』（日本歴史研究会）p.12上, 26下, 27左上
『国際写真情報』（国際情報社）p.21, 22右下, 69, 86
『歴史寫眞』（歴史写真会）p.7, 8, 36上, 45, 90, 91
『中支之展望』（大亞公司）p.31, 32, 33, 44左, 87下
『支那事変記念写真帖』（海軍省）p.48右
『南支派遣軍』（南支派遣軍報道部編）p.126-127
『二六〇一年写真画帖』（同盟通信社）p.136右, 138左, 140, 141下
『大東亜写真年報』（同盟通信社）p.162-163
『同盟ニュース』p.67上　人民画報社提供 p.12下, 154, 155, 156
朝日新聞記事 p.10, 13, 17, 30, 49, 89, 93, 123, 128, 137
Carl Mydans for LIFE　p.142-145
U.S.Army Photograph p.164-171

ふくろうの本
新装版
図説　日中戦争

二〇〇〇年　一　月二五日初版発行
二〇一七年　七　月二〇日新装版初版印刷
二〇一七年　七　月三〇日新装版初版発行

編者……………太平洋戦争研究会
著者……………森山康平
本文デザイン……天野　誠　芳賀のどか
装幀……………岡田武彦
発行者…………小野寺優
発行……………河出書房新社
東京都渋谷区千駄ヶ谷二-三二-二
電話　〇三-三四〇四-一二〇一（営業）
〇三-三四〇四-八六一一（編集）
http://www.kawade.co.jp/
印刷……………大日本印刷株式会社
製本……………加藤製本株式会社

Printed in Japan
ISBN978-4-309-76256-2
落丁・乱丁本はお取替えいたします。